污染环境犯罪治理的
刑事司法保障

陈 冉 ▶ 著

知识产权出版社

全国百佳图书出版单位

—北 京—

图书在版编目（CIP）数据

污染环境犯罪治理的刑事司法保障 / 陈冉著 . —北京：知识产权出版社，2022.9
ISBN 978-7-5130-7906-8

Ⅰ.①污…　Ⅱ.①陈…　Ⅲ.①破坏环境资源保护罪—刑罚—研究—中国　Ⅳ.①D924.134

中国版本图书馆 CIP 数据核字（2021）第 241538 号

责任编辑：高　超　　　　　　　　　责任校对：谷　洋
封面设计：邵建文　马倬麟　　　　　责任印制：孙婷婷

污染环境犯罪治理的刑事司法保障

陈　冉　著

出版发行：**知识产权出版社**有限责任公司		网　　址：http://www.ipph.cn	
社　　址：北京市海淀区气象路 50 号院		邮　　编：100081	
责编电话：010-82000860 转 8391		责编邮箱：shiny-chjj@163.com	
发行电话：010-82000860 转 8101/8102		发行传真：010-82000893/82005070/82000270	
印　　刷：北京建宏印刷有限公司		经　　销：新华书店、各大网上书店及相关专业书店	
开　　本：720mm×1000mm　1/16		印　　张：14.25	
版　　次：2022 年 9 月第 1 版		印　　次：2022 年 9 月第 1 次印刷	
字　　数：218 千字		定　　价：79.00 元	

ISBN 978-7-5130-7906-8

尽管科学是美好而实用的，但它并没有重要到令社会趋之若鹜的地步。

——涂尔干

伴随工业化的发展，环境恶化问题日渐突出，世界各国在环境保护上都更加重视刑法手段的运用。而刑法学界对环境犯罪的研究也逐步从静态的法条分析、修订、完善，走向动态的与环境科学相结合的多学科视角下的具体问题具体分析。以污染环境罪来说，当前的理论研究多囿于"对污染环境罪犯罪圈扩大的赞成或反对"；对污染环境罪及其司法解释的批判与完善。虽然这样的讨论对于个案的解决确有指导价值，但并没有真正结合当前的环境政策，没能真正发挥出理论研究对于司法实践的引导、推动作用。❶本书以"污染环境罪"的研究为切入点，从环境犯罪作为"法定犯"在治理中法益模糊、罪过认定含混，单位刑事责任追究困难的司法实

---

❶ 刘斌，赵宇峰. 污染环境罪司法适用中对教义学立场偏离之反思——基于 269 份裁判文书的实证研究［J］. 东岳论丛，2019（4）：176–183.

践出发，根据北京、天津、河北三个地区污染环境案件的统计分析，揭示污染环境犯罪刑法治理的现实并予以反馈。

在立法上，刑法的保护不断提前，以期达到优化环境治理的目的，但从司法统计数据来看，污染环境罪的案件数量在不断增加，预防和治理效果却并不明显。笔者希冀在污染环境犯罪治理上，从最终的"社会效果"的实现去审视法律的实施效果，着力打通环境与法律、环境法与刑法的学术话语体系，实现环境犯罪条文在刑事司法实践中的真正落地。本书围绕以下两条思路展开研究。

第一，破除对"自然科学"的过分迷信。在人类社会发展中，完全寄希望于以自然科学引导人们的价值观，似乎只能失败。在环境犯罪的治理中，我们也不可能坚持纯粹的"唯科学主义"，对"环境保护"的认识伴随自然科学发展不断深化，生态系统是一个十分复杂的系统，从基因、细胞、器官到种群、群落，都可以在不同层次上成为被评价的对象。因此，刑法在"环境危害"的评价上往往难以达到精确化。这就要求刑法在环境保护上有时不能太过"机敏"，反而应当有适当的"迟钝"，刑法不能将环境科学的某些论点完全作为介入治理的依据，法律不可能是完美无缺的，刑法就更非如此。黑格尔也强调指出，法的"完善性只是永久不断地对完整性的接近而已"❶。

第二，破除对"刑罚万能"的过分迷信。对于环境污染这一经济发展中产生的问题，我们仍然要回归经济的解决之本。伴随生态文明建设的推进，绿色发展理念逐渐与产业发展结合。工业和生活废水、化学需氧量和氨氮的排放量从 2006 到 2010 年持续下降，我国的治污能力在不断提高。2008 年，北京市再生水的新用水量首次超过地表水的新用水量，占全市总用水量的 18.4%，已成为一个非常稳定的水源。实现污水治理资源化，提高水重复利用率，才是解决水资源短缺的根本出路。❷我们在运用刑法手

---

❶ 黑格尔.法哲学原理 [M].范扬，张企泰，译.北京：商务印书馆，1961：225.

❷ 王熹，王湛，杨文涛，等.中国水资源现状及其未来发展方向展望 [J].环境工程，2014（7）1：7.

段治理环境问题时，应当保持刑法的谦抑性。

徒法不足以自行。无论是大陆法还是普通法，其法律规范的概念在司法中都将重新被认识。基于罪刑法定原则，"法律不是嘲笑的对象""法律不应受裁判"❶之类的格言往往会对法官产生一定的心理压力，这就造成法官在判决书中往往不敢详细论述对立法规定的司法认识，我们一般在判决书的"本院认为"中只能看到寥寥几句。在笔者所收集的裁判文书中，少量案件体现了法官的思维逻辑，大部分案件的裁判思路只能依据法官最终所采信的证据进行推测，而且大量案件都是根据2013年有关环境犯罪司法解释出台之后出现的"行为犯"认定，可根据司法解释直接入罪，因此法官的"说理"较少。对此，笔者坚信在具体问题的解决中，必须紧紧"盯住"法院判决，从司法裁判中寻找环境治理的新契机。

本书正是基于此，将污染环境犯罪问题在法学、环境学、社会学的视野下进行交叉研究，通过对司法数据的分析发现司法中存在的问题，以宏观的数据说明刑事司法政策的问题以及转向，并结合类型案件展开司法适用具体研究。

此外，在污染环境犯罪问题的治理中，"污染环境罪"作为法定犯，其道德可谴责性较弱，而从法律本身的属性来看，法律又被视为最低限度的道德，这时强化刑法的治理效果，需要发挥刑法在"环境保护"治理中塑造社会文化的价值，激发刑法的"正面预防"和"激励"机能，引导公众加强"环境保护"守法意识，形成守法的保护环境的文化。关于刑罚与社会文化的关系，涂尔干曾指出，尽管惩罚来源于一种非常机械的反抗作用，来源于大多数情况下都不加考虑的炽热感情，但它还是在发挥着有效的作用，不过，这种作用并没有被人们普遍地意识到。刑法并不在于矫正或偶尔矫正罪犯个人，也不在于吓跑那些模仿罪犯的人，且在这两点上，它的真正效力是令人怀疑的。它的真正作用在于，通过维护一种充满活力的共同意识来极力维持社会的凝聚力。❷如果这种意识遭到了人们的

---

❶ 张明楷.刑法格言的展开 [M].北京：法律出版社，1999：3.

❷ 涂尔干.社会分工论 [M].渠东，译.北京：生活·读书·新知三联书店，2000：70.

彻底否定，它就必然会丧失自己的权力，因而无法在情感上唤起共同体的反抗作用，结果，社会团结的纽带就松懈了。基于对污染环境犯罪特点的分析，我们提出"刑事合规"的治理理念，发挥刑法的惩罚和激励机能，以"恢复正义"理念实现对环境犯罪的司法治理效果。

本书为北京市优秀人才资助项目"京津冀环境犯罪治理的刑事司法保障"（项目编号：2017000020124G143）的结题成果，本项目涉及大量数据的采集，中国矿业大学（北京）的学生阿古登、托雅、王倩、张潇、宋雪梅、来佳洋都付出了辛勤的劳动，在此表示衷心的感谢。另外，书中的部分观点作为阶段性研究成果已以论文形式发表，在本书写作过程中又得以修正和完善。考虑到案例选取的典型性以及全样本分析的困难度，本研究的数据采集和资料整理难免存在不妥之处，敬请业内人士批评指正。

陈　冉

2020 年 8 月于北京

目 录

第一章　污染环境罪的司法现状与问题[1]

第一节　污染环境罪的司法数据统计分析

随着党的十九大的召开，生态文明建设被提到前所未有的高度，我国对环境犯罪的打击力度明显加大，具有典型代表意义的"污染环境罪"的入罪与量刑也呈现明显的变化。本书着眼于全国尤其是京津冀三地环境犯罪治理的司法现状进行研究，以"污染环境罪"为分析切入点，以期呈现刑法在环境治理中的具体效果与问题。本书以"中国裁判文书网"中污染环境罪的生效判决文书为依据，所涉及的数据除非有特别注明，均通过对上述数据库中相应判决文书整理后的数据提取与形成。[2]

一、污染环境罪的整体现状数据呈现

自 2011 年《中华人民共和国刑法修正案（八）》出台之后，污染环境罪的数量整体明显呈上升趋势。经统计，2012—2019 年的污染环境案件呈现了以下一些特点：在法律修正后，罪名由原来的"重大环境污染事故罪"相应调整为"污染环境罪"；在司法实践中 2012 年、2013 年的相关案件数量并不多。2013 年 6 月 18 日，最高人民法院、最高人民检

---

[1] 本章所描述现状主要针对司法中整体的刑罚效果，进行罪刑均衡、犯罪主体宏观研究，对于司法认定中罪过、单位犯罪、共同犯罪等具体司法现状在此后章节仍会以案例研究形式呈现。

[2] 需要说明的是，由于办案法院不能做到百分之百的数据及时上传，上述数据库的数据实际上并非全部数据，因此本书中的数据与分析结论等仅作为研判当前我国污染环境犯罪惩治情况的参考。

察院出台《关于办理环境污染刑事案件适用法律若干问题的解释》（法释〔2013〕15号）（以下简称《2013年环境犯罪司法解释》），这一司法解释的实施效果较为明显。尤其是2014年之后污染环境犯罪案件呈现井喷式增长，这应该与我国十八大之后的强力治污、环境污染刑事案件司法解释的修订、环保部门在全国范围内严厉查处污染环境的行为有明显关系。据统计，全国法院年均接收污染环境、非法处置进口固体废物、环境监管失职的刑事案件1400余件，生效判决人数1900余人。❶2016年12月26日，最高人民法院、最高人民检察院联合发布《关于办理环境污染刑事案件适用法律若干问题的解释》（法释〔2016〕29号）（以下简称《2016年环境犯罪司法解释》），而污染环境罪的整体裁判数量在2017年出现了一个大幅度的降低，这可以看作刑法在打击污染环境中取得的一个明显效果，然而，污染环境罪的裁判数量在2017年之后出现了再次攀升，之后持续增长（如图1-1所示）。

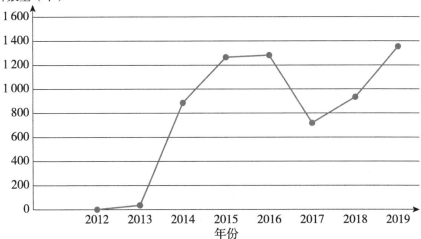

图1-1　2012—2019年全国污染环境罪判决案件数量年度变化

从各地的污染环境罪定罪情况来看，（由于北京、天津、河北尤其是北京的犯罪数量过少，故选择2012—2019年全国范围污染环境罪的整体情况进行分析）华北、华东、华南三个地区的污染环境罪的案件数量占全

---

❶ 谢文英.代表关注两高发布司法解释遏制环境污染犯罪[EB/OL].（2017-01-02）[2020-03-24]. https://www.spp.gov.cn/zdgz/201701/t20170102_177294.shtml.

年公开审判的刑事案件数量的84%。一方面与华东、华北、华南地区的经济发达状况及排污量较大的生产型企业相对较多有关；另一方面，也可能和发达地区对环境的监管更加严格有关。

从全国来看，浙江省的案件数量最多，这也在一定程度上影响了全国案件的走势，但我们可以看到浙江省自2015年以后案件数量在逐步下降（如图1-2所示）。与全国在2017年之后的上升趋势相比，我们发现2017—2019年浙江省的污染环境罪案件在逐年下降。

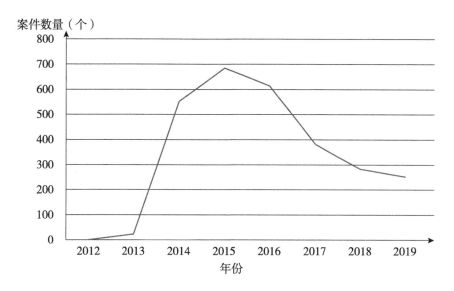

图1-2 浙江省2012—2019年污染环境罪案件数量

而浙江省之所以会出现如此显著的打击效果，与浙江地区针对污染环境罪的严厉刑事政策密切相关。浙江省自2013年以来便积极开展环境污染的检测鉴定、损害评估工作，且从2015年起，开始根据不同的违法程度对相关单位、个人进行区别化处理，如"行政处罚、查封扣押、限产停产、行政拘留、移送公安立案侦查"等，客观上解决了行政机关执法不力、行政机关与公安机关衔接不畅的问题。有学者在随机抽选的2012年至2018年浙江省的130个案例研究中发现，仅有2起明确系公安机关查获——公安机关查获的案件比例仅为约1.5%，其余的128起均由环保部门或环保部门、公安机关联合查获或发现后移送到公安机关立案处理，在移送的案件中，绝大多数加工点、单位是在实施污染环境违法行为后6个月以内就被查处的，甚至有一例污染环境违法行为仅存续了3天，处罚力度较大、治理效果明显。与此相对，在随机抽选的全国139例判决文书中，有29例由公安机关查获，公安机关查获的比例高达约20.9%，另有43例并未说明案件来源。❶这说明浙江省的司法状况具有典型性，并不足以解释全国污染环境罪的司法整体状况，且2016年之后浙江省的整体犯罪数量在下降，而全国是处于上升趋势，因此有必要研究各个地区具体的司法状况。

对比京津冀地区，河北的刑事案件总量较多，在一定程度上，河北省的刑事案件数量从2013年的个位数一跃达到2014年的100多件。从图1-3可看出，河北省的污染环境刑事案件数量在2015年达到了300多件，然后在2016年出现了缓慢下降，之后案件数量开始上升，并在2019年再次上升至500多件，这一趋势与全国的趋势具有一定的相似性。

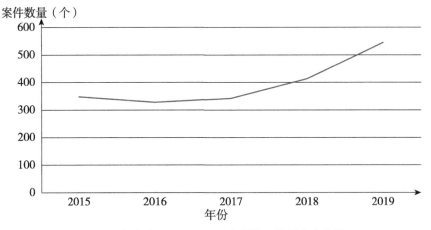

图1-3 河北省2015—2019年污染环境罪案件数量

各地的污染环境犯罪既判案件数量存在巨大差异，同时亦有一定的地区规律。总体而言，污染环境罪的定罪与当地的经济发展水平和法律完善程度呈一定的正相关性。就地区而言，浙江和江苏都针对"污染环境罪"给出了明确的地方指导标准，且浙江、河北、广东三省合计的污染环境犯罪案件总量超过全国总量的50%以上，这表明，污染环境犯罪的定罪与各地是否给出确定的司法指引标准有一定的关系。比较北京、上海、天津、

---

❶ 刘斌，赵宇峰.污染环境罪司法适用中对教义学立场偏离之反思——基于269份裁判文书的实证研究 [J].东岳论丛，2019（4）：176-183.

重庆四个直辖市的案件数量，重庆的案件数量最多，而重庆在 2018 年正式出台了《关于污染环境犯罪的量刑指导意见实施细则》，从近 5 年的具体情况来看，在 2017 年全国出现明显下降趋势的情况下，重庆仍然保持了稳定增长的趋势（如图 1–4 所示）。

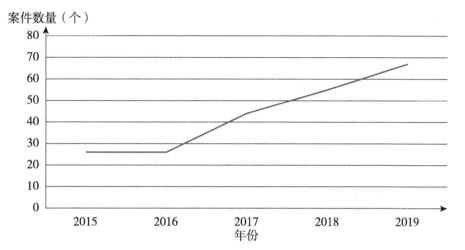

案件数量（个）

图 1–4　重庆市 2015—2019 年污染环境罪案件数量

与此相似，2018 年江苏省出台了《关于环境污染刑事案件的审理指南（一）》，而江苏省的案件数量也在 2017 年到 2019 年保持了稳定的增长（如图 1–5 所示）。这说明对污染环境罪的打击力度与各地污染环境罪的司法规范化相关。

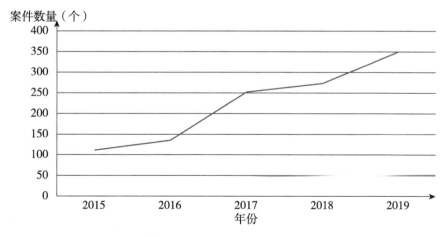

案件数量（个）

图 1–5　江苏省 2015—2019 年污染环境罪案件数量

二、污染环境罪与经济发展的相关性

环境问题伴随经济发展产生，人类对自然资源的需求和消耗不断增加，对环境的破坏也与日俱增。不少学者的研究表明，污染环境罪的发案率与经济体量呈现正相关关系。❶ 笔者的研究也发现，从北京、天津、河北三地的重工业发展来看，重工业越发达的地区污染越严重。

我们以北京、天津、河北地区的统计结果为基础进一步分析具体的经济结构对污染环境罪发生率的影响。中国裁判文书网的统计结果显示：河北省的环境污染案件数量远远高于北京、天津地区，比例高达 87%（如图1-6所示）。相较北京和天津地区，河北省的环境问题更为突出，造成这一情形的原因可能在于河北省的产业结构偏向于重工业，仍以传统行业为主，主要集中在钢铁、建材、石化、电力等两高行业；同时，也与河北省的经济、技术水平相对落后，产业结构转型缓慢，环保意识弱，惩治力度小等多重因素有关。

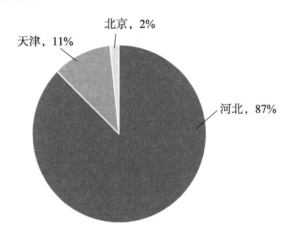

图1-6 2012年1月—2020年7月北京、河北、天津三地环境污染案件数量占比

具体的污染行为所涉及的行业也可以证明这一点。有学者针对2018年污染环境罪涉及的行业进行了分析——污染环境罪涉及的行业越来越多

---

❶ 焦艳鹏．我国污染环境犯罪刑法惩治全景透视［J］．环境保护，2019，47（6）：41-50.

样化，主要涉及 5 个不同的行业。但是传统的制造业，尤其是机械机电、建筑建材、石油化工、冶金矿产几类仍为重污染行业（如图 1-7 所示）。

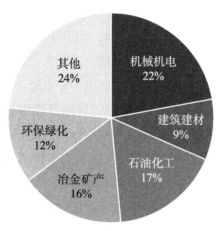

图 1-7　2018 年污染环境罪涉及行业分布 ❶

而且根据 2018 年度全国污染环境刑事既判案件判决书中入罪方式的情况统计，在污染环境罪的入罪标准中，重金属与危险废物等的超标排放是最主要的入罪方式，两者合计达 74.31%；而在超标排放的重金属中，一类重金属（铅、汞、镉、铬、砷、铊、锑）达 31.32%。❷ 在对重金属与相关产业特征进行关联后可知，上述重金属大量存在于印染、电镀等加工制造业，且污染环境案件多集中在自行车制造行业、电池加工行业、电镀加工行业等工业领域，而产生污染物的工序多集中在酸洗工序、磷化工序等，此类工序需要添加化学制剂，一般重金属或者有毒物质容易超标。❸ 这类行业的特点是：生产工序中重金属含量超标；企业没有污染物处理设备及净化设施；没有排污许可证或者超标排污。而这些物质大部分通过水流呈液态排放至水体或土壤中，从而造成水体或土壤污染。因此加强对产

❶ 常俊峰，花林广，黄凰. 2018 年环境污染刑事犯罪报告 [EB/OL].（2019-02-28）[2020-02-19]. https://mp.weixin.qq.com/s/HzFMdJurnaii_4EXzpw3YQ.

❷ 焦艳鹏. 我国污染环境犯罪刑法惩治全景透视 [J]. 环境保护，2019，47（6）：41-50.

❸ 边小娟. 污染环境罪类案分析报告——以天津市东丽区人民检察院 2015—2017 年度办理的污染环境罪案件为分析蓝本 [J]. 法制与社会，2017（20）：126-127.

生上述重金属物质的相关产业的环境影响评价，对产生上述重金属的电镀、印染、加工制造等工业环境进行管控，使重金属合规排放是预防该领域污染环境犯罪的重要任务。

在经济发展与环境保护的关系上，相关学者专门针对京津冀地区进行了研究，客观上三地存在技术、产业上的巨大差异。在加入了特定的时间趋势变量后发现，在一定程度上高污染不一定是由经济增长造成的。换句话说，污染是内生性的，所以在经济发展过程中我们应该更加重视内部的污染消化，即通过产业结构调整或产业转型和技术进步来改善当前经济增长和环境污染之间的关系。一些地方已经率先做出了尝试，比如2017年，浙江省的生产总值比2016年增长了7.8%，单位GDP能耗却下降了3.7%，在保持经济增长的同时，环境质量也得到持续改善。但这一观点也并不绝对化，依靠经济发展、技术进步并不能消除污染，学者通过对京津冀地区工业废水和工业烟尘的分析，发现：工业二氧化硫排放量这一变量理应对产业结构的变化更为敏感，然而研究结果并未显著显示出这一工业污染与经济结构调整的关系。❶而在溯及原因时发现：政府对工业二氧化硫的相关控制政策对污染治理的效果更为明显。因此，强力的环境政策与法律法规是实现污染减排的有力手段。亮眼的治理效果与政府机关的重视、行政和司法的高效衔接、司法机关宽严相济的惩罚措施密不可分。❷

三、污染环境罪的主体入罪

（一）自然人与单位犯罪

根据《中华人民共和国刑法》（以下简称《刑法》）第338条和第346条的规定，污染环境罪既可以由自然人构成，也可以由单位构成。依据2011—2019年全国污染环境刑事既判案件犯罪主体类别分布统计表，在过

---

❶ 宋建林，袁光. 京津冀环境污染与经济增长关系的实证研究——基于 EKC 检验视角 [J]. 北方经贸，2019（7）：118–120.

❷ 刘斌，赵宇峰. 污染环境罪司法适用中对教义学立场偏离之反思——基于 269份裁判文书的实证研究 [J]. 东岳论丛，2019，40（4）：176–183.

去 8 年内，我国污染环境犯罪的主体以自然人为主，单位犯罪的定案很少（如图 1-8 所示）。

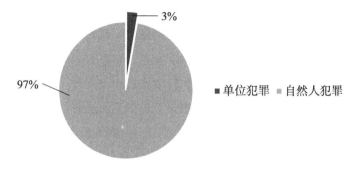

97%　3%

■单位犯罪　■自然人犯罪

图 1-8　2011—2019 年单位犯罪在污染环境罪中所占比重

结合北京、天津、河北三地的具体情况来看，以"污染环境罪"为检索内容查出：2013—2018 年，北京市共有 19 份裁判文书，涉及 23 个被告人，其中被告为单位的有 5 个；天津市共有 115 份裁判文书，涉及 232 个被告人，其中被告为单位的有 12 个；由于河北省案件数量过多，此处仅对 2016—2017 年案件进行整理，发现河北省共有 448 份裁判文书，涉及 704 个被告，其中被告为单位的有 4 个。

由上可知，环境犯罪处罚以自然人居多，处罚单位的情况较少，而对单位犯罪的惩罚情况，实质上反映了国家在面对环境利益与单位背后的经济利益冲突时所做出的一种选择，环境犯罪产生时是否选择走刑事司法程序，有时是地方政府政治、经济以及社会效益之间博弈的结果。通过对判决书的整理，我们发现在实践中相当数量的污染环境犯罪自然人实质上是法人单位（即便是小型企业）的工作人员，其污染环境的行为也并非完全没有单位意志，但出于侦办方便或地方保护等原因，相当部分污染环境行为被认定为自然人犯罪，呈现一种单位犯罪自然人化的现象。

单位犯罪的处理情形有两种：一种情形是检察机关和人民法院对某些案件是单位犯罪还是自然人犯罪存在不同认识，即对于某些应当认定为单位犯罪的案件，检察机关只作为自然人犯罪起诉；另一种情形是检察机关和人民法院对某案件是单位犯罪未产生不同认识，但检察机关基于各种考虑未将涉案单位列为被起诉对象，而只起诉了自然人。❶ 例如，在董某污染环境（2013 辰刑初字第 522 号）一案中，被告法定代表人董某、公司副经理罗某、车间主任刘某以及操作工费某因排放未经处理的工厂污水造成严重环境污染，构成污染环境罪，根据岗位的不同对各被告自然人处不同刑期的有期徒刑和不同金额的罚金。事实上，本案是单位犯罪，但检察机关并未将公司列为被告，因而该案法院依法按单位犯罪中直接负责的主管人员或者其他直接责任人员来追究相关人员的刑事责任，并未对单位进行刑事处罚。根据《最高人民法院关于适用〈中华人民共和国刑事诉讼法〉的解释》（法释〔2012〕21 号）第二百八十三条规定："对应当认定为单位犯罪的案件，人民检察院只作为自然人犯罪起诉的，人民法院应当建议人民检察院对犯罪单位补充起诉。人民检察院仍以自然人犯罪起诉的，人民法院应当依法审理，按照单位犯罪中的直接负责的主管人员或者其他直接责任人员追究刑事责任，并援引刑法分则关于追究单位犯罪中直接负责的主管人员和其他直接责任人员刑事责任的条款。"检察机关或者原告未将单位列为被告进行起诉的话，法院只能按照对单位犯罪中的直接负责的主管人员或者其他直接责任人员追究刑事责任，不能对单位判处罚金。只有当单位被列为案件被告时，法院才会一并对单位及其主要主管人员或者实际责任人追究责任，采取双罚的措施。

根据对污染环境罪案件的整理，我们发现，京津冀地区环境犯罪的单位犯罪案件大部分开始于 2017 年，比如，法院对与上述案例相似案件的裁判在 2017 年之后大都十分重视对单位犯罪的判断。例如，在天津某公司污染环境（2017 津 0110 刑初 438 号）一案中，被告人高某在经营被告单位天津某公司期间，违反国家规定，非法排放有毒物质，严重污染环境，法院便认定被告单位及被告人高某的行为均构成污染环境罪，判处被告单位罚金 2 万元。

从所处罚的单位性质来看，大多是小作坊或者缺少证照的企业，规模化企业较少。这是因为一般来说，规模以上单位的污染防治设施比较完善。当前，各地对规模以上的企业监管比较严格，除了在线监测等技术上

---

❶ 喻海松.环境资源犯罪实务精释［M］.北京：法律出版社，2017：116.

的监管外，还有日常的突击检查。在这样的情况下，规模以上的企业严重违法以致构成犯罪的可能性较小。当然，考虑到执法成本，证明规模化大企业的单位犯罪行为势必会耗费更多的资源，相比较之下，追究小企业和自然人的犯罪行为更为容易些。

此外，在对所收集的案件进行分析后，我们发现，在大量的二审和再审判决书中，大部分犯罪主体为自然人，当事人上诉或申请再审的理由均为"行为系单位行为，应认定为单位犯罪"，但二审法院或者再审法院对于这一诉求大都未予支持，基本维持了一审判决对自然人构成犯罪主体的认定。

从司法实践对污染环境罪单位犯罪的认定来看，实务部门对"单位"的理解有些流于形式，对单位污染环境行为的处罚较为轻缓，在行刑衔接的定罪程序上也较为随意。

（二）犯罪人的文化程度分析

2011 年 1 月—2020 年 7 月，北京、天津、河北三地涉及污染环境罪犯罪人的文化程度分析如表 1-1 所示。

表 1-1　2011 年 1 月—2020 年 7 月北京、天津、河北三地涉及
污染环境罪犯罪人的文化程度分析

省 / 市	文化程度					
	小学	初中	高中	中专	大专	大学（本科）
北京	9	13	34	0	0	1
天津	60	109	27	21	10	4
河北	621	1 041	172	61	32	45

注：单位为人数。

从以上统计，我们可以看出，污染环境罪所追究犯罪人的文化程度普遍较低，小学学历占据约 31%。初中学历占据约 51%，两者占据了 80% 多的犯罪人数（如图 1-9 所示）。

这表明，我国当前污染环境犯罪的行为人对行为的主观认知非常有限。行为人对行为意义的认知程度对犯罪预防具有重要意义，对此，我们应注意如何实现行为人对"规范"的认识和遵守，否则刑法的过度严厉反而容易激发群众的误解。

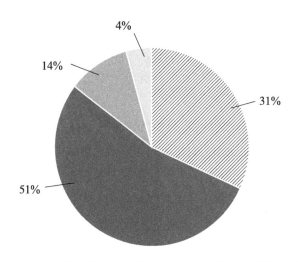

小学　　初中　　高中、中专　　大专、大学（本科）

图1-9　北京、天津、河北三地涉及污染环境罪犯罪人的文化程度状况分析

（三）身份岗位影响

在对污染环境罪的认定中，尤其在犯罪企业内部，行为人的身份、岗位对其入罪也有一定的影响。目前，在办理环境污染案件时，环保机关、公安机关、检察院、法院认定的责任主体有两类。一类是分歧较小的主管人员。他们大多是对环境污染行为中的主要获利人员追责，该类人员一般是企业的主要股东、实际经营管理者等。该类人员系直接负责的主管人员，身份容易判断，各机关对此认识并无分歧。另一类是分歧比较大的"其他直接责任人员"，尤其是对实际操作人员的认定，公安机关、检察机关、法院对此认识不一致。通常，企业领导会安排一名员工或管理人员负责排放污染物的时间、方式、地点等事宜。对于直接实施排放、倾倒、处置污染物的操作人员，应认定为"其他直接责任人员"还是"普通操作执行人员"将影响定罪。根据天津市的司法规定，作为"其他直接责任人员"，是要追究刑事责任的；作为"普通操作执行人员"，不具有拒不配合甚至阻挠调查、刻意隐瞒真相、提供虚假信息等恶劣情节的，可不予追究刑事责任。❶

❶ 边小娟.污染环境罪类案分析报告——以天津市东丽区人民检察院2015—2017年度办理的污染环境罪案件为分析蓝本 [J].法制与社会，2017（20）：126–127.

根据统计的 2019 年 1—9 月污染环境罪判决中 37 件单位犯罪案件的责任人分布情况，我们发现：在污染环境犯罪的单位犯罪中，处罚的责任人主要为公司法定代表人、直接责任人，具有实际经营管理权的经理、生产和管理负责人。这一结论与有关学者 2018 年度的相关统计数据结论一致。❶ 此外，投资人（含股东）、实际控制人、公司法定代表人、公司直接责任人、公司员工、经理、厂长、实际经营者、生产和管理负责人等都有可能成为刑罚主体。

目前，我国对于单位犯罪中其他直接责任人的认定标准已具有一定的认识，但在司法实践中如何具体归纳裁判规则以及实现裁判说理，这是我们要进一步进行研究的内容。

四、污染环境犯罪的类型

从污染类型上看，京津冀三地主要涉及水污染、土壤污染、空气以及固体废弃物污染四种。三地的大部分案件均集中于水污染和土壤污染，大气污染、固体废弃物污染的案件较少，特别是大气污染的案件更少。中国裁判文书网的搜索结果显示，2013—2018 年，在以"污染环境罪"定性的案件中，北京市所裁判的案件均为水污染犯罪案件，天津市的 115 份裁判文书中涉及大气污染的案件仅有 1 件，其余均为水污染和土壤污染犯罪案件。在河北省 2016—2017 年的 448 份裁决文书中，涉及大气污染的案件仅有 3 件，涉及固体废弃物污染的案件有 10 件，其余均为水污染和土壤污染犯罪案件。

根据环境保护部 ❷ 发布的 2016 年、2017 年连续两年全国的环境状况公报，在全国 74 座城市的空气质量排名中河北省占据了位列后 10 位的城市中的 6 席。河北省的空气污染如此严重，但中国裁判文书网的数据检索结果显示，2016—2017 年仅有 3 起涉及大气污染的环境犯罪案件。京津冀地区涉及的环境犯罪几乎都是被告因非法倾倒废水、固体废弃物而污染

---

❶ 常俊峰，花林广，黄凰. 2018 年环境污染刑事犯罪报告 [EB/OL]. （2019-02-28）[2020-03-24]. https://mp.weixin.qq.com/s/HzFMdJurnaii_4EXzpw3YQ.

❷ 即中华人民共和国生态环境部。

水源或土地的案件。京津冀地区的空气状况堪忧,大气污染案件数量却极少。这主要在于对大气污染犯罪的取证困难,污染源排放到空气以后流动性大,易被稀释,并且在实践中各类企业单位存在数据监管不严、监测技术不完善、企业的自动监测数据造假等问题,因而这种污染方式具有较强的隐蔽性。同时,涉及篡改监测数据的案件,在实践中常常以"破坏计算机系统罪"定罪处罚。

根据《中华人民共和国环境保护法》的规定,企业事业单位和其他生产经营者,通过暗管、渗井、渗坑、灌注或者篡改、伪造监测数据,或者以不正常运行防治污染设施等逃避监管的方式违法排放污染物,尚不构成犯罪的,除依照有关法律法规规定予以处罚外,由县级以上人民政府环境保护主管部门或者其他有关部门将案件移送公安机关,对其直接负责的主管人员和其他直接责任人员,处十日以上十五日以下拘留;情节较轻的,处五日以上十日以下拘留。为了与该法规定的"尚不构成犯罪"情形相衔接,《2016年环境犯罪司法解释》新增了入罪标准,即将重点排污单位篡改、伪造自动监测数据或者干扰自动监测设施,排放污染物的,作为严重污染环境的情形。该解释推定篡改监测数据等行为是严重污染环境的行为,在一定程度上有利于解决大气污染取证难的问题。该解释出台后,各地追究篡改自动监测数据刑事责任和以"污染环境罪""破坏计算机信息系统罪"定罪的案件数量逐渐增加,其中涉及篡改监测数据的以"破坏计算机信息系统罪"进行定罪处罚的居多。如2018年天津市武清区审结的刘某某等三人以破坏计算机系统的方式篡改烟气监测数据一案中,韩某某在担任大良供热站站长期间默许并授意该站员工刘某某、赵某某对站内烟气连续在线监测系统中二氧化硫、氮氧化合物、烟尘等污染物的后台参数进行篡改,导致所传输的被篡改数据不能客观反映烟气排放的真实情况,致使环保部门不能有效监控该企业的烟气污染物是否超标排放。经天津市生态环境监测中心对该单位锅炉净化设施的出口监测,其二氧化硫排放浓度严重超出锅炉大气污染物的排放标准。法院认为被告人均违反国家规定,其对环境质量监测系统多次实施篡改、干扰传输数据的行为,致使监测数据严重失真,不能客观反映烟气排放的真实情况,超标排放污染物,后果严重，以破坏计算机信息系统罪追究其刑事责任 ❶。

第二节　污染环境罪的问题梳理

一、污染环境罪的"结果评价"不足

我们从统计数据中发现，自《2013 年环境犯罪司法解释》出台后，污染环境罪的入罪出现了爆发式的增长，之所以出现这种情况是因为对污染行为的具体表述解决了司法实践认定"危害结果"的困难，但"危害结果"的评价困难这一问题并没有得以根本解决，只是从"入罪难"过渡到了"重罪难"。

在《刑法修正案（十一）》出台之前，《刑法》第 338 条对污染环境罪规定了两档刑期，其分别对应"严重污染环境"与"后果特别严重"两种情形，但"后果特别严重"这一情形适用率极低。从 2012 年到 2020 年 7 月的统计数据显示，"后果特别严重"的案件自《2016 年环境犯罪司法解释》明确了"后果特别严重"的情形之后开始逐步增多，但总体数量仍然较少，仅有 138 件，占据统计数据内污染环境案件（13 562 件）的约 10%。统计年度内，北京市仅有 1 件"后果特别严重"的案件，其中责任最重的犯罪人量刑为 3 年。天津市没有"后果特别严重"的案件，河北省有 18 件，其中绝大多数案件为《2016 年环境犯罪司法解释》对"后果特别严重"中"危险废物"规定的情形。

目前，在追究污染环境罪的案件中将"公私财产损失"作为入罪标准的不到 3%，一方面的原因主要在于司法实践对如何认定公私财产损失的

❶ 天津市武清区人民法院以破坏计算机信息系统罪，判处韩某某有期徒刑一年二个月，刘某某有期徒刑一年，赵某某有期徒刑十一个月［EB/OL］.（2018-09-17）［2020-03-24］. https://new.qq.com/omn/20180917/20180917B05TLS.html.

范围存在争议。❶ 环保部门和司法机关面临的最大障碍是"鉴定难"问题，例如，2014 年《浙江省高级人民法院、浙江省人民检察院、浙江省公安厅、浙江省环保厅关于办理环境污染刑事案件若干问题的会议纪要》规定："对可能适用《解释》❷ 第一条、第三条'致使公私财产损失 30 万元（或者 100 万元）以上的'条款的环境污染刑事案件，必须提供'环境污染损害（鉴定）评估报告'。"但由于提供"环境污染损害（鉴定）评估报告"费时、费力、费钱，故在实践中浙江省绝大多数的"污染环境罪"案件均为"情节犯"。而山东省《全省办理环境污染刑事案件工作座谈会纪要》更是直接规定："除《解释》❸ 第一条第（九）款规定的情形外，对于一般环境污染刑事案件，造成的公私财产损失明显低于 100 万元的，可以由公安机关会同环保部门作出合理说明，不再进行环境污染损害后果评估。但检察机关经审查认为应当进行损害后果评估的，公安机关应当会同环保部门进行评估。"❹ 目前，全国评估鉴定的机构很少且收费高昂，难以满足办理案件的需求，尤其缺乏综合性的环境污染鉴定机构。以重金属鉴定为例，国内没有一个机构可以对国家名录中规定的全部重金属进行鉴定。此外，鉴定检验周期长、收费高，与有限的办案时限及办案经费形成矛盾，影响了案件办理的实效。如浙江省嘉兴市所查办的一起污染环境案件，仅在确认物质种类的鉴定上所花费的鉴定费用就高达 50 万元之巨。鉴定费用若由环保机关承担，则需在目前环保经费并不充足的情况下由财政增加预算；若由公安机关或检察机关承担，将对现有办案经费的配置产生影响。鉴定费用的承担方式已成为当前基层司法机关办理污染环境案件的困境之一。❺

---

❶ 陈庆瑞.污染环境罪法律适用的若干问题 [J].河北公安警察职业学院学报，2015，15（4）：48.

❷❸ 此处《解释》均指《2013 年环境犯罪司法解释》。

❹ 山东省人民检察院、山东省公安厅、山东省环保厅.全省办理环境污染刑事案件工作座谈会纪要（鲁检会〔2014〕4 号）[EB/OL].（2017–01–25）[2020–04–12]. http://www.zwjkey.com/onews.asp?ID=14468.

❺ 焦艳鹏.污染环境罪因果关系的证明路径——以"2013 年第 15 号司法解释"的适用为切入点 [J].法学，2014（8）：133–142.

另一方面的原因在于司法工作者在法律的适用上并不明确，也不严格。有关学者的研究表明在一些已经被认定为"后果特别严重"的案件中，法院的量刑仍然有偏轻的倾向。如浙江新安某化工二厂等污染环境案，被告人将上万吨危险废物（磷酸盐混合液）运输至山东省、江西省、浙江省衢州市、杭州市余杭区等地，以直排、焚烧等方法非法处置，最终只被判处有期徒刑5年9个月。❶ 在所收集的河北省"后果特别严重"的案件中，有两件涉及"认定争议"。在河北省廊坊市的一起终审案件中，法院认定该案发生于《2016年环境犯罪司法解释》实施之前，依据从旧兼从轻的原则，不应认定被告人王某污染环境的犯罪行为属于后果特别严重❷。而河北省邯郸市中级人民法院一相似案件，法院则给出了不同的认识，法院认定：经查，2017年1月1日施行的《2016年环境犯罪司法解释》第3条明确规定，非法排放、倾倒、处置危险废物100吨以上的，应当认定为后果特别严重。该条款系对污染环境罪定罪量刑具体标准的明确，而非对2013年6月《2013年环境犯罪司法解释》有关规定的修改，不适用从旧兼从轻的原则。故该上诉和辩护意见缺乏法律依据，不予采纳❸。

从这两起判决我们可以看到，司法实践十分依赖司法解释的具体规定，在没有具体规定的情况下，对"后果特别严重"的认定十分谨慎。而即便司法解释出台，实务部门在"从旧兼从轻"的认识上也并不统一，司法理念和认识对案件的影响非常大。笔者认为，"从旧兼从轻"这一原则是针对刑法具体条文而言，司法解释并非新的法律规定，而是对法律条文含义的解释，作为法律条文应有的内涵，不应当存在"从旧兼从轻"的认识。

由此可见，在我国污染环境罪的刑事既判案件中，属于"严重污染环境的"而适用第一档刑期的案件数量占绝大多数，污染环境罪的第二档刑期基本上处于不适用状态。这一状况从2016年开始出现了逐步的变

---

❶ 浙江省杭州市余杭区人民法院（2014）杭余刑初字第619号。

❷ 河北省廊坊市中级人民法院（2020）冀10刑终204号。

❸ 河北省邯郸市中级人民法院（2018）冀04刑终450号。

化，这说明司法实践已经开始重视损害评估。《2016 年环境犯罪司法解释》对"后果特别严重"的明确固然是一个契机，环境保护部于 2016 年6 月印发《生态环境损害鉴定评估技术指南 总纲》和《生态环境损害鉴定评估技术指南 损害调查》，表明我国已初步建立对生态环境损害的测量方法与技术进行规范的制度。这也必然为司法注入新的动力。此外，2020年出台的《刑法修正案（十一）》不仅将原第二档法定刑对应罪状表述中的"后果特别严重"修改为"情节严重"，而且将污染环境罪的法定刑从两档调整为三档，即增设了第三档"7 年以上有期徒刑"的加重法定刑适用情形，具体包括：（1）在饮用水水源保护区、自然保护地核心保护区等依法确定的重点保护区域排放、倾倒、处置有放射性的废物、含传染病病原体的废物、有毒物质，情节特别严重的；（2）向国家确定的重要江河、湖泊水域排放、倾倒、处置有放射性的废物、含传染病病原体的废物、有毒物质，情节特别严重的；（3）致使大量永久基本农田基本功能丧失或者遭受永久性破坏的；（4）致使多人重伤、严重疾病，或者致人严重残疾、死亡的。这四种加重法定刑的适用情形，在表述上并没有采用"兜底"条款的写法，而是以叙明罪状的方法列举，增强了司法实践的可操作性，较好地解决了长期以来污染环境罪在司法实践中"结果评价"不足的问题。

二、污染环境罪的量刑均衡不足

根据全国污染环境刑事既判案件判决书中刑种适用情况，"有期徒刑并处罚金"的刑罚是当前污染环境犯罪的主要处罚方式，剥夺与限制人身自由的有期徒刑与拘役、剥夺财产的财产刑是当前污染环境犯罪的主要刑罚措施。从刑罚上看，笔者统计了京津冀三地 2013—2018 年的污染环境罪刑事案件，大部分污染环境罪案件的刑罚主要是自由刑（有期徒刑）和附加罚金相结合的形式。由于河北省的案件数量较多，且裁判文书网更新数据的速度较快，因此本书在进行具体的刑期统计以及罚金刑比较分析时，选取了北京和天津的案件；而在进行"量刑规范化问题"分析时，主要选取了河北省的案件。

（一）自由刑比较分析

从自由刑处罚来看，京津冀三地大部分的案例刑罚均为有期徒刑，且大部分案件的有期徒刑刑期较短，集中在 2 年以下；判处 5 年以上有期徒刑的重刑率较低。

2013—2018 年北京市的 19 份裁判文书涉及 24 名被告人，5 个被告单位，18 人被判处自由刑，具体的刑罚统计如表 1-2 所示。

表 1-2　北京市污染环境罪量刑比较（2013—2018 年）　　单位：人

刑罚	缓刑	拘役	有期徒刑（实刑）	5 年以上有期徒刑
人数	1	0	17	0

在判处有期徒刑的 18 名被告人中，最低判处 6 个月，最高判处 2 年 10 个月，具体分布如表 1-3 所示。

表 1-3　北京市污染环境罪有期徒刑比较（2013—2018 年）　　单位：人

刑期	6 个月	7 个月	9 个月	10 个月	11 个月	1 年	1 年 8 个月	2 年	2 年 10 个月
人数	4	1	1	1	7	1	1	1	1

天津市的 115 份裁判文书涉及 232 名被告人，其中被告为单位的有 12 个，具体的刑罚统计如表 1-4 所示。

表 1-4　天津市污染环境罪量刑比较（2013—2018 年）　　单位：人

刑罚	有期徒刑、拘役适用缓刑	拘役（含缓刑）	有期徒刑（含缓刑）	主刑并处罚金
人数	70	37	168	197

在天津被判处有期徒刑的 168 人中，最低判处 6 个月，最高判处 6 年。具体分布为：判处 6 个月到 1 年的 87 人；判处 1 年到 1 年 6 个月的 45 人；判处 1 年 6 个月到 2 年的 12 人；判处 2 年到 2 年 6 个月的 9

人；超过 2 年 6 个月不满 3 年的 2 人；超过 3 年不满 4 年的 7 人；超过 4 年不满 5 年的 2 人；超过 5 年不满 6 年的 3 人；超过 6 年不满 7 年的 1 人。其中，判处 5 年以上有期徒刑的共计 4 人，重刑率为 2%。而在有期徒刑和拘役的缓刑适用中，适用率近 35%；在有期徒刑的适用中 1 年以下的有期徒刑适用率为 51.8%，1 年到 1 年 6 个月的适用率为 26.8%。这也和有些学者的研究是相互对应的，在被判处有期徒刑的被告人中，有 51.8% 的被告人被判处"6 个月到 1 年"的有期徒刑，而"1 年到 1 年 6 个月"有期徒刑的则有 27.49%。刑期在 3 年以上的则仅占 3.51%。这充分说明当前在污染环境犯罪的刑法惩治中是"轻刑化"的。❶刑罚轻缓化，即"用相对轻缓的刑罚来应对犯罪，包括刑罚总量的降低、法定刑较低的刑罚及非监禁刑的广泛适用"❷，其主要体现在两个方面："一是轻刑罚结构。轻刑罚结构主要表现为非暴力犯罪废除死刑和法定刑幅度的合理化。二是刑量轻缓化。判断刑量轻缓化是从整体上进行判断，既不是在不同量刑档次之间进行比较也不是罪与非罪的区分，而是从所有的量刑结果所呈现的形态上加以区别。"❸从具体的裁判文书统计结果来看，在刑罚种类上超过 2/3 的案件被判处有期徒刑，且判处有期徒刑并处罚金的占据绝大多数。在刑期上，大部分有期徒刑刑期集中于 6 个月以上 2 年以下。

（二）罚金刑分析

就北京、天津、河北三地的罚金处罚状况而言，根据北京市污染环境罪裁判文书的统计结果，65% 的调查案例判处的罚金在 2 万元以下，73.91% 的样本判处罚金在 20 万元以下。罚金金额在 20 万元以下的具体分布如表 1-5 所示。

---

❶ 焦艳鹏 . 我国污染环境犯罪刑法惩治全景透视 [J]. 环境保护，2019，47（6）：41-50.

❷ 何立荣 . 中国刑法发展辩证研究 [M]. 北京：中国政法大学出版社，2013：240.

❸ 孟傲 . 污染环境罪量刑规范化研究 [D]. 武汉：华中师范大学，2016：10.

表 1–5 北京市污染环境罪罚金数额比较（2013—2018 年）

罚金金额（万元）	0~0.5（含）	0.5~1（含）	1~10（含）	10~20（含）
文书数量（份）	1	14	2	3

2013 年至 2018 年天津市判处罚金数额总值为 823 万元，涉及 224 人，平均值为 3.67 万元，最大值为 100 万元，最小值为 2 000 元。其中，超过一半的样本判处罚金数额在 2 万元以下，93.75% 的样本判处罚金数额在 10 万元以下，10 万元以下出现频率较高的罚金数额如表 1–6 所示。

表 1–6 天津市污染环境罪罚金数额比较（2013—2018 年）

罚金金额（万元）	0.2	0.3	0.5	0.8	1	2	3	4	5	10
文书数量（份）	1	2	33	2	55	42	35	14	16	4

北京、天津两地不仅案件数量存在差异，罚金数额也有较为明显的差距。天津案件数量为北京的近 8 倍，但罚金数额两城市截然相反，北京市是天津市罚金总额的近 8 倍。北京、天津两地在罚金的最高额上差异明显，北京市最高罚金为 6 000 万，天津市最高罚金为 100 万。从具体的罚金数额分布区间来看，北京市的整体罚金数额都要高于天津市，在最低数额上两地并无差别，超半数案件罚金数额在 2 万元以下。但总体上北京市的罚金适用比天津市严格。

河北省与天津市、北京市相比，差距也较为明显。河北省案件数量多，在罚款上最高罚款仅为 10 万元，最低为 5 000 元，75% 的案件罚金数额在 5 000~20 000 元，案件的罚金数额平均值要远远低于北京、天津两地。

从罚金的金额来看，北京市的罚金明显高于其他两地，三地存在明显的差距，与三地的经济发展水平、产业结构、惩罚力度等因素相关，在京津冀协同发展的当下应当逐渐消除这个差距。罚金的数额不应是以当地的经济发展状况作为依据，而应当统一标准，以企业的规模大小进行衡量。此外，罚金刑从整体适用上也较为宽缓，罚金与违法所得不成比例、罚金与生态修复费用不匹配。

对于罚金刑数额偏低，应做具体分类分析。第一，目前污染环境犯罪法律中所惩治的绝大多数为自然人犯罪，这些人为工厂中从事直接排污的一线工人，他们对污染环境的主客观要件认知程度较低，收入也较低，经济情况较差。对他们判处的罚金数额虽然普遍较少，但相比于他们的承受能力，目前的数额区间是相对合理的。第二，目前污染环境犯罪惩治的法人犯罪较少。在对法人犯罪惩治时，应加大罚金刑力度，使企业付出较大的违法成本，这个成本要大于其非法排污的收益。

因此，从上述分析来看，若污染环境犯罪主要以惩治自然人为主且以惩治一线排污者为主的模式没有大的改变，当前及今后一段时间，罚金刑数额偏低的刑事司法形态仍将持续。对法人犯罪中的企业以及企业主要管理人员进行"双罚"时，加大罚金刑数额是未来污染环境犯罪治理应持的立场。

（三）量刑规范化实践不足

在污染环境罪量刑起刑点的选择上，京津冀三地有期徒刑的起刑点均为6个月，但是在3年以下法定刑的幅度内有较大的弹性空间，量刑的标准不明确，并且目前我国的相关立法对此也未作出明确的规定。在《刑法修正案（十一）》出台之前，污染环境罪以3年为界，设定了两档法定刑，一档是处3年以下有期徒刑或者拘役，并处或者单处罚金；一档是后果特别严重的，处3年以上7年以下有期徒刑，并处罚金。根据笔者的研究，京津冀三地在司法实践中鲜少适用立法规定的"3年以上7年以下有期徒刑"这一量刑档。下面，我们以"排放危险废物"这一入罪情形为例进行具体说明。根据《2016年环境犯罪司法解释》的规定，当危险废物排放量达到3吨以上，量刑为3年以下有期徒刑；当危险废物排放量达到100吨以上，量刑升格为3年以上7年以下有期徒刑。然而，从表1-7统计的案例情况来看，作为重要量刑依据的"危险废物排放量"所发挥的量刑区分作用并不明显，比如危险废物排放量在15.7吨到57.5吨的案例，量刑均在1年左右；而危险废物排放量分别为60吨和157吨的案例，量刑差距仅为3个月，且危险废物排放量的157吨已经达到了《2016年环境犯罪司法解释》中"100吨以上"的法定刑升格条件，实际案例的量刑却在3年以下。

表 1-7 河北"排放危险废物"污染环境罪量刑比较

案号	吨数	从重	从轻	刑罚
（2019）冀96刑终7号	15.7			有期徒刑一年，并处罚金人民币一万元
（2016）冀09刑终605号	40		认罪态度较好，酌情予以从轻处罚	有期徒刑一年零三个月，并处罚金人民币五万元
（2019）冀0982刑初548号	57.5		自首，认罪，降低环境影响	有期徒刑一年，并处罚金人民币一万元
（2019）冀0181刑初313号	60		如实供述犯罪事实，且自愿认罪认罚，主动缴纳罚金	有期徒刑二年，并处罚金人民币二万元
（2020）冀0181刑初8号	157	有犯罪前科	如实供述犯罪事实，自愿认罪认罚，主动缴纳罚金及违法所得	有期徒刑二年三个月，并处罚金人民币二万五千元

　　而这些问题都一再提示司法实践"量刑规范化"的紧迫性，从罪刑均衡的角度来说，目前最高人民法院对于污染环境罪并没有具体的量刑适用细则，而从全国来看，能够找到关于污染环境罪规范量刑细则的只有江苏省和重庆市。

　　1. 江苏省高级人民法院和重庆市高级人民法院污染环境罪之入罪规范化的比较❶

　　从表 1-8 中可以看出，在具体的量刑幅度内，江苏的量刑指导意见侧重于基准点的设置，而重庆的指导意见在具体量刑幅度的增加上根据细则，计算也更加精确化。尤其是在多种入罪情形并存的情况下，按照江苏省的规定，具有《2016 年环境犯罪司法解释》第 1 条规定的两项以上情形的，行为人触犯每增加《2016 年环境犯罪司法解释》第 1 条第（1）项至第（17）项情形中的 1 项，增加 6 个月刑期确定基准刑。而重庆的规定，是看具体情形，比如有 2~3 种情形，增加 20%~50% 的刑期，但总刑期不得超过 3 年，超过 3 种，增加 50% 以上的刑期，但总刑期不得超过 3 年。

---

　　❶ 参见《江苏省高级人民法院关于环境污染刑事案件的审理指南（一）》，《重庆市高级人民法院关于污染环境犯罪的量刑指导意见实施细则》渝高法〔2018〕119 号。

表 1-8　江苏省高级人民法院和重庆市高级人民法院污染环境罪量刑指导意见比较

入罪形态	江苏省	重庆市
在饮用水水源一级保护区、自然保护区核心区排放、倾倒、处置有放射性的废物、含传染病病原体的废物、有毒物质的	量刑起点为有期徒刑一年至一年半	在有期徒刑六个月至一年确定量刑起点
非法排放、倾倒、处置危险废物三吨以上的	量刑起点为有期徒刑一年至一年半；每增加二十五吨，增加三个月至六个月刑期确定基准刑	三吨至四十吨：有期徒刑六个月至一年；四十吨至七十吨：有期徒刑一年至二年；七十吨至一百吨：有期徒刑二年至三年
排放、倾倒、处置含铅、汞、镉、铬、砷、铊、锑的污染物，超过国家或者地方污染物排放标准三倍以上的	量刑起点为有期徒刑一年至一年半；每增加五倍，增加三个月至六个月刑期确定基准刑	超过排放标准三倍至二十倍：有期徒刑六个月至一年；二十倍至五十倍：有期徒刑一年至二年；五十倍以上的：有期徒刑二年至三年
排放、倾倒、处置含镍、铜、锌、银、钒、锰、钴的污染物，超过国家或者地方污染物排放标准十倍以上的	量刑起点为有期徒刑一年至一年半；每增加十倍，增加三个月至六个月刑期确定基准刑	超过排放标准十倍至四十倍：有期徒刑六个月至一年；四十倍至七十倍：有期徒刑一年至二年；七十倍以上的：有期徒刑二年至三年
通过暗管、渗井、渗坑、裂隙、溶洞、灌注等逃避监管的方式排放、倾倒、处置有放射性的废物、含传染病病原体的废物、有毒物质的	量刑起点为有期徒刑一年至一年半；累计时间超过一年，增加三个月至六个月刑期确定基准刑；累计时间超过二年，增加六个月至一年刑期确定基准刑	有期徒刑六个月至一年
二年内曾因违反国家规定，排放、倾倒、处置有放射性的废物、含传染病病原体的废物、有毒物质受过两次以上行政处罚，又实施前列行为的	量刑起点为有期徒刑一年至一年半	有期徒刑六个月至一年；每增加一次行政处罚，在起点刑基础上增加二个月刑期，但总刑期不得超过三年

入罪形态	江苏省	重庆市
重点排污单位篡改、伪造自动监测数据或者干扰自动监测设施，排放化学需氧量、氨氮、二氧化硫、氮氧化物等污染物的	量刑起点为有期徒刑一年至一年半；累计时间超过一年，增加三个月至六个月刑期确定基准刑；累计时间超过二年，增加六个月至一年刑期确定基准刑	对单位判处罚金，并对其直接负责的主管人员和其他直接责任人员在有期徒刑六个月至一年确定量刑起点
违法减少防治污染设施运行支出一百万元以上的	量刑起点为有期徒刑一年至一年半；减少的支出每增加二百万元，增加三个月至六个月刑期确定基准刑	在有期徒刑一年至二年确定量刑起点，减少支出每增加一百万元刑期增加一个月，但总刑期不得超过三年
违法所得或者致使公私财产损失三十万元以上的	量刑起点为有期徒刑一年至一年半；数额每增加三十万，增加三个月至六个月刑期确定基准刑	在有期徒刑六个月至一年确定量刑起点；五十五万元至八十万元：有期徒刑一年至二年；八十万元至一百万元：有期徒刑二年至三年
造成生态环境严重损害的	量刑起点为有期徒刑一年至一年半；数额每增加三百万元，增加三个月至六个月刑期确定基准刑	具体量刑情节可以参考《国务院办公厅关于印发国家突发环境事件应急预案的通知》的附录《突发环境事件分级标准》第二条第4、第6、第7项情形和第三条第4、第6、第7项规定。构成《突发环境事件分级标准》第二条第4、第6、第7项情形的，在有期徒刑一年至二年确定量刑起点；构成第三条第4、第6、第7项情形的，在有期徒刑六个月至一年确定量刑起点
致使乡镇以上集中式饮用水水源取水中断十二小时以上的	量刑起点为有期徒刑一年至一年半；每增加十二小时，增加三个月至六个月刑期确定基准刑	在有期徒刑六个月至一年确定量刑起点

续表

入罪形态	江苏省	重庆市
致使基本农田、防护林地、特种用途林地五亩以上，其他农用地十亩以上，其他土地二十亩以上基本功能丧失或者遭受永久性破坏的	量刑起点为有期徒刑一年至一年半	在有期徒刑六个月至一年确定量刑起点；基本农田、防护林地、特种用途林地八亩至十二亩，其他农用地十七亩至二十三亩，其他土地三十三亩至四十七亩的，在有期徒刑一年至二年确定量刑起点；基本农田、防护林地、特种用途林地十二亩至十五亩，其他农用地二十三亩至三十亩，其他土地四十七亩至六十亩的，在有期徒刑二年至三年确定量刑起点
致使森林或者其他林木死亡五十立方米以上，或者幼树死亡二千五百株以上的	量刑起点为有期徒刑一年至一年半	在有期徒刑六个月至一年确定量刑起点；森林或者其他林木死亡八十立方米至一百二十立方米，或者幼树死亡四千株至六千株，在有期徒刑一年至二年确定量刑起点；森林或者其他林木死亡一百二十立方米至一百五十立方米，或者幼树死亡六千株至七千五百株，在有期徒刑二年至三年确定量刑起点
致使疏散、转移群众五千人以上的	量刑起点为有期徒刑一年至一年半	在有期徒刑六个月至一年确定量刑起点；八千人以上一万二千人以下的，在有期徒刑一年至二年确定量刑起点；一万二千人以上一万五千人以下的，在有期徒刑二年至三年确定量刑起点

入罪形态	江苏省	重庆市
致使三十人以上中毒的	量刑起点为有期徒刑一年至一年半	致使三十人以上五十五人以下中毒的，在有期徒刑六个月至一年确定量刑起点；五十五人以上八十人以下的，在有期徒刑一年至二年确定量刑起点；八十人以上一百人以下的，在有期徒刑二年至三年确定量刑起点
致使三人以上轻伤、轻度残疾或者器官组织损伤导致一般功能障碍的	量刑起点为有期徒刑一年至一年半	致使三人以上五人以下轻伤、轻度残疾或者器官组织损伤导致一般功能障碍的，在有期徒刑六个月至一年确定量刑起点；五人以上八人以下的，在有期徒刑一年至二年确定量刑起点；八人以上十人以下的，在有期徒刑二年至三年确定量刑起点
致使一人以上重伤、中度残疾或者器官组织损伤导致严重功能障碍的	量刑起点为有期徒刑一年至一年半	致使一人重伤、中度残疾或者器官组织损伤导致严重功能障碍的，在有期徒刑六个月至一年确定量刑起点；二人的，在有期徒刑一年至二年确定量刑起点；三人的，在有期徒刑二年至三年确定量刑起点
其他严重污染环境的情形	量刑起点为有期徒刑一年至一年半	具体量刑情节可以参考《国务院办公厅关于印发国家突发环境事件应急预案的通知》的附录《突发环境事件分级标准》第二条第四、第六、第七项情形和第三条第四、第六、第七项规定。构成《突发环境事件分级标准》第二条第四、第六、第七项情形的，在有期徒刑一年至二年确定量刑起点；构成第三条第四、第六、第七项情形的，在有期徒刑六个月至一年确定量刑起点

重庆市出了更加具体的量刑意见，分三个层次展开。

第一，基本入罪情形的多种并存处理。具有《2016年环境犯罪司法解释》第1条规定的两项以上情形的，以其中较重行为的量刑结果为起点，按照以下方法叠加确定基准刑，具体来说，行为人触犯两至三项情形的，增加20%~50%的刑期，但总刑期不得超过3年；行为人触犯超过三项以上情形的，增加50%以上的刑期，但总刑期不得超过3年。

第二，基本入罪情形与其他情形并存处理。具有《2016年环境犯罪司法解释》第1条规定的情形，且具有下列情形的，增加10%的刑期，具体来说：在饮用水水源二级保护区排放、倾倒、处置有放射性的废物、含传染病病原体的废物、有毒物质的；在自然保护区的缓冲区、试验区排放、倾倒、处置有放射性的废物、含传染病病原体的废物、有毒物质的；曾因污染环境违法行为受过行政处罚的。

第三，法定刑升格的多种入罪情形并存处理。具有《2016年环境犯罪司法解释》第4条规定的情形之一的，在有期徒刑1~2年确定量刑起点，行为人触犯该条两项以上情形的，增加20%~50%的刑期。

对比之后，我们发现以下不同：江苏省给出了统一的量刑起点1~1.5年，而重庆市的量刑起点大都在6个月~1年。以具有《2016年环境犯罪司法解释》第一条第（二）项规定的情形来看，江苏的规定是：每增加25吨，增加3~6个月刑期确定基准刑；重庆的规定是：3~40吨——有期徒刑6个月~1年，40~70吨——有期徒刑1~2年，70~100吨——有期徒刑2~3年。从这里可以看到重庆的量刑明显轻于江苏的规定，以28吨危险废物排放来说，江苏的量刑在1年3个月~2年，而重庆的量刑仅在6个月~1年。以53吨危险废物排放来说，江苏的量刑在1年6个月到2年半，重庆的量刑在1~2年，但基本差别不大。以78吨危险废物的排放来说，按照江苏的规定，由于法定最高刑的限制，量刑在1年9个月~3年；按照重庆的规定，量刑在2~3年。如果只是从简单的累加计算来看，江苏的排污超过78吨量刑按照累加可以超过3年，也就是同样排污100吨，量刑最高点在3年，而江苏会出现刑罚最高刑超过罪刑相当。相比较而言，重庆的量刑指导意见更能体现具体情形内的区分，避免量刑过剩。

2. 量刑规范的检验

为了充分比较量刑指导意见的影响，笔者选取了江苏、重庆、北京、天津、河北五地的典型案例进行分析，如表1-9所示。

从表1-9的案件来看，几乎所有案件的量刑普遍采取有期徒刑加罚金的形式。根据我国的《水污染物综合排放标准》，不同行业的水污染物排污标准不同，因此司法解释以"重金属超标倍数"作为定罪量刑情形。如在表1-9的案例4（重庆）与案例10（北京）中，二者的镍含量均为25mg/L左右，但超标倍数不同，案例4（重庆）的镍含量被认定超标23.2倍，而案例10（北京）的镍含量被认定超标10倍。但水污染物排放标准既有国家标准，也有地方标准，在认定"超标倍数"时应该选取国家标准还是地方标准？根据我国刑法第338条的规定，构成污染环境罪的前提是"违反国家规定"，因此，在确认污染物排放超标标准时，一般应当是指国务院环境保护行政主管部门按照《环境保护法》的规定，根据国家环境质量标准和国家经济、技术条件制定的国家污染物排放标准。从我们收集的案件来看，大部分案件在判决书中明确了"超标"为"超出国家标准"，如案例1、2（江苏），案例4、5（重庆），案例7、10（北京），案例11、12、13、14、15（河北），案例16（天津），但也有部分案件列出了"地方标准"，比如案例10（北京），在判决书的事实调查中列出了"地方标准"，但该案件在判决的"本院认为"中并没有引用地方标准，而是直接表述为"超出国家标准"。这是因为一般地方标准往往严格于国家标准，因此有些法院也会根据地方标准做出污染程度判断。我们此处以"超标倍数"进行对比分析，由于部分案件并未明确超标标准为国家标准还是地方标准，但从各省相关判决来看，均有采纳"国家标准"的案件，因此在进行对比分析时，推定所有案件均采取"国家标准"。从案例4（重庆）和案例10（北京）的对比中，我们可以看出，两个案件中锌的含量差异较大，案例4（重庆）的锌含量超标137倍，而案例10（北京）的锌含量超标10倍以上，单从锌的含量来说，案例4（重庆）的重金属超标程度远高于案例10（北京），但两个案件在量刑上均为1年左右，且仅相差1个月。

表1-9 江苏、重庆、北京、天津、河北污染环境罪典型案例量刑比较

序号	省/市	案号	案例简介	判决
1	江苏省	（2019）苏11刑终137号	该厂西车间中部渗坑内废水中六价铬、总铬浓度分别超过国家污染物排放标准的6.8倍、5.6倍；镍、铜浓度分别超过国家污染物排放标准的1 400倍、600倍。该厂西车间南部渗坑内废水中六价铬、总铬浓度分别超过国家污染物排放标准的36.2倍、45.2倍；镍、铜、锌浓度分别超过国家污染物排放标准的30倍、191倍、24.3倍	起某犯污染环境罪，判处有期徒刑十个月，并处罚金人民币四万元
2		（2018）苏01刑终938号	该厂房内排水沟总镍浓度值为594mg/L，六价铬浓度值为210mg/L，总铬浓度值为223mg/L，分别超出《电镀污染物排放标准》（GB 21900—2008）表2限值的1 188倍、1 050倍、223倍；该厂房内渗漏水总镍浓度值为231mg/L、总锌浓度值为19mg/L，六价铬浓度值为290mg/L，总铬浓度值为311mg/L，分别超出《电镀污染物排放标准》（GB 21900—2008）表2限值的462倍、12.67倍、1 450倍、311倍	孙某起主要作用，系主犯，应当按照其所参与的全部犯罪处罚；温某起次要作用，系从犯，依法从轻处罚。孙某犯污染环境罪，判处有期徒刑三年，并处罚金人民币十万元；温某犯污染环境罪，判处有期徒刑一年二个月，并处罚金人民币三万元
3		（2019）苏0281刑初91号	该电镀厂生产车间清洗池产生的废液、废水，通过私设的排污管连接到排污管排放到河内，经检测，雨水管排放的水中总镍浓度为625mg/L，超标6 250倍	江阴某有限公司犯污染环境罪，判处罚金人民币十万元；刘某犯污染环境罪，判处有期徒刑一年，并处罚金人民币三万元

续表

序号	省/市	案号	案例简介	判决
4	重庆市	(2018)渝05刑终331号	该厂使用罐车将废盐酸排放至市政雨水管网中，罐车管道的残余废盐酸总镍含量为23.2mg/L、总锌含量为274mg/L，总镍、总锌含量分别为《污水综合排放标准》（GB 8978—1996）污染物最高允许排放浓度的23.2倍、137倍	张某某犯污染环境罪，判处有期徒刑一年一个月，并处罚金人民币四万元；马某犯污染环境罪，判处有期徒刑九个月，并处罚金人民币三万元
5		(2019)渝0112刑初499号	该作坊排放废水中，总铬含量为42.1mg/L，六价铬含量为2.22mg/L，总锌含量为2.36mg/L，分别超出国家标准27.1倍、10.1倍、1.36倍	高某犯污染环境罪，判处有期徒刑十个月，并处罚金一万五千元，附带民事公益诉讼高某赔偿生态环境损失五万六千四百六十六元
6	北京市	(2018)京0114刑初35号	总排放口废水中氨氮含量为26.6mg/L，镍含量为3.06mg/L，锌含量为8.35mg/L	卜某犯污染环境罪，判处有期徒刑七个月，并处罚金人民币一万元
7		(2017)京011刑初943号	生产车间排水沟内废水六价铬排放浓度为406mg/L，总锌排放浓度为5.22mg/L，pH=11.7；生产车间北侧渗坑废水六价铬浓度为1.95mg/L，pH=11.7，厂区外东北侧长周路南侧泄洪沟渗坑废水六价铬浓度为1.02mg/L，pH=12.4，超过了《地表水环境质量标准》（GB 3838—2002）中Ⅳ类标准六价铬≤0.05mg/L，总锌≤2.0mg/L，pH为6～9的限值	某某公司犯污染环境罪，判处罚金人民币二十万元；该某犯污染环境罪，判处有期徒刑十一个月，并处罚金人民币一万元
8		(2018)京03刑终835号	该作坊电镀车间排口处总锌浓度为10 700mg/L，车间外总锌浓度为2130mg/L，皆超过国家标准（1.5mg/L）10倍以上	熊某犯污染环境罪，判处有期徒刑六个月，并处罚金人民币五万元；陈某犯污染环境罪，判处有期徒刑九个月，并处罚金人民币二十万元

序号	省/市	案号	案例简介	判决
9		（2016）京01刑终239号	该厂违反国家规定在某村沟道地区处置污泥19 000余吨，造成林地严重污染，原有植被被严重毁坏，林区污泥中检出铅、汞、镉、铬等重金属及类大肠菌群	某国际贸易（北京）有限公司犯污染环境罪，判处罚金人民币五十万元；王某犯污染环境罪，判处有期徒刑二年，并处罚金人民币五万元；聂某犯污染环境罪，判处有期徒刑三万元，缓刑二年，并处罚金人民币三万元；李某犯污染环境罪，免予刑事处罚
10	北京市	（2019）京0112刑初370号	电镀厂排污口的六价铬浓度为1.19mg/L，超过《水污染物综合排放标准》（DB 11/307—2013）表1中B排放限值3倍以上；镀锌清洗液废水中总锌浓度为76.9mg/L，超过《水污染物综合排放标准》（北京标准）表1中B排放限值10倍以上；镀镍清洗液废水中六价铬浓度为149mg/L，总镍浓度为24.5mg/L，分别超过《水污染物综合排放标准》表1中B排放限值3倍、10倍以上	刘某犯污染环境罪，判处有期徒刑一年，并处罚金人民币二十万元
11	河北省	（2018）冀0926刑初92号	电镀厂利用渗坑直接排放水污染物，污染排放物中的总铬浓度为277.40mg/L，超出国家排放标准3倍以上；总锌浓度为311.34mg/L，超出国家排放标准10倍以上	王某犯污染环境罪，判处有期徒刑六个月，并处罚金人民币一万元

续表

序号	省/市	案号	案例简介	判决
12		（2019）冀0926刑初95号	该镀锌摊点院内渗坑废水中总铬浓度为370mg/L、六价铬浓度为284mg/L，总锌浓度为891mg/L（电镀污染物国家排放标准为总铬浓度为1mg/L，总锌浓度为1.5mg/L）。其中，排放含铬废水超出国家排放标准3倍以上，含锌废水超出国家污染物排放标准10倍以上	李某某犯污染环境罪，判处有期徒刑十一个月，并处罚金人民币一万元
13		（2017）冀0108刑初343号	排水管排口总锌浓度为6.05×10^3mg/L，总铬浓度为36.4mg/L；厂外渗坑总锌浓度为1.24×10^3mg/L，总铬浓度为10.4mg/L。（国家标准值：总锌浓度为0.297mg/L，总铬浓度为0.349mg/L）	高某某犯污染环境罪，判处有期徒刑一年，并处罚金人民币两万元
14	河北省	（2018）冀04刑终436号	该厂渗坑内污水水样中总铬的浓度为39mg/L，铜的浓度为9.79mg/L，分别超过《电镀污染物排放标准》（GB 21900—2008）中表2新建企业污染物排放限值的38倍、18.58倍。利用渗坑排放的污水所含重金属铬、铜分别超过国家污染物排放标准的3倍、10倍以上	冯某某犯污染环境罪，判处有期徒刑一年，并处罚金人民币两万元
15		（2018）冀0984刑初393号	电镀厂将镀锌过程中产生的废水通过酸洗槽东侧排水口经暗管排入电镀区东侧的渗坑内，渗坑内的总铬排放浓度为636mg/L，超出国家排放标准635倍；总锌排放浓度为234mg/L，超出国家排放标准155倍；六价铬排放浓度为587mg/L，超出国家排放标准2934倍，总浓度、总铬、六价铬排放浓度已分别超出国家排放标准3倍、10倍以上	门某某犯污染环境罪，判处有期徒刑六个月，并处罚金人民币五千元

续表

序号	省/市	案号	案例简介	判决
16		（2018）津0112刑初335号	非法从事防腐业务，将含有重金属铜、镍、铬的污水直接排放至地面，任由其下渗至地下土壤中，车间车辙内积水铜的浓度为$1.42×10^2$mg/L，超过《污水综合排放标准》（GB 8978—1996）中规定的1.0mg/L的排放标准，超标141倍；镍的浓度为18.0mg/L，超过《污水综合排放标准》（GB 8978—1996）中规定的1.0mg/L的排放标准，超标17倍；六价铬的浓度为5.24mg/L，超过《污水综合排放标准》（GB 8978—1996）中规定的0.5mg/L的排放标准，超标9.48倍	张某犯污染环境罪，判处有期徒刑二年，缓刑一年，并处罚金人民币八万元
17	天津市	（2017）津0112刑初4号	所排放的废水中重金属锌含量为56.9mg/L，超标36.9倍；重金属总铬含量为20mg/L，超标19倍，属于严重污染环境。其车间地面积水、车间地面集水池，总排口重金属总铬含量分别为6.80mg/L、14.8mg/L、16.6mg/L，分别超标5.8倍、13.8倍、15.6倍	杜某某犯污染环境罪，判处有期徒刑一年，并处罚金人民币二万元
18		（2014）南刑初字第465号	该镀锌加工厂总排口的重金属总锌浓度为144mg/L，超标78倍；渗坑内重金属总锌浓度为119mg/L，超标95倍	潘某某犯污染环境罪，判处有期徒刑二年，缓刑二年，并处罚金人民币二万元
19		（2015）南刑初字第38号	该电镀作坊车间排口重金属总铬含量为461mg/L，超标921倍；重金属镍含量为1 040mg/L，超标1 039倍	王某某犯污染环境罪，判处有期徒刑一年，缓刑一年，并处罚金人民币三万元
20		（2014）青刑初字第0296号	经鉴定，排放的废水中重金属锌超标139倍、六价铬超标1 519倍	张某某犯污染环境罪，判处有期徒刑两年，缓刑三年，并处罚金人民币一万元

从这里我们可以看出，北京在司法实践中量刑较为严格，即达到司法解释规定的"锌的含量超标 10 倍"便量处了 1 年实刑。再如案例 1（江苏）、案例 5（重庆）和案例 12（河北），案例 12（河北）的铬含量已经超标近300 倍，却与铬含量超标 5.6 倍的案例 1（江苏）和铬含量超标 1.36 倍的案例 5（重庆）量刑基本一样，仅为 11 个月，可见河北的量刑明显轻于江苏和重庆。我们再以锌的含量来分析案例 13（河北）、案例 17（天津）和案例 18（天津），案例 13（河北）的锌含量超标最高为 2 000 倍，案例 17（天津）的锌含量超标 36.9 倍，案例 18（天津）的锌含量超标最高为 95倍，三个案件的量刑也基本都在 1 年左右。由此可以看出，单就锌含量的超标标准而言，河北的量刑轻于天津的量刑，而天津的量刑轻于北京的量刑。另外，天津的司法实践也存在着量刑不均衡的情况，如案例 18 的锌含量超标明显高于案例 17，却适用了缓刑。我们再从污染环境犯罪中对单位犯罪的处罚与对自然人犯罪的处罚比较来看，案例 3（江苏）、案例7（北京）和案例 9（北京）均判处企业构成污染环境罪，相较于自然人犯罪，这几个案例判处的单位罚金较高，但对单位内自然人的处罚相对其他案例较轻，具体可以参考对比案例 2（江苏）和案例 3（江苏），其中，案例 3（江苏）的金属镍含量超标 1 000 倍以上，约为案例 2（江苏）金属镍含量超标程度的 5 倍，案例 2（江苏）的自然人主犯量刑为 3 年，而案例3（江苏）的单位内自然人量刑仅为 1 年。

根据量刑指导意见，对轻微犯罪行为来说，江苏的量刑是重于重庆的。江苏注重从严把握，但事实上并没有按照这一标准严格实施，如在（苏）8 601 刑初 107 号案件中，黄某某为谋取非法利益，在无危险废物经营许可证的情况下，先后三次将山东某化工有限公司的 67 吨焦油渣出售给无危险废物经营许可证的尹某某。黄某某因此犯污染环境罪，判处有期徒刑 8 个月，并处罚金人民币 2 万元，而依照江苏省量刑意见应判处有期徒刑 1 年 7 个月至 2 年 8 个月。

下面，我们再次选取天津、河北的污染环境罪典型案件，以江苏、重庆的指导意见进行适用（如表 1-10 所示），检验是否存在分歧。

表 1–10　天津、河北污染环境罪典型案件依照江苏、重庆量刑指导意见量刑比较

案例号	入罪情形	刑罚适用	江苏、重庆量刑比较
（2018）津0116刑初60419号	窦某被雇运输废物，明知运输的是废盐水、废酸等有毒物质，仍驾驶一载重50吨的罐车进行运输、排放，造成污染	判处窦某有期徒刑七个月，缓刑一年，并处罚金人民币一万元，在缓刑考验期内对其依法实行社区矫正	若参考江苏量刑意见，应判处窦某有期徒刑一年半至两年半； 若参考重庆量刑意见，应判处有期徒刑一至两年
（2018）津0115刑初417号	佟某在家中，对其收购的废弃铅蓄电池进行拆解并将电池液倒入附近河流。共非法处置废弃铅蓄电池7吨	判处佟某有期徒刑六个月，并处罚金人民币八千元	若参考江苏量刑意见，应判处佟某有期徒刑一年至一年半； 若参考重庆量刑意见，应判处佟某有期徒刑六个月至一年
（2017）津0115刑初631号	朱某、杨某雇用两人收购废旧铅酸蓄电池和拆解，并将含铅的蓄电池液排放至农灌沟内。被拆解的废旧铅酸蓄电池重量为24.31吨	判处朱某、杨某有期徒刑10个月，并处罚金人民币一万元	若参考江苏量刑意见，应判处主犯有期徒刑一年半至两年； 若参考重庆量刑意见，应判处主犯有期徒一年
（2015）滨港刑初字第366号	张某某私自将其合伙经营公司生产过程中的15吨酸性污水排放至农田中	判处张某某有期徒刑六个月，缓刑一年，并处罚金人民币五千元，缓刑考验期内依法对其实行社区矫正	若参考江苏量刑意见，应判处被告人张某某有期徒刑一年至一年半； 若参考重庆量刑意见，应判处张某某有期徒刑六个月至一年
（2019）冀0431刑初50号	2018年8月20日，黄某在没有危险废物经营许可证的情况下，于鸡泽县租赁张某的工厂进行镀锌。镀锌过程中产生的废液未经处理直接排入该厂东南角未采取任何防渗漏措施的一个坑内，致使镀锌废液在渗坑内自然下渗并造成土壤污染。经鉴定：该废液池 pH<2，铜 2.66mg/L，锌 6.80×10^3mg/L，总铬 1.46mg/L；渗坑内镀锌废液为强酸（pH<2），重金属锌超标4 532倍	判处黄某有期徒刑一年，并处罚金人民币二万元	黄某自首且主动承担处置危险废物费用，认罪、悔罪态度诚恳，可从轻处罚。若参考江苏量刑指导意见"每增加十倍，增加三个月至六个月刑期确定基准刑判处"，超标倍数将突破法定刑上限； 若参考重庆量刑指导意见，判处有期徒刑两年至三年，罚款人民币一万元以上

续表

案例号	入罪情形	刑罚适用	江苏、重庆量刑比较
（2019）冀0327刑初65号	吴某、杨某从他人手中购买大量有刺鼻气味的污泥，后将该污泥拉到杨某收租用的土地上进行晾晒，准备用于种植果树。经清理称重，为30.8吨。经鉴定，晾晒的污泥系具有浸出毒性特征的危险废物，造成环境污染	判处吴某有期徒刑六个月，并处罚金人民币二万元	若参考江苏量刑标准应判吴某一年三个月至二年；若参考重庆量刑标准应判六个月至一年
（2018）冀0431刑初118号	贺某甲与牛某（另案处理）、胡某（另案处理）在无危险废物经营许可证的情况下于某县废弃养殖场院内，用自建的无防渗漏措施的水泥池储存废酸40余吨。后该池子发生坍塌导致部分废酸渗漏造成土壤污染	判处贺某甲有期徒刑十个月，并处罚金人民币五万元	若参考江苏量刑标准应判贺某甲一年三个月至二年；若参考重庆量刑标准应判一年至二年

表1-10中的案件量刑结果与参考江苏、重庆两地指导意见作出的结论相比，重庆的量刑指导意见与实际量刑结果较为接近，江苏的量刑指导意见虽然从起点来看更为严厉，但计算方法会导致量刑过剩从而使刑罚的有效性最终无法实现。比如在"（2019）冀0431刑初50号"案件中，重金属锌超标4 532倍，依照江苏的量刑指导意见以"每增加十倍，增加三个月至六个月刑期确定基准刑判处"，超标倍数将突破法定刑上限，刑罚难以实现有效评价。环境污染罪的量刑规范化已经成为目前亟须解决的重要问题。

三、罪刑不均衡引发的城乡污染转移问题

各地对污染环境犯罪行为的追究，存在严重的地域不均衡性，有的省份非常严格，有的省份较为宽松。比如在调研中司法机关工作人员就提及，一些污染环境的案件大都是临时雇用工人实施简单加工的小作坊，小作坊的流动性强、工序简单，一旦主犯在某个辖区被抓了，被判了缓刑，他们会选择逃向管理较为宽松的区域再次实施犯罪。比如浙江对小电镀作坊的打击力度很大，有些小电镀作坊就会跑到山区多、隐蔽性强的福建。所以，对于污染环境罪的打击，如果不是全国一盘棋，污染很可能会在相邻区域内流转。

通过对京津冀地区环境犯罪污染行为进行研究发现，三地均存在城乡污染转移的问题。从空间上看，京津冀地区的城乡污染转移主要是在同一地区内的转移。从形式上看，既包括将固态或液态废物从城市运输、倾倒至农村地区的直接转移形式，也包括间接转移的形式，如城市企业通过向农村企业转让落后的污染设备、技术、原材料以及项目工程等；以资金等形式支持农村企业生产或转移在城市受到严格环境管制而不能生产的初级产品或废弃原料、生产废物等，然后买进其生产的初级产品或者实现对自身生产废料、污染物的转移，将环境污染转移到农村。农村地区环境监管和治理水平较低，相对城市承接污染物的能力较差，城市污染的转移只会加剧污染的蔓延，影响农村地区的发展。

目前，我国在禁止城乡污染转移上已有相应的规定，但依然存在缺陷。《国务院关于加强乡镇、街道企业环境管理的规定》第 4 条明确规定："严禁将有毒、有害的产品委托或转移给没有污染防治能力的乡镇、街道企业生产，对于转嫁污染危害的单位有关人员以及接受转嫁的有关人员，要追究责任，严加处理。"但条款关于城乡污染转移的主体、方式、应该承担的法律责任的规定不够全面。

在司法上，城乡污染转移属于次生性环境污染问题。由于我国目前暂时尚未对环境权作出明确的规定，在实践中法院更加偏重于处理具有明确的基础性权利受侵害的案件，很多环境侵犯的案件通常司法机关会以原告不适合为由驳回起诉，城乡转移引起的污染这种次生性污染更难以通过司法途径得到规制。❶

2018 年 1 月 8 日河北省高级人民法院在石家庄举行《河北法院司法

---

❶ 邓小云. 城乡污染转移的法治困境与出路 [J]. 中州学刊，2014（3）：57–61.

改革白皮书（2013—2017）》新闻发布会，其目的就是提高顶层设计，为京津冀三地在立案、审判、执行等领域广泛开展司法协作打下基础，从而进一步提升司法服务水平。这次的改革白皮书指出要制定三地一体化的工作办法，交界地带的部分法院可以率先实现跨区域的立案。当事人可选择就近立案，不必再到管辖法院立案，这样可以减少当事人异地打官司的诉累。《最高人民法院关于为京津冀协同发展提供司法服务和保障的意见》第16条明确指出，要结合京津冀三地法院自身审判特点，对专业性较强的案件实行由特定法院集中管辖，充分发挥三地审判资源优势，推动专业化审判，提高审判质量，统一裁判标准。积极探索知识产权案件、海事海商案件、生态环境保护案件集中管辖或专门管辖制度。进一步推进京津冀设立跨行政区划法院集中审理跨区划重大民事案件、行政案件试点工作。充分运用指定管辖、异地管辖、提级管辖制度，积极破解司法难题。❶ 其目的就是要将环境保护案件做到专业化审判，统一裁判标准，做好对环境保护的最后一道司法保障。

---

❶ 最高人民法院．最高人民法院关于为京津冀协同发展提供司法服务和保障的意见[EB/OL]．（2016-02-18）[2020-03-04]．http://www.court.gov.cn/zixun-xiangqing-16654.html.

第二章　污染环境犯罪刑事政策

　　近代刑法学之父李斯特曾言：最好的社会政策就是最好的刑事政策。环境犯罪涉及社会经济发展与人们的生命、健康以及生活质量，对环境犯罪的治理需要系统的各种社会治理手段的配合，因此研究污染环境犯罪的治理，不得不考虑环境犯罪刑事政策的定位。近些年来，我国不断有学者对环境政策展开研究，或进行基于欧洲发达国家和美国等环境政策的研究，或基于传统刑事政策对环境犯罪刑事政策进行理论延伸，而之所以如此重视刑事政策的研究，是因为环境犯罪伴随经济社会的发展而产生，环境犯罪刑事政策对法律的适用影响巨大。从 1979 年《刑法》对污染环境行为罪名规定的缺失到 1997 年环境保护的专章设立，再到《刑法》多次修正以及密集的司法解释、法律规定的出台与修订，莫不与国家对"环境保护"的重视程度密切相关。以习近平总书记为核心的党中央屡次就生态文明建设作出重要批示，对于环境刑事司法的影响不可谓不大。当前，司法实践对污染环境罪因果关系的证明，证明方法的革新、证明责任分配的例外、证明标准的放松，都并非来自法律的明文规定，而是基于当下的环境法律政策。审慎分析当前环境刑事政策的定位，有利于更加理性地认识当前环境犯罪的司法状况。

第一节　污染环境犯罪刑事政策的历史演变

　　我国环境犯罪刑事政策从宽松到严厉的发展历程，与人们对"环境保护"以及"人与环境关系"的理性认识密切相关。当前，环境法学的研究主流为生态平衡、人类共同的环境利益，甚至子孙后代的福祉和命运。而这种"理性"也应当受到质疑，韦伯曾由衷地感叹，人类在寻求理性的祛魅中，非但没有获得自由，反而成了理性的奴仆。

一、污染环境犯罪刑事政策的"从严"发展与反思

我国对环境保护的立法起步较晚，20 世纪 90 年代经济快速增长，环境破坏、生态失衡和资源枯竭等问题也随之而来，因而对环境犯罪的刑法治理引起了我们的重视。这从世界范围来看并不奇怪，当前的发达国家如美国、英国、法国等，也都是在经历了恶劣的环境事件之后才逐步建立起完善的环境法律制度、重视对环境犯罪的打击。虽然各国的经济发展状况不同，各国面对环境问题的时间也有先后，但在环境事故带来的社会压力之下，各国几乎都将目光聚焦于极富强制性与威慑力的刑事制裁方式。1972 年，联合国环境大会提出的"确立以刑法惩处环境犯罪行为"开启了各国环境违法行为的犯罪化探索。

（一）污染环境犯罪刑事政策的发展

我国的污染环境犯罪刑事政策可以从以下三个阶段来分析。

第一个阶段为 20 世纪 70 年代至 2002 年党的十六大召开之前——宽松打击阶段。我国的环境立法始于 1973 年，几乎与世界发达国家同步，然而直至 20 世纪 80 年代才真正走上正轨。刑法作为惩治最为严厉的法律，人们对其在保护环境方面的期望值较高。我国的环境刑事立法最早始于 1979 年的《刑法》。但笔者认为 1979 年《刑法》所规定的盗伐林木罪、滥伐林木罪、非法捕捞水产品罪和非法狩猎罪并非真正意义上的环境犯罪，因为在当时的刑事立法中，生态主义的价值和理念尚未凸显，《刑法》规定的上述四个犯罪，实则是将林木、水产品、猎物当作财产进行保护，而非由于环境遭到了破坏所做的刑事处罚。

1979 年审议通过的《中华人民共和国环境保护法（试行）》提出了"谁污染谁治理""二同时"等原则以及规定了排污收费、环境标准、环境影响评价等制度内容，其后又陆续颁布了《中华人民共和国水污染防治法》《中华人民共和国大气污染防治法》《中华人民共和国水土保持法》

等。这一时期的环境治理得到了中央层面的重视，也制定了相关的法律法规，采取了一些行动，但在刑事打击上仍未得到充分重视。虽然法律规定"对严重污染和破坏环境，引起人员伤亡或者造成农、林、牧、副、渔业重大损失的单位的领导人员、直接责任人员或者其他公民，要追究行政责任、经济责任，直至依法追究刑事责任"，但 1979 年的《刑法》并未对污染环境的行为规定相关罪名。在 1997 年的刑法修订过程中，整合了 1979 年《刑法》、单行刑法和附属刑法中涉及环境犯罪的相关规定，1997 年《刑法》在分则第六章妨害社会管理秩序罪中设立了专节"破坏环境资源保护罪"，规定了 9 个法律条文 14 项罪名，并进一步增加了环境犯罪的单位犯罪主体，扩大了环境犯罪的处罚范围，加大了对环境犯罪的处罚力度，为惩治环境犯罪提供了强有力的刑法武器。需要说明的是，在起草过程中，最初拟定为"土地污染""水体污染""大气污染"三种犯罪，后来考虑到以污染对象性质区分规定的立法模式过于烦琐，统一规定为刑法第338 条。❶ 此后，2001 年《刑法修正案（二）》将"非法占用耕地罪"修改为"非法占用农用地罪"。这一阶段刑法的治理是比较乏力的，这种乏力不单纯是刑法本身的因素，还在于"行政规范"对自身的模糊认识。当时，我国工业化、城镇化进程极为迅猛，社会发展的重心在于发展经济，所有环境政策的考量都须在不影响经济发展的大前提下进行，且必须服务于国家经济发展之大局。在这种"发展优先""效率优先"的功利主义价值观驱动下，中央的权威和地方政府的利益追求体现出了一定的一致性，中央层面制定的环境法律制度呈现低标准、宽口径、软约束的特征，而且这些较低保护程度的法律制度往往还得不到地方政府的有效执行，作为末端治理手段的刑法介入更是少之又少，呈现边缘化和象征性特点。从刑事司法来看，1998—2006 年，全国每年审理的重大环境污染刑事案件不超过 10 件，非法处置进口的固体废物案件为零，环境监管失职案件也基本保持每年不超过 10 件，刑法的规定在司法的适用上显得并不迫切。❷

第二个阶段为从 2002 年党的十六大的召开到《2013 年环境犯罪司法

---

❶ 高铭暄. 中华人民共和国刑法的孕育诞生和发展完善 [M]. 北京：北京大学出版社，2012：561-562.

❷ 喻海松. 环境资源犯罪实务精释 [M]. 北京：法律出版社，2017：22-23.

解释》出台前——"力不从心"的从严打击阶段。2002年，党的十六大报告正视了"生态环境、自然资源和经济社会发展的矛盾日益突出"的严峻问题，明确提出必须把可持续发展放在十分突出的地位，坚持保护环境和保护资源的基本国策。党的十七大报告进一步强调坚持全面协调可持续发展，建设生态文明，实现了从"发展优先"到"兼顾公平"的价值转向，努力尝试从"工业文明"向"生态文明"转变。这一阶段从中央到地方乃至普通民众，都开始认识到"环境保护"的重要意义，但地方政府在唯GDP政绩考核体系以及社会发展中机会主义的诱导下，仍然奉行经济优先的利益价值观，追求短期型、粗放型、透支型的盲目发展。因此，环境问题也就更加严峻，因环境引发的恶性事件也逐渐增多，社会对刑法的需求逐步强烈。2003年出台的《刑法修正案（四）》，增加了处罚走私液态废物和气态废物行为的规定，扩大了第344条的保护范围，取消了盗伐、滥伐林木行为构成犯罪在发生区域、主观目的方面的限制，增加了处罚明知是盗伐、滥伐林木而"运输"行为的规定，刑法对环境保护的力度逐步加大。2006年最高人民法院出台了《关于审理环境污染刑事案件具体应用法律若干问题的解释》（现已废止），该细化解释扩大了刑法介入空间，但效果甚微。2010年，最高人民法院《关于贯彻宽严相济刑事政策的若干意见》提出"当前和今后一段时期，对于……重大环境污染、非法采矿、盗伐林木等各种严重破坏环境资源的犯罪等，要依法从严惩处"，明确将环境犯罪纳入"从严"的考虑。2007—2012年，全国每年审理的重大环境污染刑事案件达到两位数，但此时，单纯依靠司法的能力已经无法扭转局势，刑事司法急需立法的补给，因此《刑法修正案（八）》出台了，其第338条将"重大环境污染事故罪"修改为"污染环境罪"，并降低了非法采矿罪的入罪门槛。立法的修改，为司法拓宽了刑法介入的空间，立法体系也呈现统一、集中、科学合理的演进特点，为之后的全面打击给予了较为充分的支撑。

　　第三个阶段为2013年至今——强化"预防"的"从严"打击阶段。《2013年环境犯罪司法解释》确立了依法从严惩处环境污染犯罪的立场，明确了从严、从重处罚的情形，其第4条规定，实施环境污染犯罪，具有下列情形之一的，应当酌情从重处罚：（1）阻挠环境监督检查或者突发环境事件调查的；（2）闲置、拆除污染防治设施或者使污染防治设施不正常运行的；（3）在医院、学校、居民区等人口集中地区及其附近，违反国家规定排放、倾倒、处置有放射性的废物、含传染病病原体的废物、有毒物质或者其他有害物质的；（4）在限期整改期间，违反国家规定排放、倾倒、处置有放射性的废物、含传染病病原体的废物、有毒物质或者其他有害物质的。在这样的情势下，2013 年 7 月到 2016 年 10 月，全国法院新收污染环境刑事案件 4 561 件，生效判决人数 6 349 人。这一成果的取得，离不开相关配套法律法规的完善，比如 2014 年 4 月《环境保护法（修订草案）》被人大常委会表决通过，作为环境领域基本法，新修订的、融入了现代化国家治理逻辑的《环境保护法》（以下简称新《环境保护法》）加快了环境治理模式的转型。被称为"史上最严"的新《环境保护法》。❶此后，《2016 年环境犯罪司法解释》出台，仍然坚持了从严打击的方针；2020 年《刑法修正案（十一）》出台，又将污染环境罪的法定刑从二档增为三档，增设"7 年以上"量刑档次。

这一阶段伴随相关环境保护法规的完善以及由于学界对环境犯罪认识的深化，为刑事司法提供了动力，也是环境治理效果最为显著的一个阶段。同时，刑事司法基于对环境犯罪危害的认识，也开始针对环境犯罪的特点，有一些从宽的政策：为充分发挥刑法的威慑和教育功能，促使行为人在污染环境后及时采取措施减少和弥补损害，《2013 年环境犯罪司法解释》第 5 条规定，实施环境污染犯罪行为，及时采取措施，防止损失扩大、消除污染，全部赔偿损失，积极修复生态环境的，可以适当从宽处理。2016 年最高人民法院《关于充分发挥审判职能作用为推进生态文明建设与绿色发展提供司法服务和保障的意见》指出："要发挥环境资源刑事审判惩治和教育功能，坚持罪刑法定原则，注重惩治和预防相结合，全面贯彻宽严相济的刑事政策。依法从严惩处破坏环境资源造成严重后果以及主观恶性大的犯罪行为，有效威慑潜在的污染行为人，教育广大人民群众

---

❶ 郝就笑，孙瑜晨. 走向智慧型治理：环境治理模式的变迁研究 [J]. 南京工业大学学报（社会科学版），2019，18（5）：67–78.

自觉保护生态环境，防范和减少环境污染、生态破坏犯罪的发生。"❶

（二）污染环境犯罪刑事政策的反思

《2013 年环境犯罪司法解释》可以理解为我国环境犯罪刑事政策的一个重要节点，此前污染环境犯罪的治理还是整体从"刑法本位"治理的角度展开，也就是从传统的犯罪打击角度展开，并没有赋予犯罪治理更多"环境"自身的特点考虑。而《2013 年环境犯罪司法解释》入罪条件中大量设置的"拟制的危险"，比如"多次违法行为""重金属超标标准"的设置，从表面来看是加强了司法的可操作性，从实质来看，更是肯定了"预防"的前置。

根据污染环境犯罪刑事政策发展的阶段，前两个阶段环境犯罪打击不力，与我们尚未转变的环境犯罪刑事司法理念具有一定关系。"罪刑法定"对刑事司法的影响，使司法工作者不敢轻易突破传统"实害"的认识。而这样的一种惩罚理念，导致的两个后果便是：其一，我国刑法有关污染环境犯罪的惩治长期呈现一种"不严不厉"的状态，对污染环境犯罪处罚较轻，整体趋势上从宽。因为从一般的惩罚观念来说，污染环境犯罪基本上属于逐利性经济犯罪，从罪刑均衡的角度来说，没必要设立长期自由刑。其二，刑事司法中污染环境犯罪被发现率以及入罪率低下。这是因为对环境犯罪与经济发展关系的长期矛盾性的认识，使民众甚至司法工作者对环境犯罪独立法益的认识不到位，忽视环境危害，未能建立完善的环境犯罪评价体系，再加上污染环境犯罪主观方面认定的特殊性，环境犯罪行为本身具有专业性和隐蔽性，有的环境污染行为的损害结果可能数年甚至数十年才能完全显现，而且因果关系证明相对复杂，也使污染环境犯罪因无法证明危害结果而难以入罪。即便环境犯罪作为独立的法益进入刑法保护视野，但因深受传统观念的影响，人们在司法实践中仍然会重视环境犯罪人身损害、财产损失等结果，忽视环境法益保护的情形，强调犯罪的必要构成条件是人身和财产的损害或现实的危险。

在 2013 年和 2016 年两个环境犯罪司法解释出台后，《环境保护法》

---

❶ 最高人民法院 . 关于充分发挥审判职能作用　为推进生态文明建设与绿色发展提供司法服务和保障的意见 [J]. 中华人民共和国最高人民法院公报，2016（8）：14–18.

的修订和《水污染防治法》《土壤污染防治法》出台，尤其是 2020 年《刑法修正案（十一）》的出台等——这些法律法规将大家对污染环境犯罪治理的认识提高到了一个新高度。

二、污染环境犯罪刑事政策与风险社会的关系

自 2011 年刑法对重大环境污染事故罪修订至今，对环境犯罪治理的刑法介入，总是伴随着"风险社会"的提法。正如劳东燕教授所说："在风险社会，不仅作为权威性文本的刑事制定法已为公共政策所渗透，而且法官关于刑事惩罚必要性的判断也日益受公共政策因素的影响。公共政策已经成为刑法解释的重要工具"。❶ 风险社会是整个刑事政策需要考虑转向的基础，笔者并不否认风险社会对刑法的影响，但这种影响对于环境犯罪来说似乎显得过于迫切。

（一）风险社会的提前预防并非完全适用于环境犯罪刑事政策

"风险社会"是一个社会学概念。最早提出这个概念的是德国社会学家乌尔里希·贝克。他认为，"风险社会指的是世界风险社会。就其轴心原则而言，它的挑战是无论从时间还是从空间上都无法从社会的角度进行界定的现代文明制造的风险"。贝克还认为，"风险与针对工业化的各种利弊效用以及技术经济的各种利弊效用所进行的权衡和决策有着紧密的联系"❷。那么刑法作为社会治理的一种手段，自然也要面临风险社会的检验，最早尝试将贝克关于风险社会的思考应用于法学领域的是赖纳·沃尔夫，他认为，伴随风险社会问题的增加，法院也开始忙碌起来，但他认为，通过危险预防很难长期确保风险社会的安全和秩序。绝对的安全是无法实现的，目标在于风险的平衡，在对归责原则进行解释时，在风险社会中，因果关系和罪责这样的概念都将失去价值。为此法律通过发展出一套"不依赖于罪责的风险平衡机制"来应对，如"足以产生危险的工作"或

---

❶ 劳东燕. 刑法基础的理论展开 [M]. 北京：北京大学出版社，2008：24.

❷ 贝克. 从工业社会到风险社会（上篇）——关于人类生存、社会结构和生态启蒙等问题的思考 [J]. 王武龙，编译. 马克思主义与现实，2003（3）：26–45.

"严格责任"❶。这里的"足以"产生被认为是开启了"刑法提前预防"的防线。

那么对于环境犯罪来说是否如此呢？首先，环境问题不是因为工业社会而产生，可能产生于工业社会之前，只是工业社会的发展使环境问题看似更加严重。在这种情况下，环境问题能否作为风险社会带来的新问题看待，应当有一定疑问。对此，德国学者普里特维茨在关于刑法与社会风险关系的问题中论述道："刑法需要以其传统法治国的全部手段，其中也包括法益概念，来克服现代生活的风险（例如核材料的、化学的、生物的或者遗传技术方式造成的风险）。在运用刑法与风险做斗争时，必须保护法益关系和坚持其他法治国的归责原则。在无法做到这一点的地方，刑法的干涉就必须停止"，而学者斯特拉滕韦特则反对"纯粹功能性的刑法"，这种刑法企图在忽视法治国原则的前提下，仅仅为了实现最有效地防御威胁人类未来风险的目的。❷而阿尔布雷希特教授更是提出"刑法基本思想从事后镇压走向事前预防控制模式"后，也提出，水源、空气、土壤的恶化状况并不能通过设置诉讼条款的方式就被阻止，我们需要通过民主手段对这些非政治的技术——经济领域进行干预。解决风险社会问题的手段并非刑法，而是更为有效的政策。因此他并非呼吁发展风险社会的刑法，而恰恰明确地反对动用手段来抵抗新风险。对于以上学者的论述，"风险社会"到底是现代工业社会客观存在的新特征，还是一个文化和心理的产物？我们是否已经进入"风险社会"，需要将刑罚权适当扩张加以应对？

笔者认为，"风险"并非一个新名词，社会发展的每个阶段都存在风险，在进入工业社会后，且不论风险社会到底是真实存在的社会现实，还是现代人类缺乏安全感的心理幻想，即使我们真的身处一个风险四伏、确实需要刑法扩大规制范围加以保护的社会中，也应当遵循刑法基本理论和价值理念，在安全价值与自由价值之间、在功利性与正义性之间找到平衡点。而对于环境犯罪来说，由于其复杂性，我们往往更容易将此模糊的

❶ 乌尔里希·齐白.全球风险社会与信息社会中的刑法：二十一世纪刑法模式的转换［M］.周遵友，江溯，译，北京：中国法制出版社，2012：242-243.

❷ 克劳斯·罗可辛.德国刑法学总论（第1卷）［M］.王世洲，译，北京：法律出版社，2005：26.

"危险认识"与风险社会的抽象危险相结合，这种认识是有危险性的，因为对于环境犯罪的治理来说，它并非是我们无法认识的，在这样的理解下，我们很难评价我们是否已经充分考虑了其他治理手段，或者说当前刑法的规制能力是否已经充分发挥。

相当一部分的污染环境犯罪案件，涉及地方利益纠葛，而并非是单纯的法律适用困难，从本书第一章所论述的污染环境罪从 2012 年到 2019 年司法适用状况的分析，便可以看出，虽然司法的确予以指引，解决了客观上存在的入罪难操作问题，但政治层面的重视对于治理效果来说作用更为突出。在此意义上，企图通过单纯的法律框架来完全解决，不免过于理想化，而力图将法律解决的重任托付给刑法并通过环境法益保护的早期化和抽象化来处理，也是过于理想化了。

（二）风险刑法无法治愈的污染环境犯罪刑事治理软弱

德国刑法学者乌尔斯·金德霍伊泽尔、乌尔里希·齐白等人将社会学中的风险刑法理论与刑法理论结合，形成了风险刑法理论，该理论又被称为"安全刑法"。对于这种安全刑法，部分国家已经开始尝试大量抽象危险犯的增设，因为在这种模糊的风险状况下，它不是一个具体的损害，确切地说，这是一种慌乱不安，这种慌乱不安的不法可以理解为具有主观恶性或者客观上对所有生活领域的安全条件造成损害的行为。❶我国刑法学者对风险社会与风险刑法理论的态度不一，存在肯定说、否定说和折中说三种观点。但不可否认的是，在现实生活中，风险刑法的影响正在逐步加强，对由不被容许的风险行为激发的公众怒气，常见的政治反应便是应急性或报复性的刑事立法，即大多表现为通过设立新罪名来给公众一个认真对待且已经针对情况做出处理的印象，将刑法的防卫线前移。❷我国刑法对污染环境罪，生产、销售有毒、有害食品罪，生产、销售假药罪等此类公害犯罪规定了抽象危险犯。公害往往是伴随正常的社会生产活动产生的。基于公害犯罪具有正当行为与危害行为的交叉性，我们必须考虑刑法

---

❶ 金德霍伊泽尔.安全刑法：风险社会的刑法危险 [J].刘国良，编译.马克思主义与现实，2005（3）：37.

❷ 刘明祥."风险刑法"的风险及其控制 [J]，法商研究，2011（4）：17.

介入的谦抑性，这种谦抑有时由于对环境问题的认识不清，造成了对环境犯罪治理的"软弱"。而这种软弱不是建立起一个应对风险社会的"风险刑法"可以应对的。

社会的发展的确给传统刑法带来了不少新的挑战和新的问题，但解决之道远非将传统刑法向"风险刑法"全面或部分转型那样简单。事实上，我国的环境污染问题早已不同程度地与经济发展、国防安全、社会稳定等一系列问题交织在一起。如对山西、河北、湖南等地大型工矿企业的污染问题的处理，就涉及国家的税收、地方经济、国防安全（军工企业）、数十万人的就业等问题，某些地区甚至出现了"污染也是民生"的尴尬现象，这让环境污染的治理一度进退两难，也加重了我国刑法在污染环境犯罪处理上的"软法"特色。❶ 在这种情况下，一味强调刑法的提前预防，的确是缘木求鱼了。

（三）污染环境犯罪刑事政策"预防观"的沟通

这里所要解决的是风险刑法"预防"与环境治理"预防"的协调。随着科技的发展和社会的变化，人类对于危险的预测不再那么直观，而且掌控的能力也越来越薄弱，所以风险社会开启的提前预防并无错误。而对于环境来说，环境的复杂性使人类产生模糊的危险认识，有必要提前干预预防，那么在刑法介入的边界上，我们该如何认识这两种预防理念的契合？

对于污染环境犯罪治理的需要来说，西方国家过去大都走了一条"先污染、后治理""先破坏、后整治""先开发、后保护"的道路，历史证明这条道路是行不通的。环境污染不同于其他危害行为，具有迥异于普通犯罪的特质。其危害范围大且难以估量，而且具有长期性和隐蔽性，更为重要的是危害后果一旦发生，具有不可逆的特点。因此风险预防成为一项集中体现环境法本质的基本原则。1992 年联合国环境与发展大会发表的《里约热内卢环境和发展宣言》第 15 项原则指出，"为了保护环境，国家应依据其能力广泛地采用预防性方法。当有重大或不可恢复之损害威胁时，缺

---

❶ 刘艳红 . 环境犯罪刑事治理早期化之反对 [J]. 政治与法律，2015（7）：2–13.

乏充分的科学确定性不应作为延后通过成本效益方法以防范环境恶化之理由"，从而使预防上升成为国家义务。为此，欧盟在 1992 年《东北大西洋海洋环境保护公约》中就确立了"预警原则"，即当环境污染威胁风险未被证实但却有可能出现时，即使环境污染危害犯罪尚未发生，只要风险是可预测的，纵使不知或不确定损害是否会发生，国家都有义务防止此风险，并采取必要性的预防保护措施。❶ 既然保护环境已成为一项国家义务，在危险来临的时候，国家就负有预防或降低危险威胁的责任，有义务为保护环境而用立法来排除造成危险的各种因素。因此，可以说，对环境问题采用预防原则是国家履行保护义务的实践方式，通过预防以善尽自己的保护义务。

我国《环境保护法》第 5 条确立了"保护优先、预防为主"的原则，从中可以解释出"遇到环境（生态）风险科学性不确定的情形，应以保护环境（生态）为优先原则"的内涵。尤其进入工业社会后期，蕴含科学不确定性的现代性风险开始全面侵扰社会生活，现代科技所引起的废气、废水、废渣污染，噪声污染，农药污染等严重的环境问题，其影响的广度和深度已大大超过了传统意义上的环境问题，环境所造成的危害也并不确定，作为行政治理手段不得不提前预防，针对环境风险的预防任务由此而生。国家在治理环境犯罪中的政策方略不得不进行相应的调整，一方面不能一味追究经济发展忽视环境保护，另一方面也不能为了环境保护过于提前预防，必须建立适当的防范和预防机制，以对环境问题做出适度的回应。

刑法作为国家治理的一部分，自然也要从事后惩治转向事前预防，从原先仅扮演法益侵害的事后处理的角色，逐渐转变为以预防功能为主的主动角色，也就是防范措施的提前。通过这样的转变，可以尽可能减少和阻止环境问题的发生，从而保障社会的安全。所以，"今天的刑法不仅是对侵害的反应，而且它还有这样的任务：使保障社会安全的基本条件得到遵

---

❶ 韦记朋，黄硕琳.我国海洋环境保护适用预警原则的分析 [J].上海海洋大学学报，2011，20（4）：579–586.

循"❶。在今天各国的刑事立法中，提高刑事立法对预防犯罪的有效性已成为现代刑事立法的发展方向。❷ 防范危险应是刑法在现代社会的一项重要的功能，作为国家管理的一种手段，刑法不能无视国家危险控制和防范的需要。从这一点来说，刑法在风险预防上与环境法的预防具有共通性，刑法应当积极承担起保障经济发展和环境安全的重任，因为"保障安全始终是政府对其公民最重要的承诺，对威胁生命、健康、财产的因素予以排除也是政府的基本任务"❸。

三、环境政策影响下污染环境犯罪刑事政策的理念选择

在国家、公众和社会"金山银山不如绿水青山"的意识转变下，生态文明建设、绿色化刑法背景下刑法治理污染的政策不断呈严厉化趋势，污染入罪范围拓宽、刑法保护环境要素增多等立法现象都表明了国家正在运用刑事手段强势干预污染。应当注意的是，污染作为工业化经济的必然产物，刑法对其控制也应理性进行。自《刑法修正案（八）》实施以来，我国对污染施以刑事处罚的案例较之于以前大量增加。但在"从严"的基础上还需要把握以下四个问题。

（一）预防观念的适度展开

我们上文已经谈到环境法的"预防观"，但在刑法中这种预防导向并不能完全适用，过度的预防导向会导致刑法适用范围的扩张，可能引发与传统刑法基本价值产生冲突的疑虑。《刑法修正案（八）》将环境犯罪的不法从具体的实害转变为可能的损害，从有法律始有犯罪的消极层面转变为有危害必有刑法的积极治理，这样看起来，刑法在某些情况下很容易突破最后手段的限制。尤其是关于《2016 年环境犯罪司法解释》中"抽象危险犯"的争议，单纯违反规范的行为也可能被认定为犯罪，这似乎突破

---

❶ 金德霍伊泽尔 . 安全刑法：风险社会的刑法危险 [J]. 刘国良，编译 . 马克思主义与现实，2005（3）：37.

❷ 张明楷 . 刑事立法的发展方向 [J]. 中国法学，2006（4）：18–37.

❸ 沃尔夫，巴霍夫，施托贝尔 . 行政法（第一卷）[M]. 高家伟，译，北京：商务印书馆，2002：30–31.

了传统刑法"法益"的基础，造成以实害为中心的刑法消解，代之以惩治行为人的单纯违反规范的行为，从而与刑法的谦抑性产生冲突。因此，在环境刑法的"预防"机能的理解上，不宜过于广泛，要注意以下两个问题。

第一，坚持对行政违法的前提性判断。环境刑法具有高度的行政依附性，环境问题的特殊性使行为违法与否、程度如何的判断都无法脱离与行政规范的联系。因此，在规范化问题上完全可以借助行政法规，即"以行政法规规定的标准"作为对危险判断的依据，这也是环境犯罪打击中"人权保障"的平衡点，是赋予环境危险行为规范性评价的前提，环境刑法不仅可以借此明确合法与非法，预先标明犯罪的标准，从而提供清晰而稳定的可罚性界限，而且可以明确相关行为人的责任，确保环境危险行为可以成为归责的基础。比如根据排放的毒物或其他有害物质超出行政法律规定的标准，即认为事实上危险已经产生，将行政法规确定的标准或限制作为判断刑事不法的核心。通过这种立法方式，将环境法的秩序维持机能与刑法的秩序维护机能相统一，使立法者得以随时针对环境的改变、科学技术的发展以及观念理念上的变化做出灵活的调整，使刑法随着行政法规迅速对环境问题做出回应，实现刑法对环境法保护的有效补给。

第二，加强预防的"威慑性"。如果预防性立法过于软弱，便无法培养公众的守法意识。因此环境犯罪治理仍然要坚持"从严"的刑事政策，而且在刑罚配置上应当更加具有威慑效果，即实施惩罚性措施阻止他人从事该行为。因此，刑法在环境犯罪治理中应当体现一定的严厉性。

基于环境犯罪预防目的的需要以及预防技术上的需求，鉴于在环境治理的早期，刑法并未发挥充分的威慑力，重大环境污染事故罪案追究甚少，环境保护步履维艰。为了实现威慑效果，《刑法修正案（八）》将环境犯罪设置为危险犯。刑法将环境犯罪设置为危险犯，并将从生活经验中累积而知的具有典型危险行为予以规范化，借此彰显一种警示作用，强化刑法对社会公众生态保护的规范指引功能，着力把刑法规范塑造成为"行为控制导向"的行为控制工具。这也是从预防的角度向民众传达环境保护的信息。德国刑法学家雅各布斯就认为，刑罚是一种维护法律规范的威吓手段，借由刑罚的威吓效应，达到尊重规范的目的，并通过对破坏规范者的处罚，强化社会大众的规范意识，以达规范信赖之目的。❶通过刑法规范的引导作用，使社会大众形成新的规范意识，形成新的社会伦理秩序，在社会生产生活中保持高度警惕，并采取适当的防范措施，以实现保护环境的目的。

（二）与经济发展协调的"区别"化处理

刑法的严厉性决定了刑法对环境问题的介入必须慎重。环境问题是伴随着人类活动产生的，如果一味追求环境利益至上，必然会限制人类活动。因此，在动用刑罚的情况下，也需要考虑其他方面的利益衡量，刑法必须考虑"环境"本身作为科学所应当遵循的原则。

在环境法中，有"可持续发展"与"共同但有区别的责任"两个原则。对于可持续发展，这一理念已经深入人心，经济的发展不能以牺牲环境为代价，尤其是在环境问题的犯罪化进程中，粗放的经济发展方式成为环境犯罪的罪魁祸首。那么我们在划定环境犯罪的边界时，自然也需要考虑"可持续发展"，但对于环境法学基本理论，环境可持续发展原则不能够量化，也难以找到具体的标准或者指标，那么将其引入刑法便没有可操作性。如有观点指出可持续发展作为一种社会发展战略选择，对于社会、经济、环境等各个领域都有指导意义，不能从可持续发展中发现环境法律制度建设的理论指导，并非是研究得不够深入，而是这一社会发展理论只是一种理想模式，本身并不包含环境法律制度供给的理论源头。❷

但"可持续发展"也给予了刑法一定的启示，环境保护只能是一种相对的保护，环境与经济发展的结果不可能实现环境问题的零风险，因此对于"对环境安全零容忍"的说法也是值得深思的。"环境的破坏与污染是伴随着社会的高度产业化出现的现象，无论是资本主义国家还是社会主义国家，环境问题都是世界先进国家共同的烦恼。"❸在农业文明向工业文明的转化过程中，虽然多数学者提出环境问题的出现在于经济发展中片面

---

❶ 柯耀程.变动中的刑法思想［M］.北京：中国政法大学出版社，2003：375.

❷ 谷德近.环境法的复魅与祛魅——环境利益何以平衡［C］//中山大学法学院.法学之道——中山大学法学院复办30周年纪念文集.北京：法律出版社，2009：60-62.

❸ 原田尚彦.环境法［M］.于敏，译，北京：法律出版社，1999：2.

追求经济利益的结果，对自然资源肆无忌惮地索取。但我们仍然需要清醒地认识到，环境污染从客观上来看，是因为人类发展中工业化程度加深带来的负面效应，我们无法回避工业化的发展需要，从绝对的环境保护角度来说，经济的发展将成为有害的评价对象。人类的发展与环境之间必然存在一定的对立性。从这个角度而言，我们追求对环境犯罪的零容忍，既不客观也不现实，在环境刑事政策的选择上不能单纯以"环境保护"绝对化响应。

对于"共同但有区别的责任"似乎刑法学者的探讨并不多。"共同但有区别的责任"作为一项气候变化国际治理的核心法律原则，不仅确立了国际社会应对气候变化的共同义务，也强调了不同国家依据各自历史责任和能力大小承担不同的义务。"共同但有区别的责任"所强调的是国际法上的区别待遇，2016 年 11 月 4 日，超过 100 个缔约方批准了《巴黎协定》对缔约方承担的法律标准进行差别化对待，并且阐明这一差别化对待在于《联合国气候变化框架公约》和《京都议定书》的强制减排义务不包括发展中国家，不存在法律标准的区别问题。环境保护义务要求法律标准要考虑不同的能力和国情，并提出了两个不同的法律标准——行动（action）标准与支持（support）标准：行动标准是衡量全体缔约方是否履约的法律标准；支持标准是衡量发达国家是否履约的法律标准。这两个法律标准之间体现责任的共同性和差别化。❶ 比如在具体的执行标准上，发达国家和发展中国家的减排力度有区别，发达国家实行绝对减排，而发展中国家实行减排或限排。这一国际原则，是基于各国国情不同而赋予不同的环境保护义务，那么对于国内法来说是否具有借鉴意义？

我们认为在国内法的适用上，应当兼顾不同地区的经济发展需要，不能回避环境保护的义务，但也要兼顾地区的不同生态状况。我国是一个经济发展不平衡的国家，一些地方的人民生活水平仅仅维持在生存线上，此时超越经济发展而谈环境保护并非合理的社会选择。事实上，国内法在环

---

❶ 季华.论《巴黎协定》中的"共同但有区别责任"原则——2020 后气候变化国际治理的新内涵［EB/OL］.（2019–02–20）［2020–04–21］. https://mp.weixin.qq.com/s/vbHqkQoSAS77BoqzDN5F8w.

境保护的义务设定上也是照顾了地区差异，比如 2017 年修订的《水污染防治法》第 20 条规定：国家对重点水污染物排放实施总量控制制度，重点水污染物排放总量控制指标，由国务院环境保护主管部门在征求国务院有关部门和各省、自治区、直辖市人民政府意见后，会同国务院经济综合宏观调控部门报国务院批准并下达实施。省、自治区、直辖市人民政府应当按照国务院的规定削减和控制本行政区域的重点水污染物排放总量。具体办法由国务院环境保护主管部门会同国务院有关部门规定。省、自治区、直辖市人民政府可以根据本行政区域水环境质量状况和水污染防治工作的需要，对国家重点水污染物之外的其他水污染物排放实行总量控制。我们可以看到，在污染物排放上各个地区可以根据自身情况制定标准。

那么对于环境保护中的国家标准和地方标准，在污染环境犯罪司法适用中，刑法如何看待？从笔者收集的案例中看到，真正采用地方标准的案例较少，采用国家标准的却更多。对环境违法行为是否需要刑法介入，要进行具体的利益衡量，不仅要考察行为给社会与民众利益带来的可能损害，还应考虑行为给社会和民众带来的利益；不仅要考察因犯罪建构给社会带来的安全利益，还要考虑因犯罪建构可能给民众带来的基本权损害。刑法作为公权力工具，必须在充分进行利益衡量之后，秉持刑法的谦抑性有限介入环境犯罪的规制。当然，社会科学并不是精算的科学，尤其是环境利益往往有时候无法用金钱计算，那么如何确立刑法介入？一般来说，刑法所欲保护利益的重要程度以及保护利益受到损害的危险程度应是主要的考量因素。但对于环境犯罪来说，我们更要考虑具体环境的承受能力，与对当地民众生活的影响。以自然资源开发为例，国家一方面基于生产发展的需要不应对资源开发做过度限制，但另一方面也要考虑生态环境保护和当地居民的生存权，在保证环境生态与生活质量的前提下，允许有限度开发。

（三）打击的"动态性"与"典型性"

环境犯罪法网的编织应当是一种动态和渐进的立法过程，污染环境的危害在大多数情况下难以即时显现，这就要求在坚守"法益侵害"立场的同时，对环境犯罪化的过程要有一定的节制，保持适当的灵活性和弹性。现阶段只应将一些典型的、社会有共识的环境危害行为纳入刑法的规制范围，将对法律所保护的利益造成损害的典型危险性的行为纳入法律的范畴。在环境犯罪中，要坚决避免"现象立法"，不能因为现实社会中出现某些特别现象，就立刻以危险犯的立法方式将之规范。然而，有学者提出环境犯罪"象征刑法"❶的观点，笔者对这一观点并不认可，环境犯罪不应当只是一种象征立法，而应当切实需要在司法操作中产生效用。

因此，刑法所认定的犯罪必须具有"典型性"，只有那些经过长期社会生活经验检验的、形成了普遍共识的典型危险行为才应该入罪。比如，2020 年《刑法修正案（十一）》将"饮用水水源保护区""重要江河""湖泊""农田"的排污行为入罪予以明确，且提高了法定刑档次。这里理解的"典型"犯罪行为是具有高度实害可能性的重大危险行为，既包括了现实常见的污染环境或破坏生态行为，也包括了不可预测的危害行为，主要看其是否可能造成严重的或者不可弥补的后果。

同时，社会的发展并不是一成不变的，人们对环境的需求也并不是静态的，人的价值观受长期生存条件的影响，也在不断变化，比如就污染类环境犯罪而言，德国刑法第 325 条规定了空气污染罪，明确了该罪侵犯的法益是人体健康权利、生存环境权利以及空气的纯净性和适宜休息的安宁。此外，德国刑法还规定了"噪声污染"。这是因为早期人们由于认知的限制，对于环境污染的认识只限于空气污染、水污染和土壤污染，而随着工业化程度的加深，污染范围逐渐扩大到光污染、噪声污染、热污染以及放射性污染等。此外，在整个生物链中，无论是高级还是低级环节都不可缺少，从这个角度来说，动物甚至植物同样有生存的价值，比如我国对珍稀动、植物的规定。正如有学者指出的，人类在不同的发展阶段有不同的伦理道德范式，任何一种范式，如果能解释大部分的社会现象，就能够在社会生活中处于支配地位，就能够促使政治、经济、文化以及思想等各个方面发生变化。如果这种范式与观察到的现象之间的矛盾越来越频繁，就会受到人们的怀疑以及质疑。于是，这种范式的各要素之间就会发生重

---

❶ 齐文远，吴霞．对环境刑法的象征性标签的质疑——与刘艳红教授等商榷 [J]．安徽大学学报（哲学社会科学版），2019，43（5）：112-121.

新组合以解释新的现象，旧的伦理道德范式被新的伦理道德范式所代替❶。因此，环境犯罪的范畴应当是一个动态的变化过程，在人与自然的生态伦理认识中，我们不能超越人们的认识，但能否强行用法律去塑造这种认识却值得进一步探讨。

（四）引导"守法意识"培养的激励性司法

一般意义上，刑事司法的任务在于惩罚犯罪，刑法并不承担守法培训的任务，"守法"本身属于刑罚的一般预防的辐射效能。但对于环境犯罪来说，惩罚的主旨更在于"守法"意识的培养和行为人对规范的遵从。在环境违法犯罪行为中，大多数犯罪主体为企业，企业并不是自然人，并不具有主观的"道德评价"能力。因此，依靠刑法的规训，企业的守法能力可能比自然人更加有可能塑造和培养。在这种状况下，我们需要激励企业进行守法的合作。

鉴于我国在环境执法以及刑事司法过程中缺少对守法援助措施的设计，笔者提出环境犯罪的"刑事合规"治理。刑法应当对企业的守法行为予以鼓励，配合整体的社会政策为企业提供守法所需的信息和服务（包括政策、法律、技术等内容）。法律虽然依靠强制力保障实施，但是其作为一种社会事实主要依靠习惯被服从和遵守，而习惯来源于人们长久以来形成的对法律规则的认知水平和信任程度。❷有效的经济激励手段，可以影响企业的违法成本和收益，解决环境污染中私人成本与社会成本的差距，建立价格与成本的反馈机制，以引导企业的环境行为选择。❸

第二节　污染环境犯罪刑事政策

关于环境正义与刑事正义的关系，在刑事政策这一桥梁的沟通下得

---

❶ 崔磊、徐鹏飞．论环境刑法的伦理基础［J］．社会科学论坛，2007（6）：24–27.

❷ 付池斌．现实主义法学［M］．北京：法律出版社，2005：45.

❸ 吴秋兵．企业环境责任经济激励机制研究［J］．黑龙江对外经贸，2010（5）：93–95.

以协调，虽然环境正义已经演化为法律规范体系，但生态环境的公共性使人们所衍生出的正义观具有浓厚的整体主义色彩，在此种正义观念之下人们往往仅追求生态环境保护的结果，而较少关注为实现环境保护目的而采取的方式与手段的合规性、合法性甚至道德符合性。在污染环境犯罪治理中，要高度认识到环境刑事政策虽然是环境领域的刑事政策，但作为刑事政策中的一种，在本质上仍应通过司法判决体现正义，加强对个案的精细化司法，以刑法机制的有效发挥促进环境法治，进而促进环境保护，实现法治文明与生态文明的统一。❶

一、污染环境犯罪刑事政策视野下"污染环境犯罪"的范畴

"环境犯罪"是目前国际上通行的说法，但由于各国文化背景不同，对"环境"理解的不同，使各个国家及地区赋予"环境犯罪"不同的内涵，污染环境犯罪的内涵也各不相同。综合来看，在实质问题上大体是相同的，目前多数国家仍以人类利益是否损害作为污染环境犯罪构成的必要条件，这也是基于人类中心主义所产生的判断，少数国家已经将环境犯罪上升为对生态环境的破坏，因而并未以人类利益是否受损作为犯罪构成的必要条件。笔者认为虽然各国在环境犯罪的内涵和外延上存在一定差别，但是各国所要表达的环境犯罪的本质性问题是相同的❷。

我国学者对于污染环境犯罪的认识是不断发展的，界定也是不断发展、变化的。对此，我们需要从以下两个方面把握。

（一）环境学与刑法学的沟通

"环境"一词的含义，在不同语境下理解不同，在环境生态学意义上，人如同其他生物一样均属于环境的一个要素，环境生态学更偏向于哲学的理解，是对于环境本质的研究。而环境科学着重于如何保护环境的研究，在环境科学的研究中，环境是围绕人群的空间以及其中可以直接、间接影

---

❶ 焦艳鹏. 生态文明保障的刑法机制 [J]. 中国社会科学，2017（11）：75-98.
❷ 李涛洪，周晋凌. 环境犯罪构成要件与完善初探 [J]. 云南大学学报（法学版），2012，25（2）：49.

响人类生活和发展的各种自然因素的总和。❶从环境科学的概念中，我们可以看出环境应当以人为主体，这也是环境科学与环境生态学的分歧所在。而我们当今所研究的环境刑法应当选择以环境科学为根据还是以环境生态学为根据呢？

伴随生态学、环境政策等学科的概念和方法大量涌入环境法学，"生态学方法已经越来越为当代环境立法所重视……生态学研究已经发现和解明了许多环境问题中的'自然法则'……应当成为人类处理环境问题所遵循的基本原则，成为指导环境政策和环境立法的基础"。然而，生态学方法如何转化成法学话语？在生态学指导下的环境管理中，如何划分相应的义务？显然，生态学不能提供答案。实质上，生态学方法的指导意义仅限于环境管理而已，对于平衡管理中的权利义务关系，还是法学的任务。❷

笔者认为，我们需要以环境科学为根据，而且环境法也是选择了环境科学为立法根基，从世界各国的环境保护立法来看，除了个别国家将"人类环境"和"生态环境"两方面利益作为其保护法益，多数国家仍然将环境立法保护的范围限定在人类生存的周围环境。正如有学者提出的，法律调整的是人与人之间的权利义务关系，如果自然界其他生物具备环境法赋予的资格，将和人类形成极大的生存竞争关系，从而不利于人类保护，❸但需要区别的是，我们这里看到的"人"，更是人类生存发展的利益，甚至是未来人类的生存和发展。从环境生态学的意义来看，环境的发展对于未来意义重大，刑法对环境生态的考虑是在环境科学的基础上，把刑法学置于刑事法学的大框架中，把刑事法学置于大法学中，把大法学置于人文社会科学领域去认识问题、分析问题和解决问题。❹

---

❶ 中国大百科全书编辑委员会.中国大百科全书·环境科学卷（修订版）.北京：中国大百科全书出版社，2002：1.

❷ 谷德近.环境法的复魅与祛魅——环境利益何以平衡 [C]// 中山大学法学院.法学之道——中山大学法学院复办 30 周年纪念文集.北京：法律出版社，2009：60-62.

❸ 周训芳.环境法学 [M].北京：中国林业出版社，2000：5.

❹ 王作富，田宏杰.中国刑法学研究应当注意的几个基本问题 [J].法商研究，2003（3）：6-8.

从客观方面来分析，由于环境犯罪的专业性、技术性，对于环境犯罪，如果不对环境法本身有一个基本的了解，就无法保障立法和司法的准确。应对环境本体有深入的理解，明确刑法保护的法益，沟通传统社会科学和自然科学。传统的民事犯罪，盗窃、杀人、伤人等可以以朴素的报应论解释，而对法定犯而言，由于社会政策、社会情势的变化。刑事政策对犯罪圈的划定影响重大，国家在环境治理中的政策对于环境犯罪的认定也影响巨大，这就需要重视环境法对保护的理解。

（二）赋予污染环境犯罪"道德违反性"认识

虽然我们一直将污染环境犯罪作为法定犯来对待，但刑法并非只能依附于行政法、民法等其他部门法，并非只有作为其他部门法的补充才可以存在。❶刑法对故意杀人、盗窃等自然犯的惩罚，在于其危害了正义，具有道德违反性。在此，我们需要肯定环境伦理观的价值，必须纠正环境利用中强调个人利益的错误状态，要将环境保护作为人类整体利益，以此建立"道德"情感被侵害的基础。

不同的环境伦理观会导致不同的污染环境犯罪界定及其刑事政策选择，传统刑法围绕人类中心主义展开，保护的利益着重于人类的生命权、健康权以及重大公私财产安全，只有对环境的污染严重危害人类生命、健康、安全才会被纳入刑法的规制范畴。这里就存在如何理解"人类"的利益问题。它是某个具体个人的生命健康还是作为人类整体的生命健康？而即便是作为人类整体的生命健康，还存在现实的威胁和未来的威胁。这也进一步引申出了生态中心主义者对刑法规制范畴的探讨——对于水、土壤、空气之外的动、植物权利的探讨。

我国污染环境犯罪的规定体现在《刑法》第 6 章妨害社会管理秩序罪中，表明立法者认为该类犯罪的法益为环境管理秩序，这也是目前理论界的通说观点。❷基于环境的"公共利益"属性，由政府通过管理体系进行有序的利益分配是环境保护的重要途径。但是，构建环境行政管理秩序

---

❶ 陈忠林.意大利刑法学原理（注评版）[M].北京：中国人民大学出版社，2004：3-4.

❷ 高铭暄，马克昌.刑法学 [M].7 版.北京：北京大学出版社，2016：525.

的目的在于保护环境法益，属于手段行为，违反环境保护管理秩序只是对环境侵害的一种方式，但不是唯一方式。从环境整体角度看，人类仅是自然环境系统中的一个部分，"不管人类如何重建了其生存环境，都仍然是生态系统中的栖息者"❶，环境的整体性与独立性是不以人的意识为转移的客观存在，环境行政管理秩序调整的仅是立法者所希望的，而不是全部环境。"环境刑法自然也不能单纯为了行政法服务，人类自然生活空间里所需要的水、空气、风景区以及动、植物世界等，被视为应予保护的法益。"行政前置法的立法漏洞与规则缺失对于有效展开环境刑事治理具有消极影响。基于此，有观点提出，"应当将环境刑法从行政法的附属范围中提出，并将它放入主刑法之内，因为环境犯罪不单纯是违反秩序，而且是与伤害、盗窃、欺诈一样可以非难"。一些国家在污染环境犯罪的个别罪名中，已经取消以行政"违法性"作为成立犯罪之前提条件的要求。例如，现行《德国刑法典》第 29 章"污染环境的犯罪"第 330 条 a 款直接规定"传播或泄放有毒或能产生毒性的物质，有导致他人死亡或重伤，或导致不特定多数人重伤之虞的，处……"；美国也在部分判例中表明，在没有违反许可或其他行政规则的情形下，也可能构成《清洁空气法》所规定的疏忽危险型或故意危险型犯罪。❷

显然，伴随环境伦理观的演进，人们对污染环境犯罪自然道德违反性的认识逐步强化并在立法中得以体现，环境刑法已经走向了一条观念改革的更新之路，独立法益形态已经开始得到重视。

二、污染环境犯罪刑事政策的预防性展开与"正面预防"

污染环境犯罪对环境的影响和损害可能是长期的、滞后的，甚至需要多年的时间来治理、恢复。因此除了要对犯罪行为加强惩治措施，更要重视犯罪行为的预防。

环境犯罪不同于一般的传统犯罪形态，属于现代型犯罪的一种，多为谋求经济价值所为的犯罪行为，且影响客体为不特定多数或不特定范围，

---

❶ 雷毅.生态伦理学［M］.西安：陕西人民教育出版社，2000：200.

❷ 钱小平.环境法益与环境犯罪司法解释之应然立场［J］.社会科学，2014（8）：103.

环境犯罪有专业性、经济性、高决策风险与高利益冲突特性，❶而污染环境犯罪也具有这些特点。

对于传统的犯罪，在加害人发动侵害行为时，犯罪即成立，且受害人对危害发生的过程，有具体的认识，危害之内容、程度较为直接、具体和确定，但环境犯罪所造成的损害，常曼延在广大空间，持续很长的时间后才显现，环境犯罪发生原因、侵害之事实与受害人受损害之内容、程度、发生过程等，往往并不明确，且受害人亦往往不自知，有不确定性，造成许多环境犯罪的被害人难以通过民事求偿之方式得到补偿，缠讼经年无法结案。因此，环境犯罪被认为是侵害社会法益的犯罪，也是刑法新出现的公共危险犯罪类型。

针对环境犯罪的上述特点，行为人对危害结果的认识往往是模糊的，单纯的惩罚并不是最适当的。对污染环境犯罪来说，"严重污染行为"的入罪化，从立法层面已经拔高了对行为人的要求，这时候必须考虑环境犯罪的特殊性来选择合适的处罚措施，尤其是在刑罚运用基础上采取其他非刑罚措施或多样化措施作为辅助手段，避免对行为人过重的苛责，以达到更好地保护环境利益的目的。

传统的刑事司法范式主张被害人与加害者之间的对抗关系，强调施加严厉的刑罚以威慑或预防未来的犯罪，这种投入与产出（成本与效果）的比例是比较大的、不经济的，忽视了如何消除犯罪造成的影响，如何从社会的实际需要出发，弥补犯罪所带来的各种损失。因此对环境犯罪的治理除以传统的刑罚来处罚犯罪人，以达到吓阻与镇压的功效外，也应考量环境犯罪之被害人可能牵连甚广，被害人最殷切期望的应是对环境破坏的恢复和良好生活环境的维护。因此在思考环境犯罪行为的处罚时，要预防或消除这种危险的形成或发生，考虑环境犯罪的人为性、间接性、累积性、持续性、复杂性、不确定性、不平等性等，重建加害人、被害人与社会三者之间的利益平衡，在传统的应报与矫治模式之外兼采赔偿式、修复式正义模式作为保护环境的手段，真正达到保护环境的功效。

传统刑法通过建立犯罪和刑罚之间的联系，为人们提供行为准则，以

---

❶ 陈冉.论恢复正义理念在环境犯罪治理中的引入 [J].河南警察学院学报，2012，21（2）：49-53

防止犯罪的发生。然而事实上，刑事司法中低下的破案率、潜在的犯罪黑数，都一点点瓦解着刑罚的可能功效。作为趋利避害的理性人，犯罪人在面对司法机关的控诉时，只能是竭尽本能地去掩饰犯罪、抗拒追诉，这在客观上使犯罪人和受害人之间的冲突更加剧烈，正义的实现更加困难，也就更不能奢望通过刑罚来实现对犯罪人的矫正，使其重新回归社会。相反，行为人在这场控诉中可能更加了解了如何规避追诉。这里就需要考虑刑法的"有效预防"。刑罚预防是社会预防的一个分支，国家、政府、事业单位等社会主体针对社会中可能存在或可能诱发犯罪的社会问题主动开展宣传、教育等活动，防患于未然。关于社会预防的主动性，对于犯罪后的法律效果，不能仅着重在应报思想的基础上，而更应检讨刑罚手段是否有能力达到控制犯罪的目标。固然，对于犯罪，为满足民众正义情感，有公正报应的必要性，但若能以其他更妥当的方式来达成相同目的，或者更能满足控制犯罪的需求，且能避免传统刑罚手段的弊端，便值得采用新的制裁方式。

传统的刑罚理念缺乏"正面预防"❶的内容。正面预防指的是刑罚的制裁对未违反规范的社会大众有鼓励作用，对违法行为的制裁所传送的信息是，应持续不触犯规范的正确抉择。用鼓励来预防规范遭到破坏的正面预防并非不可能，不过，并不是把负面效果做正面陈述，而是真正用减免行为人罪责的方式，预防法益受到侵害，以防有些人畏惧犯罪被发现而实施更为严重的其他犯罪，可以及时补救犯罪所产生的危害后果。

三、污染环境犯罪治理分层处罚体系的建立

有学者提出建立针对环境犯罪分层责任体系，考虑环境要素的不同，根据所侵犯不同自然环境因素以及人文环境因素对人类影响的大小，评价危害性，进而采取不同的惩罚体系。❷比如美国学者提出环境犯罪行为的四个惩罚模型，构建"抽象致害 abstract endangerment""具体致害 concrete endangement""具体损害 concrete harm""具体损害以及严重损害 serious environment harm"❸。经济社会多元化发展的趋势要求针对犯罪的处罚形成

---

❶ 许玉秀. 当代刑法思潮［M］. 北京：中国民主法制出版社，2005：50.

❷ 胡雁云. 环境犯罪及其刑事政策研究［M］. 北京：法律出版社，2018：1.

❸ MANDIBERG S F, FAURE M G. A Graduated punishment approach to environment crimes［J］. Columbia journal of environmental law，2009，34：452.

多层次、多元化的方法体系，从而满足针对不同类型犯罪人恰到好处地适用非刑罚处罚措施的司法实践需求。针对污染环境犯罪，加害者与被害者可通过协商机制达成损害赔偿及关系的修复，使环境刑罚对犯罪行为的处理及反应更具灵活与弹性，并促使行为人改过迁善，达到犯罪预防之功能及刑罚的目的和效果。

对于企业犯罪来说，可以引入合规治理，实现分层介入。因为对于企业犯罪的预防，由于企业天然所缺乏的自然人的"道德性"，不能单纯从"惩罚"—"威慑"—"预防"的模式，必须考虑企业"谋利"的特征，从"奖励"的角度设计预防犯罪制度。事实上，传统的打击非但不能激励企业自身进行犯罪预防，反而会使企业为了逃避刑罚刻意隐瞒犯罪事实。尤其企业在受到处罚后，可能实施更加变本加厉的犯罪行为。就如有的观点所言："很大一部分犯罪是由企业实施的，这一事实迫使每个国家作出反应。惩治企业犯罪的唯一有效途径就是直接对企业本身加以处罚。但是，仅仅起诉个人不仅是不公正的，也是无效的。即使对企业官员的控诉得以成功，也很难对企业的行为方式产生影响。对一个企业而言，其组织结构的缺陷不会因为一个成员被审判而消失。"[1] 为此，在某些案件中，虽然具体行为是违背甚至损害企业利益的，但是却没有被认定为自然人犯罪，因为行为人是利用企业的管理漏洞，或者滥用自己手中的职权实施犯罪，企业仍然要被刑事处罚。例如，在肯特苏克塞斯公司（DPP v Kent & Sussex Contractors, Ltd.）案中，被告人虽然是为了自己获得汽油优惠券而提交虚假文件，但是因为其是企业的高层管理人员，所在公司仍然被认定犯有欺诈罪。[2] 这种情况也存在于澳大利亚的判例之中。

---

[1] 李本灿.企业犯罪预防中合规计划制度的借鉴 [J].中国法学，2015（5）：177–205.

[2] 周振杰.企业刑事责任二元模式研究 [J].环球法律评论，2015，37（6）：148–158.

第三章 污染环境犯罪法益再认识

污染环境犯罪的法益对于理解污染环境犯罪构成要件具有重要作用，刑法条文明确规定了"严重污染环境"入罪，2013年和2016年的"环境犯罪司法解释"又规定了具体的入罪情形，2020年《刑法修正案（十一）》又规定了加重处罚的4种情形。从实践中的案例，我们可以发现，以法益为指导解释污染环境罪虽然是正当且合理的，但因环境犯罪法益保护"内容"理解上的不同，也造成了司法实践对许多案件的不同认识。加之学界对环境犯罪的法益认识一直存在诸多分歧，进一步加剧了司法实践的认识争议，也引发了在具体污染行为认定标准上以及犯罪形态认识上的巨大差别。对司法中"法益"认识进行剖析，明确应有的法益认识理念，有利于刑事司法的统一，维护刑法的权威。

第一节 对污染环境犯罪法益理论的梳理

一、对污染环境犯罪"法益"保护根据的认识

确定污染环境罪保护法益的根据主要有人类中心主义法益观、生态中心主义法益观以及生态学的人类中心主义法益观三种。

（一）人类中心主义法益观

人类中心主义坚持以人类为中心的立场，将人的"利益或需要"作为

识别环境犯罪法益的"唯一基础或标准"❶。其核心观点是，"环境因素本身并不具有独立的刑法保护价值，只有与人的生命、健康和财产相联系时才有保护的必要"❷。在《刑法修正案（八）》颁布之前，该理论也是我国刑法学界通行的理论。持该理论者认为，"环境犯罪侵犯的是不特定多数人的生命、健康和重大公私财产的安全"❸。

（二）生态中心主义法益观

生态中心主义法益观坚持以生态为中心的立场，强调"应将伦理平等的观念扩大到全体生态系统中去，自然具有与人类同样明确且值得敬畏的权利"❹。以此为基础该理论认为刑法保护的法益是"自然环境"或者说是生态学上的环境及其他环境利益。在持该理论者看来，环境法益应当成为环境犯罪的独立法益，即使没有人身与财产法益的侵犯，只要对生态环境法益的侵犯达到一定程度，就可以以环境犯罪论处。这一观点超越了传统环境犯罪行为的边界，比如绿色犯罪学强调从环境犯罪的行为特征出发，改变定罪量刑的时间条件和场所条件，将一部分传统观犯罪学不认为是环境犯罪的行为纳入环境犯罪的范畴内，以更好地预防犯罪的发生。另外，绿色犯罪学认为环境犯罪的受害者是广泛的，不限于人类（这是传统犯罪学中"人类中心论"的观点），可以包括自然生物、自然环境本身，这也就是说只要行为危害到这些主体，犯罪也可以成立。

（三）生态学的人类中心主义法益观

我国持生态学的人类中心主义法益观的学者认为："环境刑法的保护法益有两个方面：一是人的生命、身体机能与财产等相关的利益，二是与此相关联的生态系统的保持。"❺德国学者一般也认为："环境的刑事保护不

---

❶ 张福德，朱伯玉.环境伦理视野中的环境刑法法益 [J].南京社会科学，2011（1）：97-103.

❷ 赵秉志.环境犯罪及其立法完善研究 [M].北京：北京师范大学出版社，2011：38.

❸ 赵秉志，王秀梅，杜澎.环境犯罪比较研究 [M].北京：法律出版社，2004：36.

❹ 王秀梅.环境刑法价值理念的重构——兼论西部开发中的环境刑法思想 [J].法学评论，2001（5）：138-144.

❺ 张明楷.污染环境罪的争议问题 [J].法学评论，2018（2）：1-19.

能单纯地局限于对人类生命健康的保护，必须同时保护像水、空气和土地这样的基本生活基础。"❶

生态学的人类中心主义法益观实际上是将环境法益、传统的人类法益并列为环境犯罪侵犯的法益，只不过，该理论对环境法益有所限制，认为只有环境被作为人的基本的生活基础而发挥机能时才值得刑法保护，这一观点对前两种观点进行了折中，因此也被称为"折中理论"，这一理论目前得到了较多学者的支持。

（四）评析

从我国的立法来看，《刑法修正案（八）》将污染环境罪入罪的构成要件要素修订为"严重污染环境"，事实上这已经清晰地表明了随着环境状况的恶化，人类中心主义的观点不再成为主流，立法已不再坚持人类中心主义的法益观，因而污染环境罪的保护法益也难谓仍然是人类法益。核心争议便在于生态中心主义和生态学的人类中心主义如何选择。

这里我们首先需要明确的是生态学的人类中心主义如何理解，影响生态中心法益观念的环境伦理基础主要是整体主义进路的生态中心主义。整体视角的生态中心主义将整个生态系统视为环境的核心，因此整个生态系统都是伦理关怀的对象。但我们必须面对的是，对整个生态的保护最终回归的责任主体仍然是"人"，换句话说法律所赋予义务和责任的主体是人而不是动物。因此对生态环境本身所进行的保护，仅就生态环境受保护所依靠的力量和保护标准的设定来看，一切都离不开人类的意志和主导。

笔者认为，只有生态学的人类中心法益观才能与我国刑法中污染环境罪的规定相契合。生态学的人类中心法益观既承认环境法益的独立性，又认为对环境法益进行保护不是为了保护环境自身，而是为了保护人类的生存条件。这意味着环境法保护所强调的代际公平也是我们需要保护的内容，环境法益保护的可以是人类的未来利益以及未来人类的利益。与此相对比，生态法益论学者强调的生态法益为一种脱离了人为主体的法益类型，认为环境法益是一种本质上不可类型化的生态法益，只要可能侵害法

---

❶ 王世洲. 德国环境刑法中污染概念的研究 [J]. 比较法研究，2001（2）：53-64.

律所保护的安全利益、秩序利益等，也可以在实定法意义上予以犯罪化。❶
生态中心主义论者强调环境自身的独立性评价，但不能因为强调生态环境
的主体地位而偏离了刑法保护法益确定的人的基础。进入 20 世纪 90 年代
以后，随着环境污染的加剧以及环境保护的日益紧迫，"生态法益"中与
人身权、财产权并不直接体现相关的内容也开始进入立法。1998 年，德国
的《动物福利法》对动物的生命和福利予以保护，提出"为了人类给予地
球和其他生命伙伴的责任而保护动物的生命，维护其福利"。该法第 17 条
规定的具体犯罪行为包括：无合理理由杀死脊椎动物，导致脊椎动物受虐
待承受巨大痛苦，这些行为将被判处不超过 3 年的监禁或者罚款。日本刑
法学界也曾在"爱护动物遗弃罪"的法益内容上存在争议，根据日本《动
物爱护管理法》的保护内容，学界针对该罪的法益产生了"爱护动物的生
命与身体""动物爱护的良俗""人的生命、身体、财产""良好的周边环
境""生态系统和生物多样性"等不同观点，最终通说认为爱护动物遗弃
罪的法益为"动物爱护的良俗"，这说明日本学界大都认为日本刑事立法
发生了向"生态中心主义"的转变，将刑法的保护对象不再限定于人类，
已经延伸至人类的伙伴——动物。从以上国家的立法我们可以看出，进入
风险社会之后，打击环境犯罪的刑事立法发生了"生态主义"的转向。但
这一转向并非单纯、纯粹地针对生态利益自身的保护，从德国立法中对
"脊椎动物"的限定、日本刑法单纯针对"遗弃"行为的规制来看，刑法
所保护的是与人类具有一定密切联系的动物，是对人类"同情心"的一种
保护。从这一点来说，我们所主张的生态法益保护，仍然需要保证"人"
的主体性，生态法益的确定也必然需要与人建立起密切联系，比如当前大
多数国家立法所确立的呼吸清洁空气以及饮用清洁水源的权利，其保护的
就是人类能够安宁、洁净地在环境中生活，并合理地享有与利用自然环境
或自然资源的权利。

对于生态法益的保护，必须建立在"人"的基础上，从生物学上讲，
人类处于生态链的顶端，那么其他生物的安全必然最终会联系到人类的利
益，所以对于这一观念往往在理解上外延可以不断被扩大。这也是为何

---

❶ 焦艳鹏.生态文明保障的刑法机制［J］.中国社会科学，2017（11）：75-98.

生态法益不断被扩大后被学者提出作为独立法益，比如张明楷教授认为："生态学的人类中心的法益论，意味着环境刑法实行二重保护：一是对人的生命、身体、健康等个人法益的保护为中心的刑法规范，二是将环境媒介，动植物等生态法益（环境法益）予以保护的刑法规范。"❶ 这里认为生态法益（环境法益）、人类中心法益都是其保护法益，但凡生态法益（环境法益）与人类中心法益不抵触，就应当对其进行保护。❷

二、有关污染环境犯罪法益内容的争议

法益是指法律所保护的利益，刑法上的法益也就是指刑法所保护的利益，而污染环境犯罪所侵害的法益则是指环境刑法所保护的某种利益。污染环境犯罪保护法益与宏观环境犯罪保护法益具有一致性，我们先来分析环境犯罪的侵害法益。关于环境犯罪所侵害的"法益"内容，各国的规定有所不同，在我国刑法学界也有较大争论，主要存在以下七种观点：环境社会关系说、公共安全说、环境保护制度说、双重关系说、环境利益说、环境权说、生态法益说。❸

对于以上七种观点，公共安全说为传统刑法已经存在的法益，该观点认为环境犯罪侵害的是不特定多数人的生命、健康和重大公私财产。显然，该观点仅注重于人本身的利益，而未将环境犯罪对于自然环境和自然资源的危害这个重要因素考虑在内，其认为对于环境及自然资源的保护也仅是为了最终达到维护人类自身利益的目的。该观点体现了传统的人本主义思想，体现了人类中心主义的价值取向，但这种人类中心主义思想不包含对环境的任何特殊性评价，将环境犯罪与爆炸、防火、投放危险物质等同，事实上是否定了环境法益存在的可能性，不足为取。环境社会关系说认为犯罪客体是人们在开发、利用、保护和改善环境的过程中形成的社会关系，是我国传统犯罪客体说的一种投射，认为犯罪客体是犯罪行为所侵害的为刑法所保护的社会关系。环境保护制度说认为刑法在于保护一种

---

❶ 李梁. 污染环境罪侵害法益的规范分析［J］. 法学杂志，2016（5）：97-102.

❷ 张明楷. 污染环境罪的争议问题［J］. 法学评论，2018（2）：1-19.

❸ 陈瑜婵. 论环境犯罪法益的定位及其立法指导功能［J］. 应用法学评论，2016（1）：255-269.

秩序，主要指国家环境、资源保护管理制度，即国家为保护和改善生活环境和生态环境、防治污染和其他公害、保障人体健康、保证社会的可持续发展而通过相关法律和行政法规进行规制的一种制度。该观点认为环境犯罪的法益应当是国家环境保护、资源及污染防治等相关的管理制度。该学说表明刑法介入环境保护是为了配合环境法惩罚侵害环境行为，达到保护环境的目的。❶ 双重关系说也可称为双重客体说，即该观点认为环境犯罪同时侵犯两个客体：直接客体——人与自然间的生态关系以及间接客体——侵害人与人之间的社会关系。该种学说考虑到了环境刑法所保护法益的两个方面——传统的人身权和财产权以及环境法益。相比较而言，环境社会关系说也强调区分两种社会关系，认为环境犯罪通常同时侵犯两种以上的具体社会关系，如人身关系、财产关系等，而它们侵犯的同类客体应当是环境社会关系。环境社会关系是指人们在开发、利用、保护和改善环境的过程中形成的社会关系。可以看作对双重关系逻辑的进一步延伸。以上观点呈现法益侵害与秩序维持的抉择，呈现独立法益与中介法益的分歧。❷

我们再来看环境利益说与环境权说，这两种观点都是以"环境"为独立保护内容。环境利益说或可称为环境法益说，该学说认为环境刑法保护的客体应当确立为"环境利益"，认为环境法益是以环境为主体的。环境权是指法律所赋予人类生存的享有适宜、舒适的居住环境的权利以及合理利用自然资源的基本权利，它所指向的对象是具有生态功能和经济功能的自然资源以及与其有密切联系的各环境要素所组成的环境整体。该学说认为环境犯罪所侵犯的就是这样一种以环境为基础的国家、法人和公民的"环境权"。环境权说的观点以法益保护的生态理念为指导，主张在制定法律时，人类应将自己置身为自然界的组成部分而非支配者的身份，如此才能将自然界的整体利益作为污染环境罪所保护的最高价值目标。❸ 有论点

❶ 秦洁，王光辉.论环境犯罪的法益 [J].山东理工大学学报（社会科学版），2010（1）：62-65.

❷ 陈瑜婵.论环境犯罪法益的定位及其立法指导功能 [J].应用法学评论，2016（1）：255-269.

❸ 易细华.环境刑法法益探析 [J].对外经贸，2012（6）：95-96.

认为环境权本质上仍然是一种个人权利。❶也有观点认为环境权具有丰富的权能，包括环境享受、使用、收益等权能，从中派生出自然资源开发权、排污权等权利以及保护生物多样性、节约资源等具体义务。❷这一观点建立在生态中心主义根基上，也正因我们上文所探讨的生态中心主义的弊端，环境权说的观点也存在相当的争议，人类在生产、生活活动中难免会侵害到生态环境，若将生态环境视为刑法的最高价值保护目标，必然要对"严重污染环境"进行一定程度的限缩解释，否则容易将刑法的触角延伸到正常的生产生活中，有违刑法谦抑的要求。

此外，同样根基于生态中心主义，还有一种主张"生态法益"的观点。比如，美国的生态环境权包括清洁空气权、清洁水权、免受噪声干扰权、风景权、环境美学权等多项权利。在日本，一些司法判例中所列举的生态环境权也包括了清洁空气权、清洁水权、风景权、宁静权、眺望权、通风权、日照权等权利。我国目前尚无如此详尽的环境权立法，但学者们对生态环境权问题进行了大量的研究。❸从学者的研究以及域外的立法我们可以看出，生态环境权是指涵盖人身权、财产权、清洁水权、清洁空气权等各项权利在内的整体生态利益。人身权、财产权是生态环境权的局部权益，生态环境权是整体权益。这一观点目前在国内外都较为流行，在当今自然环境的背景之下，有其提倡价值。但保护环境是不是就一定要颠覆传统的法益概念，则是另外一回事。传统的法益观并非不重视环境保护，而是在与人类生存和发展的平衡上考虑对环境的保护。完全与人的存在无关的环境法益是难以想象的。当然，这里所谓的"人的存在"，不限于生

---

❶ 李希慧，董文辉，李冠煜. 环境犯罪研究 [M]. 北京：知识产权出版社，2013：60-62.

❷ 蔡守秋. 新编环境资源法学 [M]. 北京：北京师范大学出版社，2009：118.

❸ 目前对环境权研究的学者较多，如蔡守秋、吕忠梅、周训芳、陈泉生、王明远、郑少华、徐祥民等。相关著作主要有《环境权论》《环境权：环境法学的基础研究》《环境权研究：公法学的视角》等，相关论文主要有《论环境权》《论公民环境权》《论环境权的法律属性》等。生态权研究的学者相对较少，主要有王开宇、宁清同、张安毅等，相关论文有《生态权研究》《生态权初探》等。曹明德教授还将环境法称为生态法，其著作《生态法新探》对生态权也有比较深入的研究。刑法能否贸然认定"生态法益"尚且值得研究。

命、身体，可以扩大到和特定或者不特定的人的生活利益相关的程度。另外，即便就我国刑法的规定来看，法条上也是非常明确地规定，只有"非法"地实施猎捕、杀害等行为的，才能构成犯罪，并非所有的猎捕、杀害等都构成犯罪，而是否"非法"，显然还是与人的利益以及价值观的判断有关。❶

从生态的角度来说，生物安全本身也属于应当保护的内涵，但这个内涵是否还能包含在"环境"的范畴之内，也值得思考。比如人类基因谱系的变更，涉及的不单纯是环境，还有人类生存与尊严的保护。对此，笔者认为，在偌大的生态系统中，人既是生态链的一段，也是主体，如果不以此选取利益，就无法理解环境的外部性，也因此仍然采取"环境法益"的概念。至于与生态相关的生物安全尤其是涉及人的遗传安全的问题，可以归属于新的"人类法益"，而不是同属于生物多样性的"环境法益"。

"环境"法益如何与传统刑法法益相较成为不可回避的问题，有主张独立评价，也有主张延伸至传统法益评价。笔者认为，对于法益内容的判断，刑法要保持一定的谦抑性，既不能因为行政法上保护的提前预防而冒进，更不能脱离行政法的前置而独立冒进。在刑事司法中，应当坚持罪刑法定原则，根据我国当前刑法的规定，污染环境罪的成立以违反环境保护法规为前提，即污染环境罪是行政犯或者法定犯。因此，侵犯法益的解读不能脱离环境保护法的相关规定。我国《环境保护法》第2条规定："本法所称环境，是指影响人类生存和发展的各种天然的和经过人工改造的自然因素的总体，包括大气、水……"此条规定包含以下信息：法条所列举的"各种天然的和经过人工改造的自然因素"均是环境资源；我国环境保护法所保护的客体是影响人类生存和发展的环境资源；某些天然的和人工改造的自然因素是否属于环境保护法所保护的环境资源，其判断标准是"影响人类生存和发展"❷。所以即便扩大至生态利益的独立评价，保护的终极目的仍是人类的现有利益和延续发展。对于法益的内容，是否有必要因保护需要创设法益？比如共同体法益、集体法益的概念，我们需要

---

❶ 黎宏. 法益论的研究现状和展望 [J]. 人民检察，2013（7）：12-15.

❷ 刘伟琦. 处置型污染环境罪的法教义学分析 [J]. 法商研究，2019（3）：89-102.

进一步探讨污染环境犯罪对法益产生的挑战是否已经超出了传统法益的内容。

三、污染环境犯罪法益对传统刑法法益的挑战

各国环境刑事立法均将人身权作为第一保护法益。污染行为对环境的损害虽然单个地看可能难以确定对人的损害性质，但是污染可以持续不断地发生，所造成的危害结果可以累积，还可以通过食物链使污染的危害结果浓集并最终在人类身上体现出来从而侵犯人身权。基于环境污染对人身伤害的即时性，而且一旦造成危害牵连甚广，因此各国在污染环境的提前预防实践上法益的保护内容出现变化。

（一）法益精神化

传统刑法坚持法益的客观实在性，以此限制刑罚权的启动，但伴随"环境""秩序"这类抽象法益的出现，刑法所保护的内容难以还原为人的生命、身体、自由、财产、名誉、感情等具体生活利益，法益出现精神化，德、日刑法在应对中都做出了较大的调整，主要表现为抽象危险犯以及模糊、抽象的法益概念的扩大适用，认为现代的法益论应当吸收规范理论的合理内核，正视法益的精神化和流动性，并承认超个人法益的存在。❶

对于污染环境犯罪来说，法益的精神化主要体现在环境保护法规之中，法益保护的早期化和精神化逐渐消解了法益概念。法益理论是近代以来刑法的支柱之一，是刑事立法的基础，保护法益更是刑法的直接任务之一，法益损害与否是有无刑事不法的标志，且不同法益会影响不法构成要件的效果和处罚的轻重。但是，如果将环境保护法益早期化和精神化，那么将导致环境法益的具体内容不是刑法关注的重点，行为是否造成了不确定范围的法益损害成了刑法关注的关键。❷ 比如日本学者甲斐克则从法益理论的角度对此种倾向提出了保留意见。他认为，近年来的刑事立法强调

---

❶ 舒洪水，张晶.法益在现代刑法中的困境与发展——以德、日刑法的立法动态为视角 [J].政治与法律，2009（7）：103-110.

❷ 刘艳红.环境犯罪刑事治理早期化之反对 [J].政治与法律，2015（7）：2-13.

保护法益原则，但是，过度强调法益保护，有瓦解行为原则、罪刑法定原则、罪责原则的危险，因此，在保护法益的时候，不能忽视和上述原则之间的协调。法益概念和法益论不是解决所有问题的"王牌"。在值得刑法保护的存在当中寻求实体存在的法益，赋予其刑法法益的地位，是防止法益概念的扩大化或者精神化。❶

环境法益的精神化体现在对规范、秩序的保护转向，尽管现代的社会形势已经和过去有了很大的不同，但这种不同并不足以使我们抛弃作为近代刑法支柱之一的法益概念。相反，在全人类正为现代社会危机四伏而感到恐惧不安时，极力意图扩大刑法的处罚范围、加重刑罚的力度，会使整个社会似乎又回到"刑法万能"的前近代社会，更应提倡和坚持法益论。

为了应对此问题，刑法学者多数认为不管法益如何被抽象，仍然难以偏离必须具体化为个人利益的传统立场。我国学者张明楷教授曾指出要判断公法益能否还原为个人法益，只有当某种公法益与个人法益具有同质性，能够分解成或者还原成个人法益，是促进人类发展的条件且具有重要价值时，才是值得刑法保护的法益。对于污染环境犯罪来说，行为仅侵害行政管理秩序时，即使在行政法上被认为侵害了公法益，但如果没有最终侵害个人法益的，就只是行政违法行为，而不可能成为犯罪行为。司法机关要从实质上判断，该行为所侵害的法益是否值得刑法保护。特别是当刑法条文保护的是公法益时，司法机关必须判断，法条文字所指涉的行为是否最终侵害了个人法益。如果得出否定结论，就不得以犯罪论处。❷

（二）环境法益（生态法利益）保护的独立性认识

对于污染环境犯罪来说，德国和日本作为生态保护方面比较积极的国

---

❶ 舒洪水，张晶. 法益在现代刑法中的困境与发展——以德、日刑法的立法动态为视角 [J]. 政治与法律，2009（7）：103–110.

❷ 张明楷. 避免将行政违法认定为刑事犯罪：理念、方法与路径 [J]. 中国法学，2017（4）：37–56.

家，在入罪中似乎越来越难找出明确的法益归属主体与利益范围，似乎转向了非人本的纯粹生态中心主义的环境观。

起初，德、日刑法学界对环境法益、生态法益的解读也多限于人本思维的法益观。这一观点认为环境只受到规范间接的保护以及规范反射性的保护，因为环境保护是规范的手段，不是规范的目的，环境不是利益的归属主体，不能反映利益，对于"环境"的利益，只有透过人才能表现出来，只有反映人本身的利益才有刑法上的意义，对于水、空气、土壤等环境因素，只有在透过环境媒介的破坏，而侵害到人本身的生命、身体、财产等利益的时候，才有刑事制裁规定。但近年来德国和日本均出现了独立的、与人的生命、身体无关的"环境"自身就是保护法益的观点，这就是近年来流行的所谓生态学的法益概念，认为破坏环境（以水体、土壤、大气之类为媒介）本身就是犯罪，而不用考虑对人类生活造成了何种直接影响，这一观点逐渐得到很多学者的赞同。认为环境保护不应当以一种人类为中心的自私的短浅目光并且只以为人类服务或保障自然资源为目的。

与人类生态中心主义者的认识不同，其所保护的自然界的基本元素不同于人类赖以生存的"土壤""空气""水"等基本条件，比如"基因污染"问题。有观点指出生态系统不预设人类的存在，也不预设与人类有关的事项，代际利益背景下的法益保护原则，将诉诸不特定时空下生活群体生活条件的维护。克劳斯·罗克辛称其为"勇敢的观点"，并认为"涵盖未来的行为规范"对 21 世纪刑法而言将取得重大进展。❶

但笔者认为，这种代际视角下的法益保护仍然可以归属为人的利益，只是在"人"的范畴上我们可能要理解得更为广泛，这一问题不单纯存在于环境领域，比如我们目前所面临的辅助生殖的规制、人体实验的规制，这些并不是新问题，对此，笔者不建议贸然将生态法益作为独立法益保护，仍然需要建立在"人"的利益的联系根基之上。毕竟有些问题通过刑法来保护是否合适、是否有效还是个问题。

---

❶ 舒洪水，张晶.法益在现代刑法中的困境与发展——以德、日刑法的立法动态为视角 [J].政治与法律，2009（7）：103-110.

第二节　刑事司法实务对污染环境犯罪侵害的"法益"认识

关于污染环境犯罪侵害的法益，应该说"两高"2016 年出台的有关污染环境罪的司法解释是非常好的一个司法解释，回应了环境刑事审判过程当中的一些基本问题，对"法益"予以一定明确。但是，在实践中，还存在一些法律适用的争议。比如，在梳理污染环境罪刑事案件的裁判文书过程中，可以发现实务对刑法第 338 条规定的污染环境罪是行为犯还是结果犯的理解很不一致。这里我们对司法解释和裁判观点进行梳理，对环境犯罪"法益"进行一个实践反馈。

一、《2016 年环境犯罪司法解释》中的法益剖析

污染环境罪的法益可以呈现在两个方面：一方面是在犯罪成立的结果标准以及加重评价的结果评定；另一方面是犯罪竞合的处理。

（一）危害结果评价的认识

从犯罪成立的结果要求来看，《2016 年环境犯罪司法解释》第 1 条规定了具体的入罪情形，根据司法解释所列举的具体情形，我们进行法益保护的逐步分析，第 1~5 项情形分别为：在饮用水水源一级保护区、自然保护区核心区排放、倾倒、处置有放射性的废物、含传染病病原体的废物、有毒物质的；非法排放、倾倒、处置危险废物 3 吨以上的；排放、倾倒、处置含铅、汞、镉、铬、砷、铊、锑的污染物，超过国家或者地方污染物排放标准 3 倍以上的；排放、倾倒、处置含镍、铜、锌、银、钒、锰、钴的污染物，超过国家或者地方污染物排放标准 10 倍以上的；通过暗管、渗井、渗坑、裂隙、溶洞、灌注等逃避监管的方式排放、倾倒、处置有放射性的废物、含传染病病原体的废物、有毒物质的。

对于上述五项情形所设定的具体情形，一种观点认为，这其实是在推

定环境危害的事实基础上认定污染环境罪为"抽象危险犯",这种情况不要求判断是否存在具体的环境污染的危害,不考虑环境是否受到侵害的现实因素,比如我们前文所提及的环境的自净能力,自净能力是生态环境自身所具备的特质,这一特质决定了对严重污染环境结果的认识注定不同于普通常见犯罪的损害结果,即使排污超过环境容量也并不意味着环境原有状态的改变会一直停留在原处,等待人们认识和发现。虽然这种结果可能存在时间极短且不易被发现。另一种观点认为,在这种情况下,污染是存在的但不一定是我们可以证明的,所以对环境危害的危险是现实的,因此多数学者并不认为存在行为犯,仍然是危险犯和实害犯。❶单纯从这两种观点来看其实并不存在对立,核心区别在于在符合"超标标准"情况下我们是否还要考虑危害的存在,如果不考虑危害本身那么自然就是抽象危险犯。目前来看,起草者曾经阐明"3 倍"附近的可以认为情节显著轻微,说明是考虑社会危害性的。

第 7、8 项情形分别为:重点排污单位篡改、伪造自动监测数据或者干扰自动监测设施,排放化学需氧量、氨氮、二氧化硫、氮氧化物等污染物的;违法减少防治污染设施运行支出 100 万元以上的。对此有学者认为:"既然行为人违法减少防治污染设施运行支出较多,就表明行为人非法排放、倾倒、处置的有害物质较多,因而对环境的污染严重。"❷对于单纯根据费用来评价,在排污设施运行支出减少相同的情况下,根据排污地点、方式、污染物种类等因素的不同,行为所造成的结果也会不同,仅以金额要素进行限定,对行为严重程度的实质性规定明显不足。这条与污染环境罪的法益不是十分相关。虽然从司法层面更容易操作,这也明显暴露出司法解释在出台时,刑法理论界面对环境保护这一技术性较强领域进行解释的无力。

第 10、12、13 项情形分别为:造成生态环境严重损害的;致使基本农田、防护林地、特种用途林地 5 亩以上,其他农用地 10 亩以上,其他土地 20 亩以上基本功能丧失或者遭受永久性破坏的;致使森林或者其他林木死亡 50 立方米以上,或者幼树死亡 2 500 株以上的。在这 3 种情形

---

❶ 蒋兰香.刑法"污染"概念之解析 [J].中国地质大学学报(社会科学版),2016,16(1):65.

❷ 张明楷.污染环境罪的争议问题 [J].法学评论,2018(2):1-19.

下，行为人实施了行为，造成了生态环境损害的严重后果，但需要判断这种结果是否由行为人排放、倾倒、处置有害物质的行为所引起。因为污染环境罪直接保护的法益为环境法益，所以这部分情形规定的环境遭到严重破坏的结果就意味着对环境法益的实际侵害。因此这3种情形是结果犯，同时又是实害犯。这里可以明确"环境"利益的保护。而同时司法解释第2条规定了具有本解释第1条第10项至第17项规定情形之一的，应当认定为"致使公私财产遭受重大损失或者严重危害人体健康"或者"致使公私财产遭受重大损失或者造成人身伤亡的严重后果"，这似乎也证明了上述情形作为"实害犯"。"公私财产损失"中的范围包括了"为防止污染扩大、消除污染而采取必要合理措施所产生的费用"，包含污染物的清理、运输、处置等已经实际发生的费用以及有处置能力但由于时间等原因尚未处置，预期必然产生的污染物处置合理费用。对实施污染环境违法行为，污染物排入水体、大气等介质后，已无法在现场开展应急处置或者现场清理的，可以由专业机构对"为防止污染扩大、消除污染而采取必要合理措施所产生的费用"进行评估计算。结合直接造成的财产损失、减少的实际价值等费用总体评估财产损失，并出具环境损害评估文件。

此外，第6项情形所规定的"二年内曾因违反国家规定，排放、倾倒、处置有放射性的废物、含传染病病原体的废物、有毒物质受过两次以上行政处罚，又实施前列行为的"，是对行为人两次行为违法之后再次违法的犯罪升级评价，是针对行为人"主观方面"人身危险性评价的升级，不涉及法益本身危害性评价。第9、第14、第15、第16、第17项情形则直接规定了具体的"财产损失"和"人身伤害"入罪要求，是对人身、财产法益进行的直接评价，是一种较为典型的"实害"犯表述。这样的表述，在司法解释所规定的加重量刑情节解释的相关规定中更为明显，第3条在解释"后果特别严重"时第2项规定非法排放、倾倒、处置危险废物100吨以上的，对应于基本条件第2项规定的3吨，仍然是从单纯的数额推定危害的存在。而第1项规定的"县级以上取水中断"对应于基本犯第11项"城镇取水"，第3项农田保护对应于第12项，第4项森林、林木保护对应于第13项，第5项致使公私财产损失100万元以上的对应于第9项违法所得或者致使公私财产损失30万元以上的，此处的评价重在"损失"，而不再评价"所得"。第 6 项造成生态环境特别严重损害的对应于基本犯第 9 项造成生态环境严重损害的；第 7 项致使疏散、转移群众 15 000 人以上的对应于基本犯第 14 项致使疏散、转移群众 5 000 人以上的。第 8 项致使 100 人以上中毒的对应于基本犯第 15 项的规定，致使 30 人以上中毒的第 9 项致使 10 人以上轻伤、轻度残疾或者器官组织损伤导致一般功能障碍的，第 10 项致使 3 人以上重伤、中度残疾或者器官组织损伤导致严重功能障碍的；第 11 项致使 1 人以上重伤、中度残疾或者器官组织损伤导致严重功能障碍，并致使 5 人以上轻伤、轻度残疾或者器官组织损伤导致一般功能障碍的；第 12 项致使 1 人以上死亡或者重度残疾的；对应于基本犯中第 16、第 17 项中人身伤害的规定。

加重评价除了第 3 条第 2 项存在数额推定危害结果的情形，其他各项都具有环境法益或人身、财产法益的评价。此外，加重处罚的情形大都是数额或者范围、时间的扩大或者延长，但"违法所得"却并没有评价在加重处罚，这也说明"违法所得"并不一定可以危害环境造成损伤，似乎可以反证上文抽象危险犯的存在。而"死亡"的评价在加重处罚被单独列出，凸显了对人身的保护。

司法解释中蕴含的法益保护应当是包含了环境法益和人类法益两个层面的保护，既包含了传统刑法保护的法益，也具有"模糊"的环境法益。站在生态学的人类中心法益论的角度，当污染环境的行为仅对环境造成了严重污染，而没有侵害到人类法益却仍被评价为犯罪时，相对于生态法益而言污染环境罪就是侵害犯，但由于并未侵害到人类法益，因此相对于人类法益而言污染环境罪同时又是危险犯。比如有环境法学者更是提出，理解法条应该全面，行为犯和结果犯不是说只要刑法规定了结果就是结果犯，而是需要结合犯罪构造、侵害的法益进行综合考量。危险犯、实害犯不是就一个犯罪而言的，当一个罪的法益包含了两个内容的时候，有可能针对一个法益是行为犯，针对另外一个法益是实害犯。对第 338 条的理解，需要根据保护的法益不同、犯罪情节的不同加以综合判断，这也需要法官有很强的释法能力。❶

---

❶ 吕忠梅 . 环境资源司法现状的观察与思考 [EB/OL] . （2018–12–11）[2020–07–17] . https://mp.weixin.qq.com/s/Jbdbn_ZgS9t0ZXm5HIR13Q.

笔者对此观点难以完全认同，行为犯和结果犯对因果关系的证明要求是不同的。一般来说，行为犯不需要证明因果关系，行为本身即代表了抽象的社会危害，比如只要达到"两高"司法解释中规定的超标3倍、倾倒3吨等客观标准就可以定罪量刑，不需要再花费巨大的成本去进行造成环境危害因果关系的证明。但这里是否需要去证明因果关系，和我们认为犯罪是行为犯还是危险犯或者实害犯是两个层面的问题。如何设定犯罪形态是立法问题，而如何判断犯罪成立是司法问题，不宜以司法的需要来对立法做任意解释。

（二）竞合犯罪的处理

对于污染环境罪的法益，我们还可以从犯罪竞合的角度来分析。作为都关涉公共安全的犯罪，污染环境罪与投放危险物质罪具有竞合的情形，两罪名具有法益与构成要件上的明显差异。早在《2013年环境犯罪司法解释》第8条就规定，违反国家规定，排放、倾倒、处置含有毒害性、放射性、传染病病原体等物质的污染物，同时构成污染环境罪、非法处置进口的固体废物罪、投放危险物质罪等犯罪的，依照处罚较重的规定定罪处罚。当前司法实践对污染环境行为的犯罪竞合和处断即当发生竞合时也是依照处罚较重的犯罪定罪处罚。这一规则的适用主要源于污染环境罪的法定刑配置偏轻，在司法实践中适用污染环境罪难以对污染环境造成重大损害的行为做到较重的处罚。但这一处断规则被认为违反罪刑法定原则，理由在于生态环境与公共安全法益是截然不同的法益类型，在环境犯罪中，对公共安全造成损害势必要借助环境介质发挥作用，而污染环境的人往往没有要危害不特定多数人人身健康的主观恶性。因此在实践中对于民愤、舆情大的污染环境案件以投放危险物质罪定罪处罚并不合乎罪刑法定原则的要求。为此，2020年《刑法修正案（十一）》在修订此罪时，便增设了"七年以上有期徒刑"，以加重惩罚力度。

站在法益侵害的角度分析，环境法益与公共安全法益为不同的法益类型，只有当侵害环境法益的行为同时侵害到公共安全法益时，才存在两罪竞合的问题，单纯侵害自然法益的行为如无对公共安全造成现实的紧迫的侵害危险性，则应当认为该行为只侵害了环境法益。

而在《2016 年环境犯罪司法解释》中对无危险废物经营许可证从事收集、贮存、利用、处置危险废物经营活动中污染环境罪与非法经营罪的处罚也值得探讨。第 6 条规定"无危险废物经营许可证从事收集、贮存、利用、处置危险废物经营活动，严重污染环境的，按照污染环境罪定罪处罚；同时构成非法经营罪的，依照处罚较重的规定定罪处罚。实施前款规定的行为，不具有超标排放污染物、非法倾倒污染物或者其他违法造成环境污染的情形的，可以认定为非法经营情节显著轻微危害不大，不认为是犯罪；构成生产、销售伪劣产品等其他犯罪的，以其他犯罪论处"。

对于以上规定，一方面，坚持环境法益，确立无危险废物经营许可证从事收集、贮存、利用、处置危险废物经营活动的入罪以违法造成环境污染为实质要件，未违法造成环境污染的，可以认定为情节显著轻微危害不大，不认为是环境犯罪；另一方面，针对当前危险废物污染环境犯罪的严峻形势，加大对此类行为的刑事惩处力度，允许适用非法经营罪，对同时符合污染环境罪和非法经营罪的情形"择一重罪处断"。之所以从宽处理无环境污染的非法经营行为，与当前的危险废物处置能力不无关系。我国危险废物处置能力不断提升，截至 2014 年底，全国危险废物经营单位核准利用处置规模已达 4 415 万吨／年。根据《2014 年环境统计年报》数据，2014 年我国危险废物产生量为 3 634 万吨。但是，"我国年危废产生量则远远不止这个数据，业内有估计为 8 000 万吨，甚至上亿吨的数量。由于危废是只有安全处理处置才能进入到官方统计中，因而获得准确的数据很难。但行业处于能力不足的阶段，这点是确定的"❶。在危险废物处置能力不足的情况下，加之危险废物处置价格较高，一些企业不愿承受昂贵的处理成本，就低价将危险废物交给无资质的企业或个人，后者则多通过违法方式处理，一些具有处置、利用危险废物能力的企业在未取得经营许可证的情况下处置、利用危险废物，只要未违法造成环境污染的，从刑事规制的角度不应当加以禁止。否则，由于危险废物的处置能力不足，这些危险

---

❶ 危废日益"显形"处置能力告急 [N]. 中国环境报，2016-06-07（10）.

根据《2014 年环境统计年报》，已发放危险废物经营许可证 1 921 个，其中具有医疗废物经营范围的许可证 280 个；经营单位标准利用处置规模已达到 4 304 万吨／年。

废物可能会被非法倾倒、排放，反而造成更大的环境污染。从司法解释的这项规定也可以看出，在环境犯罪的危害评价上，坚持了实质的"环境法益"的独立评价。

（三）医疗费和生态修复费的认识

对于污染环境罪危害后果的"损失"认定，司法解释肯定了"消除污染"而采取的费用，但对于医疗费用支出给予了否定。认为环境污染对人体健康造成危害的，应当根据其他标准判断是否达到定罪标准，如"致使三十人以上中毒""致使三人以上轻伤、轻度残疾或者器官组织损伤导致一般功能障碍""致使一人以上重伤、中度残疾或者器官组织损伤导致严重功能障碍"等情形，而不是计算为公私财产损失。如果既将医疗费计算为公私财产损失，从而适用致使公私财产损失 30 万元的标准，又适用其他标准，则存在"重复评价"的嫌疑。

根据《2016 年环境犯罪司法解释》第 17 条的规定，"公私财产损失"包括实施刑法第 338 条、第 339 条所规定的行为直接造成的财产损毁、减少的实际价值，为防止污染扩大、消除污染而采取必要合理措施所产生的费用，以及处置突发环境事件的应急监测费用。有观点认为此部分费用宜理解为防止污染扩大而采取必要合理措施所产生的费用以外的其他应急处置费用，主要是清理现场的费用，其理由是考虑到在实践中环境修复费用的金额十分高，难以用"致使公私财产损失三十万元以上"或者"致使公私财产损失一百万元以上"的标准所涵括。❶ 这里因立法设定金额的问题和司法的难以操作而进行性质的否定性评价，理由并不具有正当性。因此，环境法学者提出批评，认为刑法第 338 条污染环境罪所保护的法益应当确定为环境法益自身，生命、身体等人类法益因环境法益而得到间接的保护。虽然生态学的人类中心法益观是一种折中的观点，但并不意味着只要把纯粹的人类中心法益观下的人类法益和纯粹的生态中心法益观下的生态法益（环境法益）堆叠在一起，形成一种二者并存的局面，就是正确的答案。相反，生态学的人类中心法益观保护的法益具有其独特的逻辑结

---

❶ 喻海松 . 污染环境罪若干争议问题之厘清 [J]. 法律适用，2017（23）：75-81.

构，在这种情境下，环境法益是作为受保护法益而单独存在的，并非与人类法益并存，人类法益事实上隐藏在环境法益的背后，成为对环境法益进行保护的深层次目的。❶ 根据《2016 年环境犯罪司法解释》第 17 条第 5 项的规定，环境修复费用可以纳入"生态环境损害"的范畴，用以判断是否达到生态环境严重损害的程度。如果否定生态修复费用，这无疑仍然是把环境作为"自我净化"的客体、仍然是人类中心主义的观点。唯有如此，才能将上述所谓"重复评价"的问题解释清楚。对于环境的损害，同时产生了人类自身的损害以及生态的修复需要。这是从两个角度协调实现的统一逻辑。

值得质疑的是《2016 年环境犯罪司法解释》第 1 条第 6 项、第 7 项、第 8 项和第 9 项规定的情形。第 6 项规定的是受过两次行政处罚又再次污染环境的情形，其将严重污染环境理解为"多次实施，屡教不改"。然而，严重污染环境的规定是为了限制法益侵害的程度，之前因为实施法益侵害程度轻的行为而受到过行政处罚，并不能说明此次实施的污染环境的行为的法益侵害程度一定重，因此该规定并不体现法益保护的内涵。第 7 项、第 8 项和第 9 项中的违法所得，都只是表示污染环境行为存在或程度严重的间接证据，可以将其作为一种证据推定，但同样不能体现环境犯罪所侵害的法益。

此外，《2016 年环境犯罪司法解释》第 1 条第 9 项中的公私财产的认定，按照笔者对环境法益的理解，应当指的是环境本身的价值，包括经济价值和生态价值。然而该环境犯罪司法解释第 17 条第 4 项将"公私财产损失"仅解释为，污染环境的行为"直接造成财产损毁、减少的实际价值，为防止污染扩大、消除污染而采取必要合理措施所产生的费用，以及处置突发环境事件的应急监测费用"。有观点指出，《2016 年环境犯罪司法解释》第 1 条第 9 项指的是造成严重环境效用侵害的类型，因此公私财产的损失应当是表征环境效用损害程度的损失，"为防止污染扩大、消除污染而采取必要合理措施所产生的费用"自然属于此类，但对"污染环境行为直接造成财产损毁、减少的实际价值"则应当进行限定，不包括不表征

❶ 孙睿 . 解释论视角下污染环境罪争议问题探究［J］. 沈阳工业大学学报（社会科学版），2019，12（1）：76-81.

环境效用损害的单纯财产损失；"处置突发环境事件的应急监测费用"并不表征环境本身的损害程度，只是单纯的财产损失。❶

结合以上分析，笔者认为《2016 年环境犯罪司法解释》对生态法益的保护缺乏体系性，法益保护的逻辑不甚清晰，《2016 年环境犯罪司法解释》第 1 条列举了 18 项严重污染环境的情形，其中既有对生态法益的保护，也有对人身、财产法益的保护，三类法益杂糅在一起缺乏逻辑性。

二、司法裁判中的"法益"呈现

司法解释的出台对于理解法律条文看似更为方便，但实际上在具体的裁判中多种入罪条件具备时由于"法益"认识的模糊与分歧，也影响到具体的定罪量刑。

2014 年以来污染环境罪打击力度加大，刑事介入的力度也加大，然而大量的裁判中"行为犯"居多，而"结果犯"却较少。本书相关统计数据也表明司法实践中高达 97% 的污染环境罪案件都是"行为犯"。这里固然是因为立法和司法解释的出台，对污染环境的行为惩罚提前，根据行为人的污染行为即可入罪，但在这种情况下司法裁判是否还要去分析对环境造成的损害？在司法实践中多数观点认为，严重污染环境具有明确的法定内涵，与造成事实上的环境污染后果严重程度是两个不同的概念。比如，《2016 年环境犯罪司法解释》第 1 条第 1 项规定，在饮用水水源一级保护区、自然保护区，排放、倾倒、处置有放射性的废物、含传染病病原体的废物、有毒物质可以直接认定为严重污染环境，无须再判断其是否引发污染环境的严重后果。换句话说，只要符合《2016 年环境犯罪司法解释》第 1 条列举的 18 种具体情形，不需要再判断其是否造成污染环境的后果及后果的严重程度，即可直接认定为严重污染环境。❷ 因而，在司法实践中便出现了重视"入罪"而忽视"环境实质危害"的评价现象。检察机关依据《2016 年环境犯罪司法解释》规定的具体情形向法院提出了有罪指控，提

---

❶ 石亚淙. 污染环境罪中的"违反国家规定"的分类解读——以法定犯与自然犯的混同规定为核心 [J]. 政治与法律，2017（10）：52-65.

❷ 徐清宇，姚一鸣. 在风景区内倾倒填埋垃圾构成污染环境罪 [J]. 人民司法（案例），2018（11）：33-37.

供了犯罪嫌疑人在特定区域（生态敏感区）排污，或者排污达到了一定的数量标准（危险废物三吨以上、浓度标准超标三倍以上的）的证据，法院便直接作出有罪判决，而对于污染行为造成的具体危害，由于检察机关往往不能提供人身伤害、公私财产损失数额等方面的证据，因此法院在判定是否属于"后果特别严重的"情形时便失去了依托，也就不再进行环境具体危害的进一步评价。例如，行为人非法处置了三吨以上的危险废物，必然会对公私财产和环境造成某种程度的损害。但是环保部门或者司法机关要想证明行为人非法处置的危险废物到底导致了多少"公私财产损失"，要比证明行为人非法处置了三吨以上危险废物这个"行为"困难得多。因此，我们看到的大量判决中裁判文书涉及"危险废物"的大都只有"吨数"而没有"损失"认定。

而笔者疑惑的是，在客观上危险废物在评价中既有"吨数"又有"损失"，在这种情况下，我们是否需要综合评价？排放相同吨数的损失会不会完全一致？笔者认为这应当是不可能的。我们要考虑环境的复杂性，照顾司法的可操作习惯，但在司法过于简单的可操作性后，我们似乎更应该关注针对环境危害不同的"罪刑均衡"。在实践中，有些案件为了避免环境危害认定的困难，往往只进行人身、财产损失判断，而不再去考虑其他危害环境的因素或者条件，尤其是在多个入罪条件存在的情况下，往往更加重视容易认定的损失数额。例如，在江苏省宿迁市某区人民法院的一起倾倒固体废物案件中，行为人2017年7月底至8月初在没有取得工业固体废物处置资质且无固体废物处置设施的情况下，擅自接受浙江省某公司提供的纸塑混合废料二次下脚料。被告人陶某通过物流公司运输该批固体废物，被告人李某等人接受物流公司安排将该批固体废物运至沭阳县境内。被告人陶某向被告人李某允诺，倾倒每车固体废物向其支付人民币1 500元，被告人李某为谋取利益，遂与沭阳县村民周某、曹某等人商量后，决定将该批固体废物倾倒至某村居民区的集体池塘中。2017年8月3日至次日凌晨，在被告人李某的安排下，周某、曹某等人向池塘倾倒第7车固体废物时被赶到现场的民警阻止。经检测，涉案固体废物中含铅、镉、砷、镍、铜等重金属。经称重，尚未倾倒的工业固体废物计302余吨，从池塘清理的固体废物及受污染淤泥计560余吨。沭阳县环境保护局将涉案的 860 余吨工业固体废物、受污染淤泥送至北控环境再生能源沭阳县有限公司进行规范处置。受沭阳县环境保护局委托，南京大学环境规划设计研究院股份公司出具评估报告，认定涉案固体废弃物属有毒物质，本次污染事故造成的"公私财产损失"为人民币 34.94 万余元。沭阳县环境保护局将二次清理过程中抽取的池塘 184 吨污水送至沭阳县集源环保有限公司扎下污水处理厂进行规范处置，支出处置费用人民币 7 360 元。该污染事故致公私财产损失合计人民币 35.6 万余元。法院经审理认为，被告人陶某、李某违反了《中华人民共和国固体废物环境污染防治法》（2016 年修订版）等相关规定，倾倒毒害性物质，严重污染环境，已构成污染环境罪。在该案的法官说理中，法官明确指出，《中华人民共和国固体废物环境污染防治法》（2016 年修订版）第 17 条明确规定：收集、贮存、运输、利用、处置固体废物的单位和个人，必须采取防扬散、防流失、防渗漏或者其他防止污染环境的措施；不得擅自倾倒、堆放、丢弃、遗撒固体废物。浙江省某公司收集的来源于国内外的固体废物经加水磨浆、分拣铁铝金属、水洗等程序后相互混合成的二次下脚料含有铅、镉、砷、镍、铜等重金属，被非法倾倒至居民集中区后，在日晒、地表水浸泡等的作用下，其污染物质以辐射状向池塘中的地表水、周边土壤扩散，沿着污染物质→水体→土壤→农作物→人体的路径迁移，引起地表水、土壤、地下水的次生污染，危及当地生物链和周边的人体健康。❶

　　根据《2016 年环境犯罪司法解释》的规定，"公私财产损失"，包括实施刑法第 338 条、第 339 条规定的行为直接造成财产损毁、减少的实际价值，为防止污染扩大、消除污染而采取必要合理措施所产生的费用以及处置突发环境事件的应急监测费用。公私财产损失应当可以包含污染消除的评价，根据法官的审判逻辑我们可以看到，其肯定了污染对自然法益侵害而产生的衍生损害，肯定了环境法益的独立性保护，但本案涉及的"固体废物"经检验含有铅、铅、镉、砷、镍、铜等重金属，而根据《2016 年环境犯罪司法解释》第 15 条有毒物质第 3 项的规定，属于含重金属的污染物。本案中固体废物的重金属是否被评价为有毒，是否应当给出一定的

---

　　❶ 朱来宽，沈丙乔 . 为挣"运输费"跨省倾倒污染物 [N]. 人民法院报，2018-09-11（3）.

超标标准，本案未予明确。尤其是本案最终的量刑罚金仅为 1 万元。但排放的废物"倾倒每车固体废物向其支付人民币 1 500 元"，涉案 800 多吨废物，我们以较为常见的承重 35 吨位的卡车来说，盈利也在 3 万元以上，而罚金 1 万元，也难以遏制犯罪人的犯罪动机。

第三节　环境法学者对刑法学界保护"法益"的批评与回应

对司法解释和司法实践中的做法，环境法学者从环境学科的特点提出了对刑法中法益理解的批评，具体如下。

一、环境法益的定位模糊

对于刑法并不十分突出的环境法益的独立保护立场，不少环境学者从环境保护的特点提出了质疑，认为单纯强调对环境管理秩序的维护，仍然缺乏对环境法益的独立诉求。并具体说明《2016 年环境犯罪司法解释》第 1 条规定的 1~5 种情形，仅第 1 项规定了对保护区的专门保护，而其他项中则无保护环境要素之特征，而"超标标准""暗管排污"等涉及的都是对行政违法的秩序评价，而且第 3 条酌定从重情节中更是从"妨碍执法"的角度规定，如规定了阻挠环境监督检查，拆除污染防治设施，在限期整改期间的污染行为等。使对环境犯罪的规制或者站在传统法益的角度，重视评价"人身伤害"和"财产损失"，或只是从管理秩序的角度保护，直接将严重的行政不法行为犯罪化，忽视了对环境法益的独立看待。对此，有刑法学者回应，虽然应当对环境法益的独立性加以确认，但将"人身、财产损失的程度"理解为用来提示对环境法益侵害程度的看法，是把个人法益作为保护环境法益的附带结果，夸张地把人类法益矮化为环境法益受到严重侵害的证据，似乎不合理。❶ 笔者认为，在污染环境犯罪中，人身、

---

❶ 张志钢.摆荡于激进与保守之间：论扩张中的污染环境罪的困境及出路 [J].政治与法律，2016（8）：48–52.

财产利益并非污染行为所直接作用的对象，污染行为自始至终所针对的是环境本身，而人身、财产损害则是由环境介质的损害所间接导致的，因此生态环境的损害才是"严重污染环境"这一结果的核心要素。❶ 将污染环境罪的保护法益确定为环境法益后，"人身、财产损失程度"是用以提示"严重污染环境"的看法并无不当。若行为人对人身、财产等法益的侵害存在故意，则可能直接以投放危险物质罪等相应犯罪定罪处罚，不存在对人类法益的矮化认定。

关于"严重污染环境"的外延，较合理的解释是，既包括因环境资源质量严重下降而导致人身、财产等传统法益遭受实际损害的结果，也包括人身、财产等传统法益虽未遭受实际损害但发生环境资源质量严重下降的结果。有学者提出，从科学立法的角度看，未来合理的立法应当将后者的结果归为该罪基本犯的结果，将前者的结果归为该罪结果加重犯的结果。❷ 笔者予以认同，比如日本刑法就是如此规定，我国 2020 年《刑法修正案（十一）》的出台，增加了"7 年以上"结果加重犯的规定。此外，当前司法解释将"财产损失"的内容规定得过于宽泛，难以体现自然法益与传统法益保护的逻辑顺序。按照这样的理解处理案件，可能会得出与当前"司法解释"不同的处理方式。例如，甲公司非法处置含镍、锰的污染物，超过地方污染物排放标准 2 倍向乙河丙段排放含镍、锰的污染物。在该河段从事养殖的丁某引进一种对镍、锰重金属比较敏感的虾，该种虾大量死亡，造成 30 万元经济损失。由于甲公司排放含镍、锰的污染物仅超过排放标准的 2 倍，远未达到《2016 年环境犯罪司法解释》规定的超过排放标准 10 倍的入罪标准，说明其没有造成环境资源质量的严重下降，因此即使该污染行为造成丁某 30 万元的损失，也并不能将原本环境资源质量没有严重下降解释为严重下降了。这就带来了我们所要注意的问题：按照司法解释，"公私财产"损失已经达到标准，但污染并没有超标，这种情形是否构成犯罪？

笔者认为，这里便出现了两个标准或者两种法益的评价冲突，环境犯罪的本质是造成环境资源质量的严重下降，严重下降意味着环境资源质量

---

❶ 李川. 二元集合法益与累积犯形态研究——法定犯与自然犯混同情形下对污染环境罪"严重污染环境"的解释 [J]. 政治与法律, 2017（10）: 42.

❷ 田国宝. 我国污染环境罪立法检讨 [J]. 法学评论, 2019, 37（1）: 163–171.

严重恶化，这是一种结果，而非污染环境的危险，即便"超标"不一定存在环境危害，这种结果是"拟制的结果"，而非一种现实存在的危险。正因如此，对于判决中不考虑环境具体危害的情况我们应当更加慎重。比如有些案例中行为人非法处置塑料性医疗废物，侦查机关在尚不能明确是否导致有害物质置于外部生态环境的情况下，认定构成污染环境罪，将一个威胁环境资源质量法益的非法处置行为认定为犯罪。事实上，在医疗废物尚未被处置破碎之前，很难说其会导致有害物质被置于外部生态环境以及严重污染环境资源质量。有学者便主张"将在企业特定空间内实施的利用或处理行为排除在处置行为的内涵之外"❶。

笔者赞同论者对非法处置行为进行限缩，但其限缩的标准值得商榷。因为有些在企业特定空间内实施的非法处置行为也会导致将有害物质置于外部生态环境使环境资源质量下降的结果，即侵犯了环境资源质量法益，所以将"在企业特定空间内实施的利用或处理行为"作为限缩非法处置行为的标准并不妥当。根据环境科学的认识，坚持将环境损害作为罪刑评价基础，那么即使处置相同数量的有害物质，最终置于外部环境的有害物质的数量并不相同，对环境资源质量的污染程度亦不同。司法机关若无视不同案件的上述差异，对非法处置相同数量有害物质的行为判处同等的刑罚，则有违罪刑相适应原则。对于刑法学者来说，一方面要考虑环境科学的实质评价需要，另一方面从规范保护的角度也难以完全科学化。事实上，我国司法机关往往将查实的数量作为数量型犯罪（行为指向的数量关系到定罪和量刑的犯罪）定罪量刑的首选标准。而对于不能查实置于外部环境的有害物质的数量，可以按照查处现场有害物质循环利用比率综合认定置于外部环境的有害物质的数量。❷

二、刑法保护的错位批评与回应

环境法学者从环境学要素的特殊性批判刑法保护的错位，环境要素的

---

❶ 王岚.论非法处置危险废物类污染环境罪中的处置行为 [J].法商研究，2017，34（3）：123-131.

❷ 刘伟琦.处置型污染环境罪的法教义学分析 [J].法商研究，2019（3）：102.

复杂性以及环境系统自身的特殊性，使环境危害的评价往往难以绝对化，但"罪刑法定"又需要明确性，这便造成了二者必然存在一定的冲突。

根据《中华人民共和国水污染防治法》及其实施细则，饮用水水源保护区一般划分为一级保护区和二级保护区，必要时还可增设准保护区。而《2016年环境犯罪司法解释》仅规定了对一级保护区的保护。此外，根据《中华人民共和国自然保护区条例》将自然保护区划分为核心区、缓冲区和实验区，核心区禁止任何单位和个人进入，也不允许进入从事科学研究活动，缓冲区在核心区之外，只准进入从事科学研究观测活动，缓冲区外围为实验区，可以进入从事科学试验、教学实习、参观考察、旅游以及驯化、繁殖珍稀、濒危野生动植物等活动。缓冲区或实验区因为有人的活动，理应比核心区更易产生环境污染侵害，但未被《2016年环境犯罪司法解释》所涵盖。

对于这一问题，《刑法修正案（十一）》以条文形式明确了"饮用水源保护区"同等的保护力度，但笔者认为刑法对环境的保护并不是依据环境要素或环境学逻辑所设的保护。对于非饮用水一级保护区、自然保护区非核心区的环境保护并非处于"真空"地带，如果行为人排放的是危险废物，或者排放重金属超标、造成损失等，符合司法解释入罪的其他情形，仍然可以认定构成犯罪。这也反映了环境保护中刑法的"保障法"地位，而且这种"保障"更为被动，这恰恰符合刑法的谦抑。环境犯罪被规定在妨碍社会管理秩序罪一章，对环境的保护不代表刑法需要对环境所有要素自身直接保护。环境犯罪的复杂性以及与经济发展的一定的冲突使刑法并不应当冲锋在前。从实然的立场，这里我们不否认即使是合乎行政管理秩序的活动，也存在侵害环境法益的可能性，但刑法的介入需要"违反国家规定"的行政违法的前提，否则便是违反了罪刑法定。

但我们需要看到的是，目前立法在法益保护的逻辑上并不是十分清晰，而且在环境要素的保护上区分度亦并不是十分清晰，比如水污染、大气污染特点不同，污染方式也有特殊性，刑法存在对不同环境要素适用同一行为标准的问题，刑法的规制与相关的行政法规的衔接应当更加紧密。从环境保护的角度看，未来的司法我们更需要考虑罪刑法定"明确性"背后"环境危害"评价的具体性。虽然环境是一个综合体，各种环境要素之间相互影响，但不同环境要素在污染传播方式、污染后治理难易程度以及保护紧迫性等方面仍存在区别。如水体、空气流动性强，受污染后危害极易在短期内传播，而土地污染的结果则具有潜伏性；水体还存在内水与海水的差别，海洋生态系统具有不同于其他水体的属性和特点；土地类型中的耕地与人类生存具有最密切的联系；还有位于陆生生态系统和水生生态系统之间的过渡性地带而被称为"地球之肾"的湿地，湿地遭破坏的原因，既有直接的环境污染，也有围海、围湖造田、河流改道等人类"合理"的经济活动。因此未来的司法中应当针对不同环境要素及其特点在解释对象范围上予以区分。

第四节　污染环境犯罪法益的应有认识和立场

一、环境法益的逻辑关系——二元法益观还是独立法益观

结合上文分析，我国刑事立法对环境法益采取的仍然是二元法益，也有学者称为复合法益，既保护环境法益，又保护与环境法益紧密相关的人类法益。这种观念既承认环境对人类的工具性价值，又承认环境的自体性价值，同时作为刑法的法益保护。《2016 年环境犯罪司法解释》在规定污染环境犯罪成立条件之"严重污染环境"的具体标准时，不仅通过描述公私财产损失数量或者人体生命健康危害程度对人类法益进行保护，而且通过大量列举单纯造成自然环境要素损害的情形对环境法益进行保护。这样的法益定位并未明确二者的关系，环境法益与传统法益存在并列或者逻辑进位两种可能。

我们以环境法益与公共法益的区分来说明。由于工业化和城市化的发展对环境的恶劣影响，学者对环境犯罪的关注起始于侵害公共利益的犯罪，将其作为"公害"犯罪，环境犯罪在日本被作为"公害犯罪"。环境所涉及的公共利益容易让人们将之视为"公共安全"。对此，我们需要厘清两者的关系，虽然环境法益涉及的是公共利益，但这种公共利益的保护

或者说环境犯罪对公共利益的侵犯并不是犯罪的直接对象。我国在《2013年环境犯罪司法解释》中肯定了"污染环境罪与投放危险物质罪择一重"处理，但这一观点已经在 2019 年最高人民法院、最高人民检察院、公安部、司法部、生态环境部联合印发的《关于办理环境污染刑事案件有关问题座谈会纪要》（以下简称《2019 年环境犯罪会议纪要》）的理解与适用中予以了更正。❶ 在司法实践中，污染环境的行为原则上应当适用污染环境罪，适用投放危险物质罪的，应当特别慎重，且须准确查明主客观方面的情况。《2019 年环境犯罪会议纪要》认为，司法实践对环境污染行为适用投放危险物质罪追究刑事责任时，应当重点审查判断行为人的主观恶性、污染行为恶劣程度、污染物的毒害性危险性、污染持续时间、污染结果是否可逆、是否对公共安全造成现实、具体、明确的危险或者危害等各方面因素。对于行为人明知其排放、倾倒、处置的污染物含有毒害性、放射性、传染病病原体等危险物质，仍实施环境污染行为放任其危害公共安全，造成重大人员伤亡、重大公私财产损失等严重后果，以污染环境罪论处明显不足以罚当其罪的，可以按投放危险物质罪定罪量刑。在实践中，此类情形主要适用于向饮用水水源保护区，饮用水供水单位取水口和出水口，南水北调水库、干渠、涵洞等配套工程，重要渔业水体以及自然保护区核心区等特殊保护区域，排放、倾倒、处置毒害性极强的污染物，危害公共安全并造成严重后果的情形。

上述会议精神明确了"饮用水水源保护区、供水单位取水口和出水口"等核心特殊区域，这些区域直接关系到"饮用水"的安全，亦可以理解为公共安全，但如果污染的是单纯的河流湖泊也将其认定为投放危险物似乎就显得不太合适。从以上分析我们可以看出，在污染环境罪中，污染行为直接侵害的是环境法益，通过环境法益间接侵害依附其上的人类法益，从而危害公共安全。但危害公共安全犯罪对人类法益的侵害是直接的，对环境法益的侵害则是间接的。二者的区别在于对人类法益的侵害是否存在"传递性"，传递性是指自然介质作为桥梁、媒介使行为的侵害或者威胁得以传递、蔓延、发展，经过一定的时间、空间后产生对另一法益

---

❶ 周加海，喻海松.《关于办理环境污染刑事案件有关问题座谈会纪要》的理解与适用 [J]. 人民司法，2019（16）：27–33.

的侵害或者威胁。从法益侵害的逻辑关系来看，环境犯罪的法益侵害首先是环境法益受到了侵害，然后递进至人类法益的侵害。换言之，人类法益是环境法益受侵害后的加重结果，或者至少是环境法益在受到侵害的同时也引起了人类法益侵害的危险，而且人类法益的实际损害一般被当作结果加重犯评价的内容。从这一点来看，环境法益具有一定的独立性，但又与人类法益保持着紧密的联系，这一点也可以通过环境自身的价值来说明。生态环境除了能够直接产生经济价值，还能提供非常重要的非经济价值，如森林、生物多样性、文化和自然遗产提供的不可替代、不可恢复的文化价值。在生态环境的经济价值中，有些是直接的经济价值，如提供木材、药材和工业原料等；还有些经济价值是间接产生的，如通过野生植物杂交培育出高产的粮食作物，驯养野生动物等❶，无论是直接的经济价值还是间接的经济价值，都与人类的利益密切相关。

在理解环境法益时，要关注其并非直接对人类法益进行保护，也并非对人类法益不予考虑。事实上，正是人类将不同利益群体的环境利益整合在了一起，因此，在破解环境保护与人类发展的矛盾时，应当立足于人类利益的整体性、不可分割性和环境利益的人类共享性的理论基础上。

二、环境法益评价的行政"有限"前置性

污染环境犯罪的"行政违法"是法律的明文规定，而此处所说的"有限"前置性，是指在评价时不能唯行政评价为准。在我国，污染环境罪的成立以违反环境保护法规为前提，对该罪侵犯法益的解读不能脱离我国环境保护法的相关规定。当前，我国已初步形成涵盖水、大气、土壤、声环境等一系列环境资源的质量标准体系，这些标准主要有《生活饮用水水质标准》《地面水环境质量标准》《土壤环境质量标准》《渔业水域水质标准》《环境空气质量标准》等。上述环境资源质量标准均规定了保障身体健康以及维持生产、生活秩序的限制值，为司法人员提供了识别环境资源质量是否下降及其下降程度的操作标准，司法人员可以根据这些标准判断环境资源质量是否受到侵犯以及受侵犯的程度。

❶ 谷德近.环境法的复魅与祛魅——环境利益何以平衡 [C]// 中山大学法学院.法学之道——中山大学法学院复办 30 周年纪念文集.北京：法律出版社，2009：60-62.

《环境保护法》第 42 条规定，排放污染物的企业事业单位和其他生产经营者应当采取措施，防治在生产建设或者其他活动中产生的废气、废水、废渣、医疗废物、粉尘、恶臭气体、放射性物质以及噪声、振动、光辐射、电磁辐射等对环境的污染和危害。对此，刑法不能独立选择污染行为的宽严尺度。"污染环境"的"环境"包括了多种环境要素，不同环境要素对地球生态环境的影响程度不同，对其污染所产生的危害也有所差异，应当予以合理区分。在区分时，应当考虑到环境要素本身是否具有系统性或特殊性，如对于综合生态系统的海洋、森林和湿地应当区别于普通水域、林木和一般土地，而在土地类型中，更应强调突出目前污染最为严重的耕地类型。而这些需要我们与"行政法规"的有效衔接，保持评价的一致性。笔者认为应有针对性地选择解释"污染"行为的宽严尺度：在被污染对象为流动性较强的空气、水体时，应对"排放、倾倒、处置"的语义做最大限度的扩张解释，将凡是导致空气或水体质量严重改变的行为，均纳入"污染"的范畴；而对于相对固定的土地，则有必要重视扩张解释的适度性，不仅应包括污染行为，还应包括特定物的存储、利用、埋入、丢弃。在强调体系解释对"污染"行为内容与方式的扩张标准的同时，还应尽可能确保同一解释结论中用语内涵的一致性以及不同前置法概念适用的统一性问题。

对于法律概念的统一性，刑法要保持一定的独立见解。下面，我们选取暗管排污来做研究。一般来说，"暗管"是相对于"明管"而言的，如果企业设有专门的排污管道，那么私设的即为"暗管"，但如果企业根本没有设立专门的排污管道即不存在"明管"，那么是否可以认定存在暗管？这里，我们从刑法和行政法的角度分别进行分析。从行政法上来看，如果行为人办理了环境影响评价审批、"三同时"竣工验收等环保手续，那么其在明管之外另设的管道自然属于"暗管"。但如果企业没有获得合法排污资格，也可能存在暗管，但前提是必须有"管道"。根据环境保护的相关行政法规，私设暗管和没有排污口的排污，都存在污染行为。根据《环境保护法》第 42 条第 4 款的规定，"暗管"为隐蔽方式达到规避监管目的设置的管道，《行政主管部门移送适用行政拘留环境违法案件暂行办法》规定："暗管是指通过隐蔽的方式达到规避监管目的而设置的排污管道，包括埋入地下的水泥管、瓷管、塑料管等，以及地上的临时排污管道。"这一界定也是在强调暗管设置的隐蔽性，但在《2016年环境犯罪司法解释》中，"暗管"被解释为秘密方式排放，包括在厂区内挖地洞填埋有反射性的废物、含传染病病原体的废物、有毒物质。❶刑法与行政法规的理解明显不同。刑法中对私设暗管排污行为的规定，来自2008年修订的《水污染防治法》第22条第2款的规定："禁止私设暗管或者采取其他规避监管的方式排放水污染物。"该法第75条还专门规定了针对"私设暗管"排污行为的具体行政处罚。为了实现刑法与行政法规的衔接，《2013年环境犯罪司法解释》明确将"私设暗管"行为作为污染环境罪的入罪条件。2014年修订后的《环境保护法》第42条规定："排放污染物的企业事业单位和其他生产经营者，应当采取措施，防治在生产建设或者其他活动中产生的废气、废水、废渣、医疗废物、粉尘、恶臭气体、放射性物质以及噪声、振动、光辐射、电磁辐射等对环境的污染和危害。排放污染物的企业事业单位，应当建立环境保护责任制度，明确单位负责人和相关人员的责任。重点排污单位应当按照国家有关规定和监测规范安装使用监测设备，保证监测设备正常运行，保存原始监测记录。严禁通过暗管、渗井、渗坑、灌注或者篡改、伪造监测数据，或者不正常运行防治污染设施等逃避监管的方式违法排放污染物。"而针对通过暗管、渗井、渗坑、灌注等方式的违法排放行为，第63条进一步规定："尚不构成犯罪的，除依照有关法律法规规定予以处罚外，由县级以上人民政府环境保护主管部门或者其他有关部门将案件移送公安机关，对其直接负责的主管人员和其他直接责任人员，处十日以上十五日以下拘留；情节较轻的，处五日以上十日以下拘留。"

那么刑法中暗管的理解是否包含"未设排污口"或者"私设排污口"？私设暗管排污和完全不设置排污口的排污，哪种社会危害性更强？排污口是指污染物从排污单位排出、流出的地点，是排污单位生产区域与外界环境的交界处；而暗管则是指以隐蔽或其他规避监管方式设置的排污

---

❶ 喻海松.环境资源犯罪实务精释［M］.北京：法律出版社，2017：73.

管道，大多设在厂区内部。当污染物通过暗管排放到外部环境时，暗管的末端即是排污口。由此可见，排污口和暗管是两个不同的概念。这也会在法律意义上产生不同的影响，2017 年修订的《水污染防治法》第 22 条规定：向水体排放污染物的企业事业单位和其他生产经营者，应当按照法律、行政法规和国务院环境保护主管部门的规定设置排污口；在江河、湖泊设置排污口的，还应当遵守国务院水行政主管部门的规定。第 84 条规定：在饮用水水源保护区内设置排污口的，由县级以上地方人民政府责令限期拆除，处 10 万元以上 50 万元以下的罚款；逾期不拆除的，强制拆除，所需费用由违法者承担，处 50 万元以上 100 万元以下的罚款，并可以责令停产整治。除前款规定外，违反法律、行政法规和国务院环境保护主管部门的规定设置排污口的，由县级以上地方人民政府环境保护主管部门责令限期拆除，处 2 万元以上 10 万元以下的罚款；逾期不拆除的，强制拆除，所需费用由违法者承担，处 10 万元以上 50 万元以下的罚款；情节严重的，可以责令停产整治。未经水行政主管部门或者流域管理机构同意，在江河、湖泊新建、改建、扩建排污口的，由县级以上人民政府水行政主管部门或者流域管理机构依据职权，依照前款规定采取措施、给予处罚。《大气污染防治法》第 20 条第 1 款规定：企业事业单位和其他生产经营者向大气排放污染物的，应当依照法律法规和国务院环境保护主管部门的规定设置大气污染物排放口。第 100 条第 5 项规定：未按照规定设置大气污染物排放口的，由县级以上人民政府环境保护主管部门责令改正，处 2 万元以上 20 万元以下的罚款；拒不改正的，责令停产整治。同样是未设排污口，水污染和大气污染的行政法规处罚力度是不一样的，水污染中未合规设置排污口的，处罚高达 50 万元；而大气污染中未合规设置排污口的，处罚为 20 万元以下。

对于非法设置排污口和私设暗管的行政处罚力度是不一样的，非法设置排污口的最高处罚金额为 50 万元，而私设暗管的最高处罚金额为 100 万元，对于"隐蔽性"的排污行为采取了加重处罚。刑法也同样采取了这种观点。因此，未按照有关规定设置排污口排污，但设置的排污口不具备隐蔽性，不应当认定为"暗管"。对此，司法解释的起草者指出，暗管的含义在征求意见的过程中存在不同认识，有观点指出，通过气体未经环境保护主管部门验收或者同意设置的管道排放，均应认定为暗管，经研究，未采纳上述观点，对暗管的含义没有明确解释，留给司法实践裁量把握。❶未按规定设置排放（污）口，我们可以称之为"看得见的错误"，排污者并不想通过隐蔽的方式排污，只是其排污口的数量、位置、高度等不符合环境影响评价、排污许可证、相应技术规范的要求。

在实践中，行政机关对此定性也常常存在争议。比如一家生产无纺布的企业，按环境影响评价要求其废水应循环利用，不外排。该厂以废水过多利用不完为由，用泵和软管将废水抽到厂内一个围堰的缝隙处排放。行政机关在定性上产生了分歧意见。一种意见认为，缝隙处算作非法定排口，应该定性为私设排污口；一种意见认为，应该定性为私设暗管。❷不同的行政认识，将直接影响刑法的认定，此时应综合考量其客观排污的行为方式并结合其是否存在逃避监管的主观故意，私设暗管的逃避监管排污，排污者在主观上存在偷排、躲避监管的故意。未按规定设置排污口排污，排污者大多由于疏忽管理或不清楚排污口设置的相关技术规范要求而违法。刑法重在"放射性、毒害性、传染病病原体"的规制，虽然从行为方式来说，刑法同样予以了否定性评价，但刑法从危害程度上只规制"严重的危害环境"的行为。行政法所规定的"法秩序"特征更为明显，刑法仍然要考虑"严重的社会危害性"，事实上这是两种污染环境行为的叠加评价。

此外，《2016年环境犯罪司法解释》第1条第7项规定了重点排污单位篡改、伪造自动监测数据或者干扰自动监测设施，排放化学需氧量、氨氮、二氧化硫、氮氧化物等污染物的入罪。篡改数据在事实上并不一定造成环境污染，之所以仍然以污染环境罪认定，其目的是保护对环境的管理秩序。司法解释作出这样的规定，是因为在实践中篡改数据、伪造自动检测数据的现象比较突出。《环境保护法》第42条规定，重点排污单位应当按照国家有关规定和监测规范安装使用监测设备，保证监测设备正常运行，保存原始监测记录。严禁通过暗管、渗井、渗坑、灌注或者篡改、伪造监测数据，或者不正常运行防治污染设施等逃避监管的方式违法排放污

❶ 喻海松.环境资源犯罪实务精释［M］.北京：法律出版社，2017：73-75.

❷（网址更新后发生变化）法岸环境律师：如何区分私设暗管排污和违法设置排污口排污？［EB/OL］.（2018-07-02）［2020-03-12］.http://www.gshpxx.com/show/856.html.

染物。第 55 条规定，重点排污单位应当如实向社会公开其主要污染物的名称、排放方式、排放浓度和总量、超标排放情况以及防治污染设施的建设和运行情况，接受社会监督。环保污染源自动监控系统是环境保护部建立的，对水污染物排放、大气污染物排放自动监控，对于特定企业，一旦被纳入自动监控计划名单，则需要与主体工程同时设计，同时施工，同时投入使用，按照规定建设、安装自动监控设备和配套设施，配合自动监控系统联网，该系统是环保部门监控记录企业排污的重要工具，被称为 24 小时不下岗的"环保警察"，只要重点污染源自动监控系统正常运行，就可以及时发现企业的超标排污行为。也正因如此，企业便在监控设施上进行了弄虚作假，干涉自动监测设施，使污染行为更加隐蔽，危害也更为严重，因此，《2013 年环境犯罪司法解释》便将此种行为作为入罪条件。

需要注意的是，目前重点排污单位的自动监测内容，主要是氨氮、二氧化硫、氮氧化物等污染物，这些物质并不必然属于有毒物质，而且法律也并未规定"超标"排放才构成违法犯罪。❶ 这个比起暗管排污来说，操作起来更为简便。但同样逃避监管的两种方式，在危害程度上选择了不同的要求，原因何在我们不得而知。而且 2017 年修订后的《水污染防治法》第 39 条规定："禁止利用渗井、渗坑、裂隙、溶洞，私设暗管，篡改、伪造监测数据，或者不正常运行水污染防治设施等逃避监管的方式排放水污染物。"第 83 条规定：违反本法规定，利用渗井、渗坑、裂隙、溶洞，私设暗管，篡改、伪造监测数据，或者不正常运行水污染防治设施等逃避监管的方式排放水污染物的，由县级以上人民政府环境保护主管部门责令改正或者责令限制生产、停产整治，并处十万元以上一百万元以下的罚款；情节严重的，报经有批准权的人民政府批准，责令停业、关闭。我们发现在水污染领域同样存在对"篡改监测数据"的行政处罚规定，那么是否可以将这种行为上升为犯罪行为处罚呢？相关的司法解释并无明文规定，根据罪刑法定的原则，司法机关仍然需要判断数据篡改后的超标排污行为是否符合司法解释所规定的情形，再予以处理。2020 年《刑法修正案（十一）》出台后，《刑法》第 229 条经修改后，明确规定负有环境影响评

---

❶ 喻海松.环境资源犯罪实务精释 [M].北京：法律出版社，2017：78.

价、环境监测等职责的中介组织人员故意提供虚假证明文件或者严重不负责任地提供重大失实文件构成犯罪。根据这一规定，如果排污单位涉及与负有环境影响评价、环境监测等职责的中介组织勾结"篡改监测数据"影响到环境监测，则可以按照《刑法修正案（十一）》中提供虚假证明文件罪的共同犯罪予以处罚。

判断我国刑法第 338 条污染环境罪中的"违反国家规定"是否对犯罪的成立范围具有实质意义，就是要判断"排放、倾倒或者处置有放射性的废物、含传染病病原体的废物、有毒物质或者其他有害物质"的行为，是否存在被其他法律法规"许可"而正当化的可能；而是否具有被"许可"的可能性，与该行为是侵害何种法益的行为密切相关。行政法规并不仅仅在于为了强制国民服从而对国民施以命令或禁止，还在于行政主体为了维持或实现其所认定的有价值的事态或关系，作出命令或禁止。因此行政义务的确定或行政命令的发出，不过是实现一定目的的手段。通过刑罚进行担保的，其实是该行政义务或行政命令试图实现的目的。即便认为污染环境罪保护的是国家环境管理秩序或国家环境保护制度，也必须明确怎样的秩序和制度才是值得保护的，通过秩序和制度保护的利益究竟是什么。只有如此，才能判断污染环境罪处罚的行为究竟是何种性质。

三、人本主义的累积性危害认识

事实上，刑法学理论在解释法益的含义时一直坚持"以人为本"的理念。一般认为，法益"是以实定刑法进行保护的生活利益"。由于生活利益的主体是人，因此对刑法所保护的法益的理解，也"必须以人类之生活需要为立足点"。总之，以人为本应当成为解读刑法法益的基本立场。在环境法益的选择中，完全抛开"人"谈环境既不客观也不现实。只是此处的人本，应当更加予以拓展，并非当代的，更是长远的、子孙后代的。有学者根据环境法学通说的观点，认为环境权的主体包括公民、法人及其他组织、国家和人类。❶ 这一观点将法人、其他组织也作为环境权的主体，不免让人疑惑将企业的生产行为也作为一种权利看待，必然引起经济利益

---

❶ 吴献萍.环境犯罪与环境刑法［M］.北京：知识产权出版社，2010：33-34.

和生态利益的冲突,因此笔者认为环境权的主体归属应当为"人"。虽然从环境权来说,行政法上规定了企业的排污权,但这并不是满足人类对环境生态功能的需求,反而是在破坏这一需求。因此,从这个角度来说,刑法所保护的环境权利的内容,应当具有生态功能。

从环境权主体"人"的代际公平角度来说,应当赋予后代子孙同样的环境发展权利。而否定此观点的学者指出,人类无法使非人类存在物成为环境权的主体,同样的人类也无法逾越代际的鸿沟将环境权的主体扩大到后代子孙。❶更有学者从法律关系的角度指出后代子孙尚未出生,不存在行为能力,不具有环境权的主体资格。批评后代子孙的环境权不具有现实性,如果后代人和当代人平等享有环境权,那么当代的经济发展必然停滞。❷对此观点,笔者不认同。民法典已经赋予了同样无行为能力的"胎儿"一定利益,而我国的刑法虽然尚未对胎儿的保护给予明确的个体资格,但这正是我国刑法需要拓展的领域。

另外,环境权的内容包括:环境享受权、生命权、健康权、财产权。而刑法需要考虑的则是环境享受权,环境可以提供的舒适利益有:森林有防风固沙、保持水土、涵养水分、净化空气、隔声消声、为动植物提供栖息场所等生态功能;草原有防风固土、调节气候、为动植物的生产提供繁衍生息场所等生态功能;水体有调节气候、净化空气、容纳废弃物等生态功能;空气有提供生命所需要的气体成分、净化废气等生态功能;臭氧层有保护地球、防止温室效应的生态功能。❸而环境法学者将其细化为清洁土地权、清洁水权、清洁空气权、环境审美权等。在享受权的边界上,考虑后代子孙发展并不必然影响当代的社会经济发展。

"人本主义"法益的保护必须遵循具体、可视的判断方式。❹根据德国刑法学理论通说,环境犯罪侵犯的法益包括生态环境法益和生命、身体、健康等传统的人类法益,进而,德国刑法将污染水域罪的污染环境界定为

---

❶ 孟伟.人类中心主义视野中的环境刑法 [D].北京:中国政法大学,2006.

❷ 李希慧,董文辉,李冠煜.环境犯罪研究[M].北京:知识产权出版社,2013:63.

❸ 邹雄.论环境权的概念 [J].现代法学,2008(5):44.

❹ 黎宏.法益论的研究现状和展望[J].人民检察,2013(7):12-15.

"对水造成污染或者其他对水的性质造成不利的改变"，即侵犯"水对人类和环境的功能"❶。将污染空气罪中的污染环境界定为"造成空气的改变，足以危害设备范围之外的人、动物、植物健康或其他贵重物品"❷。

虽说一切法益，不管是社会法益还是国家法益，都难以摆脱和个人利益之间的关系，但各种法益的特点不同，难以都按照对个人法益的保护模式应对。原则性的以人为本的环境法益并无法以具体可见的方式实现。为此，德国学者提出了"累积犯"或者"蓄积犯"的概念。❸认为伴随经济发展的全球化，环境影响的全球化进一步加剧，环境影响的规模已经扩展到了整个地球，这一阶段上的环境侵害具有不可逆性、蓄积性、相互干涉性等特征。蓄积犯的危害行为不具有典型性，大量反复的行为才有可能引起法益侵害，而且这种侵害不具有确定性，只是对"未来"的一种担忧。因此，从单个行为来看，其不会造成危害结果，仅表征一种危险存在的可能性。❹对于将污染环境犯罪作为蓄积犯的观点，笔者认为，如果单纯因为环境危害存在难以恢复或具有不可逆转的难以恢复性的情形，就以蓄积危险的可能以及对未来的威胁直接作为入罪依据，将过于放大对"危害"和"威胁"的认识，有可能诱发以预防为借口、肆意扩大国家刑罚权进而危害基本人权等问题。

库伦以水污染犯罪为原型提出累积犯，范伯格认为累积性侵害的典型例子是空气污染和水污染。而德国刑法学者洛斯早在1974年为乃师威尔采尔所撰写的祝寿论文中，就将贿赂罪视为"危险行为的累加有可能最终导致侵害"，以区别于我们通常所理解的抽象危险犯，即个别公务人员的单个犯罪行为尚不足以侵害行政机构的职能。不过，如果现实中政府机关经常发生腐败案件，对于行政机构的职能就会产生重大且可观的危险。❺

---

❶ 王世洲.德国环境刑法中污染概念的研究［J］.比较法研究，2001（2）：53-64.

❷ 德国刑法典［M］.徐久生，庄敬华，译，北京：中国方正出版社，2004：160.

❸ 皮勇.论新型网络犯罪立法及其适用［J］.中国社会科学，2018（10）：126-150.

❹ 王晓芳.刑法中的法益保护前置化问题——环境刑法维度的思考与应对［J］.山西青年管理干部学院学报，2013，26（3）：51-54.

❺ 张志钢.论累积犯的法理——以污染环境罪为中心［J］.环球法律评论，2017，39（2）：162-178.

累计犯为环境刑法的"危险"认识提供了新视角,上文已经探讨到了环境法益与人类法益的内在逻辑关系,具体到水污染犯罪,既可以从保护个人的生命、健康法益的角度将之解释成抽象危险犯,也可以从保护自然资源水域这一集体法益免受污染出发将之理解为实害犯。❶但这两者之间并非割裂,而联系的桥梁即"累积性"侵害。以水污染来说,污染一杯水或者一盆水并不具有生态价值,但如何评价何谓具有生态价值的水,却并不容易,生态价值具有整体性的要求。对于"整体性"危害行为的评价困难,使环境犯罪的立法和司法都采取了污水排放行为只要引起"水质变坏"就充分入罪的态度,这种做法使破坏环境媒界而间接产生的个人法益之侵害危险,在确认污染行为之不法内涵时逐渐被边缘化。❷从日常生活经验也不难发现,"水质变坏"通常不会对水资源的生态功能造成侵害,甚至连抽象危险的程度也不及。换句话说,在司法实践中,水污染犯罪构成要件的行为,通常就是那些对水资源之生态功能无危险的污水排放行为。这表明水污染犯罪在司法实践中已经突破了犯罪结构的传统三分(实害犯、具体危险犯、抽象危险犯)。这也是为何库伦提出了一种新的犯罪结构类型:累积犯。

对于环境法益来说,累积犯的概念具有一定的合理性。水、土壤、大气如果仅仅受到一次性的污染,并不必然带来环境污染,多人多次的污染行为最终会造成危害结果。如何选取临界点并不容易。

---

❶ 乌尔里希·齐白.全球风险社会与信息社会中的刑法:二十一世纪刑法模式的转换 [M].周遵友,江溯,译.北京:中国法制出版社,2012:441.

❷ 古承宗.环境风险与环境刑法之保护法益 [J].兴大法学,2015(18)181–231.

第四章 污染环境犯罪主观方面与 "合规" 责任分配

第一节 污染环境犯罪的罪过分析

根据传统刑法的规定，行为人的主观过错是承担刑事责任的基础，污染环境犯罪的主观方面，是指行为人对污染或者破坏环境行为所持有的罪过心态。无论是大陆法系国家还是英美法系国家，在污染环境犯罪罪过的 "故意" 认识上大都不存在分歧，但在过失是否构成犯罪的认识上却有分歧，过失犯罪适用遇到多方面的阻力与挑战。因此，各国环境刑事立法针对污染环境犯罪主观罪过形态认定采取了一些相应的变通原则，如日本《公害罪法》第 5 条规定的推定过失，英美法系采用的严格责任等。这些方法在一定程度上超越了传统刑法理论的模式，这对于司法实践问题的解决是有利的，但对于刑法理论本身来说却是一种挑战，对此我们以污染环境罪具体分析。

一、污染环境罪罪过形态的实务分析

对于污染环境罪，司法实践仍然坚持无罪过无责任。例如，由于受到技术因素的影响，客观上的确存在行为人无法预料的超标排污行为，以及防治污染设施及相关设备的安装、调试期间发生的超标排放情形。在这个过程的实验阶段，由于设备尚未正常运转，可能污染物排放会超过标准，对于这种情形以及故障发生后被发现之前的超标排放的情形，司法实

践都不认定为犯罪。有学者对我国 2014 年污染环境罪 848 份判决进行分析，发现其中 691 份判决对罪过形态未有相关表述，10 份明确罪过形态为故意，9 份明确罪过形态为过失，138 份表明行为人"明知"或"应当知道"。❶ 从司法实践来看，要认定行为人主观上"明知"难度很大。在污染环境犯罪案件中，行为人主观"明知"应当是一种概括的明知，行为人只要认识到自己排放的是污染物，并且该类污染物具有危害性，就应当承担刑事责任。在司法实践中，当事人对自己的行为如果无法作出合理的解释，又无法举出有利的证据证实其行为的合理性，那么法院通常会通过当事人的行为进行具体推断。比如推定的因素有：在污染防治设施发生故障时仍然放任污染物排放的；对于在生产过程中产生的污染物，不进行处理，或者虽然有处理的设备但不使用；行为人伪造证件、文件，有意隐瞒污染物来源、去向等真实信息。

具体来说，在司法实践中，有些案件要求"明知"而否定了"应当知道"，比如在李某甲污染环境一案中，检察机关在认定中证实李某甲两次从刘某某处收购、处置含有危险化学品的废塑料桶，且 2017 年 6 月 29 日收购的废塑料桶经称重达 3 吨以上，但基于李某甲的文化程度、从业经历，认为其不明知上述废塑料桶是危险物，决定对李某甲不起诉。在这一案件中，虽然行为人两次实施非法处置危险废物，但检察机关认为行为人的文化程度等不具备"明知"而认定不构成犯罪，并未对行为人多次实施行为以及其他可能知道的情况予以回应。❷ 有些案件则明确了"明知或者应知"，比如琼检一分公诉刑不诉〔2018〕11 号污染环境罪，检察机关直接阐明"明知或应当明知罐内有重油仍然故意弃置或疏于管理方面的证据不足"。道检公诉刑不诉〔2018〕5 号污染环境罪，检察机关认为何某乙主观上没有污染环境的故意，也没有过失，其行为不构成犯罪，决定对其不起诉。有些案件也存在一些对主观心态模糊不清的表述，比如宿区检诉刑不诉〔2018〕109 号污染环境罪中，宿迁市公安局宿豫分局移送审查起诉认定，2017 年初因宿迁市砖瓦厂整体关停，某公司和某水厂产生的污泥无

---

❶ 马聪 . 我国污染环境罪刑法适用实证研究 [J]. 东岳论丛，2017，38（5）：85–92.
❷ 松检公诉刑不诉〔2018〕51 号。

处接纳，殷某某雇用被不起诉人丁某某（每装一车污泥60元）开铲车装载污泥，陈某某开渣土车负责外运污泥，将某公司和某水厂产生的污泥直接倾倒在洋北镇船行村三组一块废地上、江苏财贸城西侧废黄河大堆上、宿豫区大兴镇林沟村韩庄北侧鱼塘内等9个地块上，经南京大学环境规划设计院股份有限公司环境损害鉴定评估，殷某某、陈某某直接倾倒污泥中含有重金属铬、铜、镍、铅、锌以及砷等成分，被不起诉人丁某某装污泥396车，计7 320吨，造成土壤修复费用4538 980元，应急处置费用1890 555元。经本院审查并退回补充侦查，被不起诉人丁某某主观犯罪不明显，客观上也没有具体实施倾倒行为。予以不起诉。在这起案件中，用到了"主观不明显"，这样的表述并非典型的刑法规范用语。❶

对于污染环境罪罪过的考察，我们再以重大环境污染事故罪的相关判决说明，事实上，在重大环境污染事故罪的判断中，就已经出现了罪过故意和过失的争论。例如，某县村民何某、张某等三人从某矿务局二厂购回装白砒灰的塑料编织袋，并卖给村民秦某、周某等三人。秦某等随即请来帮工将袋子在屋前的水渠中漂洗，在晒谷坪上晾晒。袋中之白砒灰随之进入空气和水中，造成一镇一乡多个村庄群众不同程度砷中毒，粮食由于晒在坪里而受污染，含砷量超标不能食用；稻田、水渠、水渠底泥砷含量超标，沿水渠以下水体中砷含量超标。三个行为人在漂洗时完全有认识也是故意的，但这是否成立污染行为的故意？作为理性人来说，只要具备一点生活常识（砷是有毒的），在供人们生产和生活的水体中清洗，而且大批清洗是一个较长过程，中间会出现严重污染现象，但行为人仍继续进行，以此推定其主观上有放任心理，属间接故意的观点。这也是我们目前在认定污染环境罪故意中的主要观点，即便不能肯定行为人对污染结果的积极希望，但一定有"放任"。在这一案件中，有学者指出这一观点是建立在秦某等三人明知砷有毒的这一假设基础之上的。秦某等三人是否明知，尚不可知。另外，即使秦某等三人明知砷是有毒的，也无法推断其主观心态为间接故意。若间接故意成立的话，无异于是在说秦某等三人对自己及帮

---

❶ 董建明.837份不起诉决定书告诉你——污染环境罪案件如何做无罪处理［EB/OL］.（2018–04–22）［2019–09–12］. https://mp.weixin.qq.com/s/mpyPY–KICFnmfFte0ljDZw.

工和附近居民可能出现砷中毒的结果持放任态度，为了低廉的编织袋而去冒如此大的风险，不合情理。❶因此我们可以看到在污染环境行为的司法实践判断中存在着以"过失"标准判断故意的情形。

二、污染环境罪罪过的学理内涵

（一）罪过形式的争议

污染环境罪来源于重大环境污染事故罪，关于重大责任事故罪的罪过形式，理论界主要有三种认识：一是认为，构成本罪必须是出于过失，否则不能以本罪论。此为当时的通说。❷二是认为，本罪在主观方面既可以出于故意，也可以出于过失。❸如有学者认为，对于违反国家规定排放、倾倒或处置危险废物的行为，在多数情况下行为人对污染的结果持有过失的态度，但不排除其主观上出于故意的情形，特别是在行为人多次排污的情况下，有的明知排放废物超出了规定限值，仍继续排放；有的虽经制止但仍实施生产经营活动。❹三是认为，本罪主观方面表现为故意，即行为人明知其行为是违反国家环境保护法规定的行为，仍然实施，过失不构成本罪。❺《刑法修正案（八）》通过之后，关于该罪的罪过形式，争议较大，一为故意说。有观点认为，1997年《刑法》第338条规定的重大环境污染事故罪为过失犯罪，但经《刑法修正案（八）》修订的刑法第338条规定的污染环境罪的主观方面为故意。❻二为过失说。有观点认为，该罪的主观方面由过失构成，即行为人对于违反环境保护相关国家规

---

❶ 欧阳梓华，杨辉解.重大环境污染事故罪之共同犯罪形态质疑［J］.湖北教育学院学报，2005（4）：59-60.

❷ 赵秉志.新刑法全书［M］.北京：中国人民公安大学出版社，1997：1132.

❸ 高西江.中华人民共和国刑法的修订和适用［M］.北京：中国方正出版社，1997：717.

❹ 高铭暄，王秀梅.试论我国刑法中若干新型犯罪的定罪问题［J］.中国法学，1999（1）：7-9.

❺ 周道鸾，单长宗，张泗汉.刑法的修改与适用［M］.北京：人民法院出版社，1997：691.

❻ 张明楷.刑法学［M］.5版.北京：法律出版社，2016：113.

定，排放、倾倒或者处置有害物质是明知的，但对于由此造成的严重后果并非行为人所希望。❶ 三为混合罪过说。有观点认为，污染环境罪的主观方面既包括故意，也包括过失。❷ 甚至为了回避争议，有学者提出，由于《刑法》第 338 条没有明确规定污染环境罪的罪过形式，而且根据该条文以及污染环境罪的性质也无法判明该罪的罪过形式到底属于故意还是过失，以致在规范层面根本无法区分该罪的罪过形式。以故意说或过失说为基本表现的严格区分故意与过失的理论，在运用于解释诸如污染环境罪等罪过形式不明之罪的罪过形式时，既无法从规范层面区分故意与过失，也使区分故意与过失在量刑上失去了实际意义，对于这种犯罪不区分罪过。❸

对于故意还是过失的争议，笔者认为核心在于故意与过失的判断标准的确立。由于污染环境罪是法定犯，在实践中，行为人明知自己是违反规定排放、倾倒或处置废物，对结果却可能持有完全不同的心态。同样，比如危险驾驶罪，该罪并不要求现实的危害结果的发生，认定为故意犯罪，而在此基础上如果发生了事故，那么就构成交通肇事罪，变成了过失犯罪。在违反规定的情况下，法律所惩罚的心态为什么会变化呢？行为人对违规行为的心理状态与对危险状态的心理状态之间并不是孤立的，两者之间相互影响和制约。应当明确违规行为所称的"故意"和"过失"与作为犯罪构成要件的主观罪过中的"故意"和"过失"并非同一概念。后者在此处是指对危险状态的认识和态度，前者是对违规行为的认识和态度。而罪过是针对犯罪客体来说的，一般来说，犯罪客体是隐藏在犯罪对象背后的、不可被感知的。危害行为所侵犯的社会关系，是抽象的、人为的、被高度概括出来的理论概念，它是看不见、摸不着的，在判断犯罪构成的故意或过失时，在认识内容上应当指对危害结果的认识。那么污染环境罪是否要求危害结果？

---

❶ 周道鸾，张军. 刑法罪名精释（下）[M]. 北京：人民法院出版社，2013：858；高铭暄，马克昌. 刑法学 [M].7 版. 北京：北京大学出版社，2016：582.

❷ 汪维才. 污染环境罪主客观要件问题研究——以《中华人民共和国刑法修正案（八）》为视角 [J]. 法学杂志，2011，32（8）：71–74.

❸ 冯军，敦宁. 环境犯罪刑事治理机制 [M]. 北京：法律出版社，2018：137–147.

　　在《刑法修正案（八）》出台后，司法解释对入罪情形具体化，使此罪的罪过以及形态出现了内部的分歧认识。《2016年环境犯罪司法解释》的18种入罪情形表明，向外部环境排放的1~4种情形，行为已经完成，从超标倍数、已经排放数额来看，司法可能不需要去检测具体的危害或者危险，但危险却已经是客观存在的。这是司法拟制的污染，并非不要求"污染"。这一点从司法解释对危险废物规制的认定可以解释，第6条规定，"无危险废物经营许可证从事收集、贮存、利用、处置危险废物经营活动，严重污染环境的，按照污染环境罪定罪处罚；实施前款规定的行为，不具有超标排放污染物、非法倾倒污染物或者其他违法造成环境污染的情形的，可以认定为非法经营情节显著轻微危害不大"。该条将"超标排放"等明确解释纳入了"造成环境污染"。而第5项、第7项、第8项的暗管排污行为、篡改数据以及减少防治支出的行为，也属于司法的一种拟制危险。而对于第6项的二次违规的刑罚介入，笔者认为对于此类共犯的判断仍然建立在"排放污染"这一基础上，对共犯判断没有影响。在第9~18项明确了"致使"的情况，明确了危害结果。

　　鉴于以上分析，笔者认为污染环境罪是一种危险犯与实害犯共存的状态，如果我们把危险也理解为结果，事实上，仍然是结果犯。在此基础上，违反环境保护规定往往是故意的，但对于危害结果却是过失的。对于这种罪过心态在法定犯中并不少见，比如对于滥用职权罪和玩忽职守罪罪过的争议即源于此，虽然有学者提出"复合罪过"的概念，认为一个犯罪行为可以由故意和过失构成，❶但笔者不能认同。我国传统的刑法理论认为，一种罪名只能有一种罪过形式，或者是故意，或者是过失，不能兼有。"既可故意也可过失说"不符合刑法原理与立法惯例，如果将污染环境罪的罪过形式解释为包括故意，就意味着把故意和过失放在同一条文里，这显然是不科学的，也是不合理的。污染环境罪作为"法定犯"在罪过形态上与其他法定犯相比并不具有特殊性，对于法定犯的罪过形态也并没有抛开不谈的先例，之所以出现对故意过失的分歧认识，仍然在犯罪客

---

❶ 储槐植，杨书文.复合罪过形式探析——刑法理论对现行刑法内含的新法律现象之解读［J］.法学研究，1999（1）：50-57.

体也即"环境法益"的认识上未达到"人"的生态利益认识的统一。

前文已经论述污染环境犯罪侵害的法益仍然是以"人"为基础的法益，那么在这种情况下危害是针对"人"而言，过失是针对结果而言，而不是针对行为人的污染行为或者违反国家规定而言。行为人违反国家规定，排放、倾倒或者处置有放射性的废物、含传染病病原体的废物、有毒物质或者其他有害物质的行为是有意的，但对于造成严重污染环境的结果则出于过失。根据主观罪过的认定标准是行为人对自己行为所造成或可能造成的危害后果所持的心理态度，而不是对该行为的心理态度，因此污染环境罪的罪过形式只能是过失。污染环境罪这一罪名的确立与《刑法修正案（八）》把1997年《刑法》第338条中的"造成重大环境污染事故，致使公私财产遭受重大损失或者人身伤亡的严重后果"修改为"严重污染环境"存在密切联系，即便修改之后实际上仍然是将结果的发生作为定罪条件。污染环境罪在司法解释中所呈现的诸多条件，仍然是对危险或者结果的拟制，因此对结果的心态，仍然应当肯定该罪为过失。比如在污染环境罪罪过形式上坚持过失说的学者便认为，针对危害结果的故意行为，应当是指行为人有意向土地、水体、大气中违法排放、倾倒或者处置各种危险废弃物，威胁到不特定或者多数人的生命、身体、财产安全，而此时该罪就超出了污染环境罪的处罚范围，应当以投放危险物质罪论处。❶虽然也有学者提出，在一般犯罪的场合，危害结果表现为对人身法益和财产法益的损害，但是在污染环境罪的场合，危害结果除了对人身和财产法益的损害外，还包括对环境的损害。❷从对环境损害的角度而言，似乎也可以肯定"故意"的成立。但这里"环境"本身是否具有独立性？在我国目前刑法和司法解释之下，环境法益必然是与人产生密切联系的，在这种情况下以人为基础的结果判断，成立"过失"也未尝不可。

---

❶ 黎宏.刑法学［M］.北京：法律出版社，2012：865.

❷ 例如，根据《2016年环境犯罪司法解释》第1条第1项的规定，在自然保护区核心区排放、倾倒、处置有放射性的废物、含传染病病原体的废物、有毒物质的，属于"严重污染环境"。显然，这里的损害恐怕主要是对环境的损害。

（二）违法性认识的肯定

作为过失犯罪，包含了疏忽大意的过失和过于自信的过失，在实践中，污染环境罪的行为人往往以不清楚行政规范或者不理解行为性质予以否认，这是否能成为阻却犯罪成立的事由，需要分析过失犯罪是否需要具有违法性认识。对是否需要违法性认识，在刑法理论上存在着心理责任论与规范责任论之争。心理责任论认为，只要具有事实性认识即可构成故意，否认违法性认识是犯罪故意的构成要素，将犯罪故意视为一种纯正的心理事实。而规范责任论则认为，犯罪故意的构成不仅要求具有事实性认识，而且要求具备违法性认识。如果缺乏违法性认识，故意即被阻却。在我国刑法关于犯罪故意的概念中，认识因素包含对自己行为的危害性的认识，这里的危害性并非事实本身，而是对事实的评价。因此，据此可以认为违法性认识是我国刑法中犯罪故意的构成要素。❶

一般来说，关于违法性认识的探讨是在"故意"的层面，但由于该罪在罪过上的"行为违反法律规定"的要求，同样需要考察行为人的违法性认识。统观国外关于违法性认识的各种学说，❷可以发现对违法性认识是否为故意要素的探索，归根结底都是为了解决故意这种心态为什么应该受到非难这一问题，即故意责任问题。各种观点之间存在根本分歧的原因，在于各自所依据的责任理论不同，比如，违法性认识"不要说"是以心理责任论为基础，而心理责任论认为只要责任能力者具有对结果的认识或认识可能性，责任即可成立。❸而对于法定犯来说，此类犯罪在"违反法律规定"的认识内容上应当是"明知"。但问题是，现代社会法律规范纷繁复杂，尤其是环境法律法规的复杂，环境法律知识的普及也并不广泛，如果我们简单地以一句"不知法不免责"似乎并不合理。即便是在公民的法律意识整体水平较高的西方国家，也都存在着相当多的人仅知行为有害但不知违法的情况，这从西方国家刑法理论界围绕违法性认识是否为故意认识

---

❶ 陈兴良 . 规范刑法学 [M]. 北京：中国政法大学出版社，2003：80-100.

❷ 冯军 . 刑事责任论 [M]. 北京：法律出版社，1996：211-219.

❸ 木村龟二 . 刑法学词典 [M]. 顾肖荣，郑树周，译校 . 上海：上海翻译出版公司，1991：223.

内容而展开的激烈争论上就可见一斑。对于违法性欠缺认识，世界各国都规定了一定的责任阻却，比如《意大利刑法典》第 5 条规定"不得因不知法律而免除刑事责任"，但这里是指不免除故意的责任，还是指不免除过失的责任，并不清楚。《日本刑法》第 38 条第 3 项规定了"不得因不知法律而认为没有犯罪的故意，但根据情节可以减轻其刑"。

笔者认为对于污染环境犯罪，应当肯定"违法性认识"的必要，自然犯和法定犯的区别便在于"法律"的后知后觉性，如果行为人确实不知违反了法律规定，则不具有违法性认识，不能构成犯罪。当然，这里还需要考虑法律是否赋予认识义务，比如从事危险废物运输需要专门的许可，如果没有相关文件，便不能因为"不知"而免责，行为人具有法定的从事某一行为应当履行的义务，而不履行，是对"注意义务"的逃避，不应当以没有违法性认识逃避。但如果行为人对某一法定义务，完全欠缺认识可能性时，比如某一环保规定出现了国家与地方规定的冲突，行为人仅能在个人认识范围内选择，那么就不应当承担责任。

（三）过失判断标准

作为法定犯，行为人构成污染环境罪应当具有"违反国家规定"的认识，那么如何判断行为人是否应当认识？这里就涉及过失判断的标准选择。根据新过失论的观点，为了避免发生因排放有害物质而造成危害（预见可能性），事先规定出每件具体事情必须遵守的行为准则，如果行为人没有遵守这些准则，违反回避结果义务的行为可能构成过失。这就是律法规范所赋予的结果回避义务，比如环境法所要求的"三同时"制度以及危险废物经营许可证制度。

在如何设定义务标准，也就是注意能力的问题上，传统刑法理论存在主观说、客观说和折中说的观点。主观说重在考虑个人的特殊性，以行为人本人的注意能力来确定违反注意义务的过失标准，从行为人本身的经历、学识等因素判断是否具有认识可能，如果应当认识未认识，同样具有结果回避义务，以此确定违反注意义务被称为主观标准。客观说以社会一般人或平均人的注意能力为标准，确定某具体人的违反注意义务的过失责任，是从社会相当性的角度推定一般理性人的认识，以此作为基础认定标准。折中说又分折中的主观说和折中的客观说标准，两者的主旨是在考虑个体差异的基础上即习惯抽象，要考虑司法的统一化需要，把具有相应情况的某些人的注意能力加以抽象化，作为一种类型标准，比如交通运输中驾驶员的注意标准，医疗行业医生、护士的注意标准。这一类型标准是根据社会相当性形成的，成为一种一般的普通的类型标准。以这个标准确定注意能力，推导出违反注意义务的过失责任。

在一般情况下，立法的对象是一般人，而不可能是个别人，因而法律仅仅将人设定为一个抽象的理性人，一般采取客观说的标准，在民法中更是如此。在刑法中，经历了一个从古典学派的理性人到实证学派的经验人的转变过程。罪刑均衡以及刑罚个别化的发展，对行为人个人特殊性的考虑越来越受到重视，以具体人为标准的主观说似乎更合理。环境保护对于每个个体来说都具有普遍的义务，但对于从事特定行业的主体又存在专门法律规定的义务，因此，在判断标准上应当兼采主观标准和针对行业的折中说的类型化标准。笔者认为，主观的内容涉及一个法律上对其推定的问题，至于我国刑法理论中的主观与客观统一说，实际上仍然是一种主观说，客观情况不过是判断主观上是否具有注意能力的根据而已。

第二节　污染环境犯罪的罪过发展

环境污染伴随工业化发展而恶化，环境犯罪具有较高的技术性和隐蔽性，行为人的主观罪过也较难判断，为了有效惩罚和预防犯罪，各个国家都在罪过上进行了一些尝试。

一、抽象过失

传统过失理论是以对具体危害结果的预见可能作为依据，新过失论在预见可能性的判断上，从责任原则出发，一般认为也应当采用具体的预见可能性说，但随着风险社会的到来，环境污染的危害多数情况属于一种未知的危险，由于行为人事先不能预见到某种具体的危害结果，因而无法确定行为人主观上是否具有过失。对具体危害结果的不能预见，并不表明行为人对这种危险本身以及可能产生的损害结果缺乏基本的认知，只是不能预见具体危害结果而已。但行为人对危害结果具有一种预见的可能性，这种预见可能性即所谓抽象预见可能性。将"因果经过的基本部分"作抽象化理解。从这一视角出发，日本学者藤木英雄提出了具有作为其学术标签意义的"危惧感说"。具体而言，关于预见可能性的具体内容，即使在行为当时不可能预见，如果能够肯定行为人在这一点上存在过错，就可能追究其过失责任，因此，当对结果形成具体预见时，当然能够肯定预见可能性，但这种具体的预见并不是必要的，只要对于危险的发生心存危惧感即为足够。❶

二、严格责任

严格责任是英美刑法中的理论，在英美刑法中，以犯罪的成立是否需要犯罪意图，可以将犯罪分为犯罪意图犯罪（Mens Rea Offences）、严格责任犯罪（Strict Liability Offences）、绝对责任犯罪（Absolute Liability Offences）。

严格责任犯罪是在 19 世纪下半叶建立起来的，设立严格责任犯罪的目的是保护公共利益。早期的严格责任犯罪案件主要是性犯罪、与保护青少年相关的犯罪等。随之发展，侵犯公共福利的犯罪或违反惯例法规的犯罪成为严格责任犯罪的两种最主要的形式。因为这些犯罪对公众具有极大的危害性。对于严格责任犯罪的犯罪人，即使其并没有打算犯罪，也要受到惩罚。与绝对责任不同，严格责任中的被告人仍然有为自己无罪过辩护的空间，被告人能够以自己已经尽到注意义务的辩护来避免刑事责任。而对于绝对责任犯罪而言，只要检察官证明案件发生，被告人就负有刑事责任，其无权作出自己已经尽到注意义务的辩护。严格责任对于特殊从业者来说，具有"风险分配"的可能。如果仅考虑侵害法益的结果，而不考虑从事某种危险业务而可能出现的风险，就会阻碍社会进步。为此，在刑法理论上形成了允许的危险原则。允许的危险使过失的评价从结果无价值向行为无价值转变，因而被认为是过失理论的一场悄悄的革命。刑法理论通常

❶ 胡育.危惧感说的规范论基础及新冠病毒疫情背景下的司法适用［J］.江西社会科学，2020，40（4）：175-184.

认为允许危险是一个注意义务的问题。引入抽象危险的概念，进一步将行为规范化提高，仍然需要考虑"允许危险"的特殊情况。允许的危险是在行为人具有违法性认识的前提下，基于社会相当性的考虑而免除其过失责任的事由。实际上是对过于自信的过失的期待可能性的判断。在允许危险的情况下，造成法益侵害的结果，是期待不可能，因而不能归责于行为人。❶

基于严格责任在社会公共福祉保护的价值，在污染环境犯罪中也有实践，英美法系国家在制裁环境犯罪方面，适用严格责任原则在普通法和制定法中都有所体现。如英国 1951 年的《水污染防治法》和 1974 年的《污染控制法》第 31 节第 1 条及美国 1976 年的《资源保护和回收法》中均有所涉及。英国学者认为适用严格责任的理由在于：在违反管理法规的犯罪中，大多数对公众有很大危害性，而且要证明被告的行为是否出于故意或过失是非常困难的。因此，若把犯罪意图作为犯罪构成的必要条件，往往会使被告逃脱惩罚，使法律形同虚设。英国上议院在"阿尔法塞尔有限公司诉伍德沃德"一案中也谈到了这样的意见。在该案中，被告公司的渣滓沉淀池的污水溢进了河道，致使河水受到污染，触犯了 1951 年的《水污染防治法》，尽管没有证据表明被告公司知道渣滓沉淀池已发生了污染或者说对造成污染有任何过失，但还是定了罪。在把该罪解释为适用严格责任的犯罪时，迪尔霍恩和萨蒙法官并不把法律处理的这类行为看作"真正意义上的犯罪，而是为了公众的利益需要用刑罚来加以禁止的行为"❷。

---

❶ 陈兴良.规范刑法学 [M].北京：中国政法大学出版社，2003：80-100.

❷ 具体来说，英国高等法官赖特在"谢拉斯诉德鲁曾"案件中列举了三种类型的犯罪，如果某一罪行属于其中之一，该罪就很可能会被解释为适用严格责任的犯罪。赖特在这个案件中认为撇开个别极端的案例（如普林斯案件）不谈，主要的例外情况（即不要求具备犯罪意图）大体上可以分为三类。第一类指的是这样一些行为，它们虽然不是真正意义上的犯罪，但是为了公众的利益，需要对这些行为用刑罚来加以禁止。第二类行为指的是某些（也许是所有的）公害行为……最后一类指的是某些民事侵权行为。虽然对这些行为的追诉采用的是刑事诉讼的程序，但从实质上来看，这种程序不过是行使民事权利的一种简易方式（参见"莫登诉波特"一案中高等法官威廉斯和威尔斯关于追赶猎物时的非故意的侵权行为的论述）。……除上述三种情况以外，一般说来，只有当被告主观上明明知道是犯罪时才能定罪。（赵秉志.英美刑法学 [M].北京：中国人民大学出版社，2010：56-58.）

三、推定过错

结合上文分析，以污染环境犯罪来说，所追究的严格责任，并不是行为人客观上不存在罪过，而是难以证明其是否存在罪过。这是一个事实问题的法律选择问题。司法机关在调查、提取主观方面的证据时，往往需要消耗大量的司法成本，因此考虑到司法效率，司法机关不可能对每个案件的犯罪意图都进行彻底的调查，尤其是犯罪隐蔽、主观认定非常困难的案件。我国就毒品犯罪中证明的困难做了"推定明知"的解释。而在污染环境罪中，《2019年环境犯罪会议纪要》关于主观过错的认定做了具体规定，具有下列情形之一，犯罪嫌疑人、被告人不能作出合理解释的，可以认定其故意实施环境污染犯罪，但有证据证明确系不知情的除外：（1）企业没有依法通过环境影响评价，或者未依法取得排污许可证，排放污染物，或者已经通过环境影响评价并且防治污染设施验收合格后，擅自更改工艺流程、原辅材料，导致产生新的污染物质的；（2）不使用验收合格的防治污染设施或者不按规范要求使用的；（3）防治污染设施发生故障，发现后不及时排除，继续生产放任污染物排放的；（4）生态环境部门责令限制生产、停产整治或者予以行政处罚后，继续生产放任污染物排放的；（5）将危险废物委托第三方处置，没有尽到查验经营许可的义务，或者委托处置费用明显低于市场价格或者处置成本的；（6）通过暗管、渗井、渗坑、裂隙、溶洞、灌注等逃避监管的方式排放污染物的；（7）通过篡改、伪造监测数据的方式排放污染物的；（8）其他足以认定的情形。比如在某些化工企业，无环境影响评价即投入生产，无污染防治设施，而企业法定代表人对单位的具体生产行为即便平时疏于管理，也被认定为故意，对危害结果的发生具有概括的故意。

事实上，早在2018年，浙江省高级人民法院、省人民检察院、省公安厅、省环保厅（现省生态环境厅）召开联席会议的会议纪要就已经关于"主观故意"的认定进行了推定的实践。会议认为主观故意中明知的认定包括知道或者应当知道。相关责任人员无法作出合理解释或无其他证据证

明其确实不知情的，可以认定其"应当知道"。❶

第三节 我国污染环境犯罪的罪过认定探索

一、我国污染环境犯罪的罪过司法认定空间拓展

对于污染环境罪需要考虑以下两个特殊性：第一，污染环境罪提前预防的需要。第二，污染环境罪中主观罪过尤其是"企业"罪过认定的困难。从司法实践对罪过推定的实践来看，是否可能进一步拓展？

有学者在过错推定之外，提出以下几种建议：（1）事先警告，即凡适用严格责任的案件，必须以有关主管部门对其违法行为进行过一次警告为基础，在此基础上，如果行为人仍犯同样一种罪，才可提起刑事诉讼。（2）在传统的主观过错和严格责任之间，存在一种"中间状态"，其主观可责性比传统的主观过错程度要轻一些，比严格责任又要重一些，即"行为人没有尽可能小心地去行事"，故可考虑将严格责任的主观心态定位于此，"从而避免严格责任的严酷性"❷。与此类似，美国学者胡萨克也试图用他的"控制原则"对严格责任进行修正，他认为：如果被告人缺乏必不可少的控制能力，那么就不能对其施加所谓的严格责任，因为"在缺乏控制能力的条件下强加的责任既不公正也无意义可言"。另外，如果被告人虽然缺乏传统刑法理论所称的犯罪意图，但由于他没有运用他所拥有的控制能力，致使危害发生，此时惩罚他仍然具有正当性，而且"对惩罚的正当性的判断，甚至对所谓的严格责任下的犯罪的判断，较之于是否存在犯罪

---

❶ 浙江省高级人民法院，浙江省人民检察院，浙江省公安厅，浙江省环保厅.关于办理环境污染刑事案件若干问题的会议纪要（三）[EB/OL].（2018-03-27）[2020-02-12]. https://webvpn.bit.edu.cn/https/77726476706e69737468656265737421e7e056d2373b7d5c7f1fc7af9758/lar/f4a3a8c42084438446ee094aff7fece8bdfb.html?keyword=关于办理环境污染刑事案件若干问题的会议纪要%28三%29.

❷ 刘仁文.刑法中的严格责任研究[J].比较法研究，2001（1）：44-59.

意图或犯罪行为，控制能力的存在与否，具有更为密不可分的关系"❶。

笔者认为，环境保护义务并非仅仅针对特殊的从业者，比如危险废物从业者的环保义务，不仅针对企业的从业人员，也同样针对普通大众，这时，我们就需要考虑，如果某一法规既适用于一般人，又适用于特定人，那么对于特定人，在罪过要求上是否可以更加宽松？因为特定人往往从事特定职业，具有一定专业性和技术性，因而应承担更高的注意义务，以减少危险，所以推定条件应当更为宽松。此外，在罪过推定中，也要考虑犯罪的发案率。如果某一犯罪发案率高，那么起诉方证明某一类犯罪的主观心态越难，推定条件也应当越宽松。

从这个角度来说，行为人有能力来防止其违法行为，但他没有运用所拥有的控制能力，所以谴责那些没有控制造成危害的事态的人是合理的。对于污染环境罪中的"企业犯罪"，不单纯是推定过错，有可能需要适用严格责任，保证社会团体或组织的负责人采取一切可行的措施去贯彻执行有关社会福利方面的重要法规。笔者认为可以从以下几方面进行拓展。

二、从主观责任向严格责任转变

基于传统的刑事犯罪理论，即任何犯罪都必须具有罪过，没有罪过，行为人的行为便失去了非难谴责的基础。然而，环境侵害的过程较之传统的侵害行为更为复杂，它往往是由众多排污行为或环境开发行为共同造成的，加害主体甚多，而且各加害主体并无典型故意或过失的心态。"从实践上看，证明这些犯罪的主观罪过要比证明犯罪本身更加困难"，在这种情况下，如仍恪守"无罪过即无犯罪"这一传统刑法原则，就会使罪犯逃脱法律制裁，不利于保护公共利益。❷自 20 世纪 80 年代后，美国一些法院开始将严格责任适用于环境刑法，即不要求行为人有故意或者过失，而只在于行为人是否"明知"。❸这一严格刑事责任制度主要涉及食品、药

❶ 赵秉志.英美刑法学 [M].北京：中国人民大学出版社，2010：56-58.
胡萨克.刑法哲学 [M].王良顺，吴中林，等，译.北京：中国人民公安大学出版社，1994：141-142.
❷ 蔡守秋.环境资源法学 [M].长沙：湖南大学出版社，2005：439.
❸ 周洪波，单民.论刑事政策与刑法 [J].当代法学，2005（6）：55-59.

物及环境保护等公共福利领域，该制度包括公共福利犯罪原则和有责任的公司管理人员原则。而这两个原则同样在美国的环境犯罪严格刑事责任适用过程中有所体现，后者是对前者的进一步发展。例如，美国联邦法院认为，《清洁水法》是为了公共的健康和生命而制定的法律，应当属于公共福利类的立法，因此将其中有关过失的规定限度降至最低，适用了严格刑事责任。❶同时，美国对环境犯罪"明知"的要求很低。例如，在《清洁水法》中虽然规定了倾倒废弃物的过失犯罪，但法院解释该种过失只要求达到被告明知怎样去倾倒废弃物的程度即可，因此这里的过失规定形同虚设。《资源保护和回收法》规定只要当事人明知危险废物将被运送到非专门处理该废物的设施中，即要为该种行为承担刑事责任。在1986年的联邦诉海斯国际公司一案中❷，被告被指控雇用一个私人搬运工倾倒该公司生产的废物，被告并不知道该搬运工没有获得倾倒该种危险废物的许可，且使政府误认为该废弃物正在回收利用，所以法院最终判决该公司和合约主管承担刑事责任❸。在理论界，提倡严格刑事责任适用的学者认为，严格刑事责任对犯罪者形成了最大限度的威慑力❹。美国1989年的一份研究报告指出，至少41%的大大小小的公司违反环境法排放标准向自然环境排放有毒废物❺。面对如此众多的违反环境法的行为，如只有少数的行为被定为有罪，很难实现刑法的威慑功能，也难以达到环境保护的目的。正是基于以上的思想和事实，20世纪80年代后，美国一些法院开始将严格责任适用于环境刑法。此后，公司的管理者因违反环境法而被定罪的越来越多，严

---

❶ 张福德.美国环境犯罪严格刑事责任的演化与评析［J］.北方法学，2013，7（2）：62-72.

❷ KUBASEK N K，SILVERMAN G S. Environmental Law［M］. Pearson Prentice Hall，2008：25.

❸ 刘晓倩，阳相翼.美国环境犯罪刑事政策及启示［J］.江西理工大学学报，2013，34（6）：25-30.

❹ O KEEFE D F J，SHAPIRO M H. Personal Criminal Liability Under the Federal Food，Drug and Cosmetic Act – The Dotterweich Doctrine［J］. Food Drug Cosmetic Law Journal，1975（1）：7-41.

❺ ADLER R W，LORD C. Environmental Crimes：Raising the Stakes［J］. George Washington Law Review，1991（59）：781，789.

峻刑罚的持久威慑在商界产生了极大的影响 ❶。

对于严格责任的质疑和否定，主要在于认为适用严格责任违反了主客观相统一的原则。严格责任不考虑行为人的心理状况，仅以行为在客观上引起的危害结果作为追究行为人刑事责任的依据，被认为是人类社会早期所奉行的结果责任的翻版，带有浓厚的报复色彩，它根据结果的严重程度决定刑罚的轻重，而不顾及犯罪的具体情况和行为人的过错大小。对于以上否定论，笔者认为，单纯地否定而不去反思严格责任产生的背景与迫切的要求，对于司法实践无所裨益。

由于环境犯罪的固有特性，使侵害何种法益以及侵害的程度和范围往往难以确定，而且在证明上更是困难重重，环境危害行为与结果之间的因果关系难以达到科学上所要求的确定性，使因果关系认定在环境犯罪追诉中，成了一项特别的难题。❷ 在实践中，环境危害行为往往都发生在生产活动中，并且为集体所为，因此，司法实践会出现责任主体模糊和缺位，没有人来承担责任的问题，正如美国学者费希尔所言，"正当威胁与灾难看起来变得更加迫近和明显时，它们同时又从证据、义务和政法体制企图捕获它们的夹缝中溜走"❸。

笔者认为即便在司法实践中采取罪过推定或者严格责任，也同样要考虑严格责任在主观过错方面的辩护理由。对此，英美各国不尽相同。英国等国家不仅在法条设置上明文规定了辩护理由，而且还在司法实践中逐渐发展起"善意辩护"这样一条折中路线。

与英国不同，在美国，只有极个别的判例采用"善意辩护"，绝大多数法院都拒绝采用"善意辩护"。但他们通过其他一些方式来减轻严格责任的严厉性，例如重新解释法条，否定因果关系或依靠检察官的自由裁量权。❹

---

❶ COFFEE J G JR. Does "Unlawful" Mean "criminal"？：Rezflectionson the Disappearing Tort or Crime Distinction in American Law[J]. Boston University Law Review, 1991（71）：193，219，220.

❷ 许玉秀.水污染防治法的制裁构造——环境犯罪构成要件的评析 [J].政人法学评论，1992（45）：20–32.

❸ 周战超.当代西方风险社会理论引述 [J].马克思主义与现实，2003（3）：53–59.

❹ 赵秉志.英美刑法学 [M].北京：中国人民大学出版社，2010：61–63.

三、过失认定的客观化与限制

伴随着人类进入风险社会，涉及交通、环境、医疗行业等高风险技术和公益的犯罪，这种大规模无定型的风险要求刑法的预防性积极介入，而为了避免风险刑法带来的预防主观化刑罚滥用，也要防止"因使用无法完全控制的技术而产生的危险"，这使过失责任走向"客观化"❶。这与新过失论所提出的"注意义务"的规范化认定是一致的，行为人违反注意义务或结果避免可能性而导致危险出现，表明行为已经跨越了法律上被容忍的界限，已制造了不被容许的风险，只要存在注意义务，且有结果避免的可能性，就可以推定结果的归责。在公害犯罪中，虽有提出"疫学的因果关系"，这无非也是一种无法确定的盖然判断，相比之下，司法更加重视"规范的服从"。例如，在德国就曾出现过对瑕疵商品制造人追究刑事责任的判决。这种归责模式淡化了"预测可能性"，体现了罪过认定的客观化。客观的因果法则不再是证明的重点，条件必要性开始成为所有法律制度的起点。

那么对于"条件"的无限延伸，可能陷入客观归责的窠臼。为了避免这一状况，如何判断行为人存在故意或疏失？在实践中，法院的决定往往来自一个个相关部门确认和承认的解释，在分析行为人的罪过时，要看行为人在决策时是否遵守了必要程序，是否采取了适当的认识方法，并尽其注意义务。德国学者奥森鲍尔就认为，预测是对未来事实的描述，是盖然性判断，对未来事实的描述并不存在真实性和正确性的标准，仅存在注意程度的要求。预测内容可能存在错误，但却同时适法地存在，错误并不必然导致不法，预测本身意味着合理错误的伴随。❷因此，如果决策者践行了必要程序，即使发生了当时条件下无法判明的危害，也很难让其承担责任，这是责任原则的基本要求，因为"对于没有回避可能性的行为事实的处罚并无预防意义"❸。考察过失的重点在于决策者在决策过程中是否有明

---

❶ 周振杰.法人犯罪立法的批判性政治解读 [J].法治研究，2013（6）：33-40.

❷ 陈春生.行政法之学理与体系（一）[M].台北：三民书局，1996：186-187.

❸ 黄荣坚.基础刑法学（上）[M].台北：元照出版发行公司，2006：424.

显的人为疏漏以及严重恣意和滥权等情况。此外，现代社会的决策绝非过去单纯概率性的评估，还必须体认到未来的无限变化。决策者不得盲目作出决策，否则，就应承担法律责任。决策者需要唤起"作为一个整体的行为主体的危机意识，从而为防止人类的共同灾难的出现寻求一条出路"[1]。

在污染环境罪的认定中，由于防治污染设施及相关设备发生故障，在故障发生后至发现前这段时间内的超标排放也是人力所不能抗拒的，不能认定为犯罪。如果行为人明知防治污染设施及相关设备发生故障，而故意或者违反有关规定未及时采取措施，则可能构成污染环境罪或者其他相关犯罪。但这里是否应存在"设备检查"的义务成为关键，如果有义务不履行，客观上仍然符合的"不明知故障"，但这种情况不应当仅仅承受行政处罚。

四、"整体风险"的罪过判断

对于过失认定的客观化，这是风险社会对现代社会行为人注意义务和注意能力的标准化要求，在面对过失认定的客观化时，无法回避"风险"的整体性，对于单位犯罪来说，这一点更为明显。

在医疗刑法中，近几十年也出现了单纯过失处罚化趋势。单纯过失是指行为人一时不小心犯错，属于认识上的错误，如拿错了药或弄错了手术部位、输错血型等，在这种情况下，行为人对注射行为的危险性并没有认识。[2]有5名医生因把静脉注射用的急性白血病治疗药剂错误注射进脊柱致患者死亡而被起诉，其中1人被定罪。[3]该案件中行为人由于没有认真看清药剂导致惨案发生，被追究刑事责任。在美国也曾发生过类似案件，被告护士拿错了药剂，把硬脑膜外麻醉用药的麻醉剂误认为是青霉素，给患者做了静脉注射，导致患者死亡。该名护士被以重大身体伤害罪提起诉

---

[1] 甘绍平.应用伦理学前沿问题研究［M］.南昌：江西人民出版社，2002：136.

[2] 在单纯过失这个问题上，英美的情况并不具有代表性。在日本，单纯过失致死伤的医疗过失刑事案件约占医疗过失刑事案件总数的三分之一。

[3] CLARE DYER. Doctor sentenced for manslaughter of leukaemia patient［J］. British Medical Journal，2003（7417）：697.

讼。❶在单纯过失的情况下，行为人的风险事实上在体系中并没有得到合理的分配，为此有必要寻找由于安全管理体制的缺陷引起的责任主体，追究法人组织的刑事案件开始出现。在污染环境犯罪中，企业的污染环境犯罪也多为企业内部管理不健全，这时整体风险判断对罪过认定就十分关键。

第四节　刑事合规与企业责任分配

结合上文对整体风险的分析，我们如何评价整体过失或者集体过失？域外刑法出现了以"合规"判断过失责任。刑事合规从根本来谈就是对企业自律的刑法认可，这种新的安全监管方法的转变，为刑法的惩罚提出了新的挑战。

目前，在反腐领域的合规问题上，全球合作打击的需求较高，执法实践也较多，食品以及环境领域的合规主要体现于欧盟和美国的国际公约和政策性文件规定中。"合规"强调的标准并不一定是实然的国家标准，可以是非国家性标准，那么如果以"合规"来判断违法性，便会产生如何看待违反国际标准以及国内行业标准或企业自律标准的问题。在此，我们提出从"规范违反"的角度去探究违法的本质。在意大利和秘鲁，企业内部的软法规则同样可以作为刑事违法判断的参考性依据，在一些判例中，在对违法行为引起的过失责任分配问题上，法官认可企业内部标准对责任分配的效力。我国的理论和实务界对刑法关于生产、销售伪劣产品罪一节中的罪名也长期存在违法性判断内容的争议，存在国家标准、地方标准、行业标准的争议，虽然有些司法裁判也体现了对行业标准的参考，但这里需要探讨的是：在一般情况下，我们是否愿意承认公司权力可以与立法权力一起实现对违法性、有责任性判断的干涉？

---

❶ 陈冉. 互联网时代远距医疗刑事风险规制 [J]. 中国人民公安大学学报（社会科学版），2016，32（6）：116-121.

一、过失责任的"规范"预防价值与合规引导

德语中的"罪责"一词在日本被翻译为"责任"，在德、日刑法体系中，"责任"与"罪责"是同义语，都是基于非难可能性的含义来使用责任与罪责的概念的。日本刑法学中的"责任"，是从德国刑法学中的 Schuld 一词翻译而来的。德国刑法学者一般认为，所谓责任（Schuld），就是意志形成的非难可能性。❶日本刑法学者所谓的"责任"（Schuld、Culpabilite、Culpability），是指能够就犯罪行为对其行为人进行非难。❷责任主义理论从一开始的结果责任论❸发展到后来的心理责任论❹，后来又从心理责任论发展到规范责任论，再从规范责任论❺发展到现在的实质责任论。每一次发展都体现了刑法对于人权保障和法治理念的更加尊崇，都是对犯罪的成立和刑罚处罚的一种限制。

作为最早的一种责任理论，结果责任论重视危害结果的发生，而对于行为人主观上的过错认识和意愿不做多问，这与现代意义上的责任主义原则区别较大。心理责任论认为，需要确定主观的心理联系，即我们通常所说的"主客观相一致"原则。规范责任论更加重视主观践行的可能性，

---

❶ 耶赛克，魏根特.德国刑法教科书（总论）[M].徐久生，译.北京：中国法制出版社，2001：490.

❷ 大塚仁.刑法概说（总论）[M].冯军，译.北京：中国人民大学出版社，2003：372.

❸ 结果责任论是最早的一种责任理论，这种理论在进行责任确定的时候，只重视行为所造成的危害结果，而对于行为人主观上有无过错的认识和意愿如何则在所不问，无论行为人在主观上是否值得谴责，都要追究行为人的刑事责任。这还不是我们所谓的现代意义上的责任主义原则。

❹ 心理责任论认为，不能够仅仅因为行为人的行为与危害结果之间存在因果关系就追究行为人的刑事责任，还需要进而确定行为人与危害结果之间存在主观上的心理联系，才应追究行为人的刑事责任。

❺ 从结果责任论发展到规范责任论，真正的责任主义才产生。规范责任论认为：故意、过失本身并不是所谓的责任要素，而真正的责任要素是在故意、过失的心理状态之外的谴责可能性。以谴责可能性为中心内容的规范责任论的产生，标志着责任主义的正式形成。

以"期待可能性"理论为代表。实质责任论以德国刑法学者克劳斯·罗克辛为主要倡导者，实质责任论是在规范责任论的基础上将规范责任论中的"罪责"注入实质的内涵而发展起来的。克劳斯·罗克辛教授在《德国刑法学总论（第 1 卷）》一书中明确提出，罪责原则是否能够以及在多大程度上能够满足这项任务的要求，还取决于人们如何在内容上确定罪责的概念。规范性罪责概念仅仅说，一种有罪责的举止行为必须是'可谴责的'。但是这个概念仅仅具有形式上的性质，还没有回答这个问题：这种可谴责性应当取决于哪一些内容上的条件。这是一个关于实质性罪责概念的问题。❶ 按照克劳斯·罗克辛教授的观点，对犯罪行为人进行归责之后，还需要加入预防的思考，即在评价有责之后，还需考量是否有处罚的必要。刑罚的根本目的是预防和减少犯罪，如果对行为人进行归责不利于刑罚目的的实现，那么就没有必要对犯罪人进行刑罚处罚。

在责任理论的支持下，预防的概念被引入犯罪论体系，从更加侧重从规制行为人的角度提出。对行为人归责时，一方面要考虑非难可能性，另一方要考虑预防必要性。这将我们通常所说的"处罚必要性"更加明确指向了"预防"的需要。在笔者看来，这里的预防必要性不是为了扩张责任，而是为了限制责任。也是在这一层面，合规计划提出的量刑奖励与实质责任论完美结合。

二、刑事合规中企业"自律"责任

企业污染环境犯罪主要涉及两个问题：第一，企业生产行为与结果之间的因果关系问题以及是否由于故意的不当行为而引起刑事责任，也即如何实现故意或过失违规的过失犯罪归责。第二，在企业内部和整个产品安全链中的责任归属与分配。

污染环境犯罪因果关系的证明往往极为困难。在农业社会生活中，社会生活形态变化甚微，社会关系较为简单，因过失导致危害人的生命、身体的事态较为简单，其因果关系、事实关系均较为单纯，而且因为技术水

---

❶ 克劳斯·罗克辛.德国刑法学总论（第 1 卷）[M].王世洲，译，北京：法律出版社，2005：562.

准低，生活来往甚为单调，危害的发生大都从经验即可获悉，所以，对于危害结果较容易掌握，只要具有防止危害发生的准备，危害多得以防止。因此过失责任是违反结果预见义务，认为过失是对于结果的发生疏于认识，这大多是一种"主观方面"的苛责。

然而，随着人类文明的进步、生活形态的改变，在复杂多变的现代社会中，经济、交通快速成长，社会无不处处存在着危险，如驾车、药品、公害、环境等，传统过失内涵已渐渐无法适应社会文明进步的需要，"新过失论"产生，认为注意义务不仅包括了结果预见义务，也包括了结果回避义务。刑法学者在过失的概念上多以新过失论为基调。过失的形成需要具备三个基础条件：其一，行为人对于行为结果的发生具有注意义务；其二，行为人主观上虽有预见行为结果发生的可能性，但并不希望结果发生；其三，结果的发生与注意义务违反间具有一定的因果关系。

在企业内部，可能已经存在一些行业标准，那么这些标准如何与刑事责任的分担相结合。刑法并不能单纯根据内部规范性文件来进行刑事归责，从刑法的角度来看，有必要准确地规定每个行为人的职责，执行这些职责的权力和手段以及授予相关任务的主管所承担的义务。换句话说，刑事责任必须源于对公司内部的权力和决策结构的真实审查，而不是来自标准化规则产生的管理手册的作用。在欧盟国家，食品链中的责任由第178/2002号条例第17条管辖，该条规定生产者、加工者和分销商应确保规章和标准符合生产所有阶段适用的食品法规定。但食品链中的责任目前必须在食品链结构的背景下解释。在当今社会产品全球化的现实背景下，大型企业往往处于食品链的顶部，对于某些大型超市来说，其具有强加规则给具体生产者的能力，许多生产者基于这种依赖关系也不得不服从"责任分配规则"，对此，刑法一方面必须考虑到实际的权力和决策结构，另一方面必须考虑过失责任中信赖原则的具体适用。

在过失责任的认定中，信赖原则是一项重要的免除责任的事由，比如如果企业内部存在责任分配，那么甚于这种信赖，被规定了义务的一方就应当完全承担责任。但笔者认为这项原则在食品、药品、环境公害犯罪的治理中并不适用。信赖原则的产生来自公共安全领域，为了匿名和非人格化的领域系统的正常运作所需，所有行动者除了明显的信号，依靠其余行动者正确履行其职能是至关重要的。当前的食品安全、环境安全与这个现实不符，它的金字塔和层次结构使"信赖"的建立并不容易。在运用信赖原则时，必须考虑"实际控制可能"，比如在运输安全事故中，责任必须来自实际的控制可能性以及每个运营人所承担的监控和控制义务。运输商绝对不需要确保由此运输的食品状况良好。但雇用他们的进口商必须确保运输商满足必要的条件，以保证食品不会变质。

三、自律标准的合法性与责任影响

在刑法承认企业自身干涉努力方面，必须承认，在制定合规计划时，解决合法性问题的目标越来越多地出现在标准化机构、企业集团甚至某些公司中。从广义上说，为此目的，他们倾向于让参与起草条款的各利益攸关方参与，并寻求公共当局的参与。然而，事实上存在某种参与不能被认为是足够的。为了实现充分的相关性，私营实体的治理体系必须有以下保证：参与受该规则影响的所有各方的平等以及透明的决策过程。因此一些国家标准和行业标准作为合法性判断的依据更加具有可能性。

在法律后果上，举例说明，对于药品生产企业来说，甲企业由于生产疏忽导致一批劣药流入市场，给消费者的生命安全造成了严重的损害，但是甲企业内部建立并实行了企业合规制度，合规制度明确指出本企业会严格控制药品质量，严格实施产品出厂核验制度，避免因药品问题等给消费者造成人身健康威胁。这是否构成过失犯罪？

笔者认为，合规制度是企业自主制定的内部行为规范，缺乏有效的监督和强制力的执行，因而存在企业疏忽管理或者为牟取暴利而随意践踏企业合规制度的问题，所以我们不认为企业合规制度属于"采取了充分的结果避免措施"，因而企业合规制度并非能起到"否定违反结果避免义务"的作用。如果企业实行合规制度等同于企业负责人履行了注意义务，就会导致过失犯罪的不成立，从鼓励企业建立合规计划制度的角度来说是有利的，但久而久之，企业合规制度将成为企业逃脱法律规制的"挡箭牌"。缺乏监督和执行力的企业合规制度如果能视作企业负责人履行了注意义务，那么无穷的企业合规制度将给企业营造一片广阔的"刑罚自治"格局。

　　企业致力于合规管理的重要动机都是减少刑事责任产生的风险，对此它们期待能够从国家获得一些回报。一般认为最重要的奖赏就是企业合规能够作为必要的处罚阻却事由，验证企业的合规程序和执行情况作为法院评判的重要参考。❶ 但是，对于企业合规是否可以作为违法阻却事由，在法律上并没有规定。笔者认为，"违法"的阻却直接表明了行为本身的正当性，而合规计划的建立是对责任承担的分配，并不能否定行为本身的违法性，从这个角度来说，合规计划只能作为一种免除或减轻刑事责任的事由，而不能作为违法阻却事由。

---

　　❶ 甲斐克则，田口守一.刑事コンプライアンスの国際動向 [M].东京：信山社，2015：7–28.

第五章 污染环境犯罪的单位刑事责任追究

从第一章的现状分析可以看出，现有单位污染环境犯罪刑事责任在司法实践中体现出主体范围不确定、单位意志认定困难、刑事责任实现方式不足等问题。对此，笔者认为应当引入"合规"理念对单位（企业）污染环境犯罪进行治理。❶

第一节 污染环境犯罪中单位犯罪的认定与单位责任追究

一、污染环境犯罪中单位犯罪追究困难的原因分析

根据第一章的统计，在污染环境犯罪中，单位入罪的比率较低，这存在两种可能：一种可能是从客观事实上，企业犯罪率低；另一种可能是从法律事实认定上，企业入罪较为困难，因此犯罪率低。我们首先分析第一种可能，是否从客观事实上企业犯罪情况较少。污染环境罪作为法定犯，在犯罪构成上要求"违反国家规定"，考虑环境行政责任和刑事责任的区别主要在于损害后果的不同，对行政违法的主体分析可以指引我们进行犯罪主体的事实分析，那么我们首先分析一下行政违法中企业是否为多数主体。

---

❶ 陈冉. 企业公害犯罪治理的刑事合规引入 [J]. 法学杂志，2019（11）：108-119.

《中国企业公民报告（2009）》蓝皮书指出，我国造成生态和环境破坏的原因虽然是多方面的，但主要的污染源头是企业，企业约占总污染比重的 70%。❶在环境行政处罚中，绝大多数的处罚对象都是"单位"，然而，在环境刑事案追究刑事责任时，绝大多数的处罚对象都是"自然人"。❷基于环境行政责任与环境刑事责任的区别主要在于侵害后果的不同，而责任主体大多是一样的，出现这种情况似乎有些"反常"。对此问题，从 2015 年以来便不断有学者进行研究，2015 年，我国各级人民法院审理的 1 322 个污染环境罪案件中，多达 1 250 个（约占 94.55%）都是自然人犯罪，涉及单位犯罪的只有 72 个（约占 5.45%），其中，有 71 个案件的犯罪主体既有自然人也有单位，有 1 个案件的犯罪主体只有单位。❸2017 年 1 月 1 日至 2018 年 1 月 1 日作出的 480 份污染环境罪裁判文书中，自然人犯罪案件牵涉 590 人，单位犯罪案件 26 例。无论是基于全国还是个别案件大省的情况，环境污染刑事案件的主体都主要为小微企业的业主和从业人员，而规模以上企业成为本罪主体的情况较为少见。具体追责对象从全国实施《2016 年环境犯罪司法解释》以来的情况看，污染环境罪生效判决罪犯 1 104 人中，私营企业主、个体劳动者 282 人，约占 25.54%，农民、农民工 496 人，约占 44.93%。而从浙江省审理的污染环境刑事案件的情况来看，被告人基本上都是从事个体经营的业主和无业人员。❹有学者认为，合理的解释是在司法实践中，对单位犯罪的认定较为困难，因此转而认定多人共同犯罪。❺笔者认为，应当从刑法认定单位犯罪的现实困难入手进行理论分析。

（一）单位意志认定的客观困难

单位犯罪要求"单位集体决定或负责人决定"，这意味着单位须直接

❶ 邹东涛.中国企业公民报告［M］.北京：社会科学文献出版社，2009：106.

❷❹ 喻海松，马剑.从 32 件到 1 691 件——《关于办理环境污染刑事案件适用法律若干问题的解释》实施情况分析［N］.中国环境报，2016-04-06（5-6）.

❸ 冯军.环境犯罪刑事治理机制［M］.北京：法律出版社，2018：12-50.

❺ 张弟.污染环境罪的刑事处罚研究——以 480 份裁判文书为分析对象［J］.中南林业科技大学学报（社会科学版），2018，12（3）：37-42.

主动控制违法事实的发生。按照现代企业的发展趋势，企业业务活动越来越多地按照企业的规章、惯例、操作守则等实施，很少存在负责人或法人机关直接全面指挥。一般只就企业全局性或重大事项进行统筹策划，并不参与具体的业务活动。比如在环境犯罪中，事实上单位负责人决定排污的情况并不多见，即使有也很难证明单位对非法排污行为存在意志上的直接主动控制。❶ 如此一来，尽管我国刑法第 346 条规定污染环境罪可以由单位承担刑事责任，但在单位犯罪"单位意志"的解释上通过对单位犯罪成立条件的限制，使司法适用事实性地架空了该规定，于是便形成了单位污染环境罪的司法效能小于规范效能的局面，使相关实定法规范形同虚设。

（二）实务认识的不足

按照刑法和刑事诉讼法的规定，检察机关如果未将单位列为被告进行起诉的话，法院只能按照单位犯罪中的直接负责的主管人员或者其他直接责任人员追究其刑事责任，不能对单位判处罚金。只有当单位被列为案件被告时，法院才一并对单位及其主要主管人员或者实际责任人追究责任，采取双罚的措施。

2001 年的最高人民法院《全国法院审理金融犯罪案件工作座谈会纪要》（以下简称《2001 年金融犯罪会议纪要》）规定，对未作为单位犯罪起诉的单位犯罪案件的处理，对于应当认定为单位犯罪的案件，检察机关只作为自然人犯罪案件起诉的，人民法院应及时与检察机关协商，建议检察机关对犯罪单位补充起诉。如检察机关不补充起诉的，人民法院仍应依法审理，对被起诉的自然人根据指控的犯罪事实、证据及庭审查明的事实，依法按单位犯罪中的直接负责的主管人员或者其他直接责任人员追究刑事责任，并应引用刑法分则关于单位犯罪追究直接负责的主管人员和其他直接责任人员刑事责任的有关条款。而事实上，法院在对单位犯罪进行认定时却并不积极。根据笔者统计结果，在京津冀地区的环境犯罪中，单位犯罪的案件大部分始于 2017 年。法院在认定一些案件时，肯定了单位犯罪

---

❶ 王志远 . 环境犯罪视野下我国单位犯罪理念批判 [J]. 当代法学，2010，24（5）：74–79.

的成立，却并没有处罚单位，而只是针对自然人进行单独处罚。例如在刘某、吴某、翟某等污染环境案中，某乐有限公司系自然人独资公司，翟某系该公司的实际管理者，刘某系该公司业务经理，齐某系该公司司机，吴某、赵某系该公司押运员。翟某明知公司没有危险废物经营许可证，为谋取非法利益，安排刘某以公司名义与中国能源某有限公司达成回收废酸的协议，约定该公司的废酸由某乐公司处置。法院认为，某乐公司违反国家规定，向地下排放有毒有害物质，严重污染环境，原公诉机关未起诉某乐公司单位犯罪，应依法对某乐公司直接负责的主管人员及其他直接责任人员追究刑事责任。❶ 在这个案件中，法院之所以未处罚某乐公司，不是因为该公司不构成单位犯罪，而是因为检察院未起诉，法院和检察院之间存在认识上的分歧。再如在河北地区曾某、金某、陈某的污染环境案件中，曾某系江西省某再生资源有限公司法定代表人，金某负责该公司的技术工作。金某通过网络与陈某商定将金某所在公司锂提纯后产生的废液出售给陈某。法院审理后，同样以"公诉机关未指控"为由否定了单位犯罪的辩护意见，对金某等人直接以单位主管人员定罪处罚。❷ 此类案件均是因为单位在程序上未被公诉机关指控，最终影响了法院对单位的定罪处罚。

单位犯罪对环境造成的破坏性更强，理应给予污染企业更严厉的处罚，对单位刑事责任追究的忽视，必然会进一步降低企业犯罪成本，环境问题也会日益严峻。这一状况最终引起了司法实务机关的重视，《2019年环境犯罪会议纪要》专门规定了单位犯罪的适用问题，其目的在于加强单位犯罪的惩治。在笔者看来，加强单位犯罪认定的可操作性，进一步扩大入罪情形固然是一种实现有效刑罚的路径，但更应当重视的是，长期以来单位入罪的困难，真是因为单位认定的模糊吗？在其他犯罪类型上同样并没有专门的单位犯罪认定的具体解释，那为何对环境犯罪单位问题我们这样的解释就可以起到作用？此次的解释如何能实现可操作性呢？

❶ 刘某等污染环境罪二审刑事裁定书（2019）陕03刑终54号。
❷ 金某、陈某污染环境二审刑事裁定书（2019）冀11刑终154号。

二、《2019 年环境犯罪会议纪要》之后的单位犯罪实务认定分析 ❶

针对在实践中单位犯罪追究较少的现实,《2019 年环境犯罪会议纪要》提出统一执法司法尺度,加大对环境污染犯罪惩罚力度,专门针对单位犯罪问题进行了规定,针对一些地方追究自然人犯罪多、追究单位犯罪少的情况,明确了认定单位犯罪的条件即为了单位利益,实施环境污染行为,并具有下列情形的:第一种,经单位决策机构按照决策程序决定的。第二种,经单位实际控制人、主要负责人或者授权的分管负责人决定、同意的。第三种,单位实际控制人、主要负责人或者授权的分管负责人得知单位成员个人实施环境污染犯罪行为,并未加以制止或者及时采取措施,而是予以追认、纵容或者默许的;第四种,使用单位营业执照、合同书、公章、印鉴等对外开展活动,并调用单位车辆、船舶、生产设备、原辅材料等实施环境污染犯罪行为的。其中第一、第二种情形仍然是基于我国传统单位犯罪中单位意志认定问题。第四种情形是针对单位行为的认定。值得研究的是第三种情形,对于单位犯罪和单位内自然人犯罪的区分给出了较为进步的认定。对于以上情形,笔者以实际案例具体分析如下。

(一)经单位决策机构按照决策程序决定的

在笔者所收集的案例中,单位犯罪中的"单位决策"一般表现为法定代表人的意志或者是主要负责人的共同意志。体现法定代表人意志的案件,比如陈某等污染环境罪二审刑事裁定书 ❷。本案中浙江省嘉兴市 A 公司从事电镀、电泳喷漆等加工业务,生产中产生的污染物主要为电镀废液及其污泥,按照国家危险废物名录规定,电镀污泥属于固体危险废物(废物类别为 HW17),必须交由有资质的企业进行处置。2015 年 3 月 7 日至2015 年 7 月 31 日,陈某指使 B 公司运输车辆或者以 B 公司名义通过网约平台联系货车,陆续从 A 公司专门仓库装载吨袋装的电镀污泥运输至扬

---

❶ 对于该部分资料的整理,要感谢笔者的学生中国矿业大学(北京)的学生卞肖迪、郝子英等给予了极大的帮助。

❷ 陈某等污染环境罪二审刑事裁定书(2019)苏 10 刑终 95 号。

州，将电镀污泥堆放在郭某租赁的场地内，造成当地环境严重污染。法院审理认为：B公司及陈某的行为构成污染环境罪。B公司的行为符合单位犯罪特征。B公司成立于2015年1月，在事发时没有危险货物运输资质，而陈某仅是口头协议承运危险废物，没有履行任何行政审批手续，且本案涉及跨省运输转移电镀污泥，B公司的运输行为具有明显的违法性。陈某作为B公司的法人，以公司名义承接危险废物运输业务，在实际运输过程中，陈某亦是指派B公司名下的车辆运输，或者以公司名义通过网约平台联系车辆帮助运输，之后由B公司开具货物运输业增值税专用票据进行结算，A公司亦是将结算款汇入B公司账户。综观B公司及陈某的行为，是以单位名义实施违法行为，亦是由单位直接获取利益，符合单位犯罪的特征，陈某作为直接负责的主管人员亦应承担刑事责任。

除了法人代表，还包括了经理等有决策权的人，比如成都某冷轧薄板有限公司（以下简称A公司）污染环境罪。在本案A公司中，被告人汤某系总经理，被告人邱某系副总经理，具体负责公司包括废酸处置在内的环保等工作。被告单位在生产过程中对带钢进行酸洗加工，所需盐酸由被告人张某担任法定代表人的B公司供应。被告单位A公司为降低生产成本，牟取非法利益，由被告人邱某与张某先行协商，并报经被告人汤某同意许可后，在明知张某无危险废物经营资质的情况下，决定将A公司在生产过程中所产生的废酸交由张某处置。法院认为，被告单位非法处置废酸系为单位节约生产成本，牟取非法利益，该事项系被告人汤某和邱某履行职务的行为，故处置废酸系A公司单位意志的体现，同时，支付处置废酸的费用及所牟取的利益均为A公司。据此，被告单位A公司应构成犯罪。❶

此外有决策权的人也可以形成单位意志，比如朱某等污染环境罪一审刑事判决书中，单位意志的成立过程：虞某向浙江省东阳市某化工有限公司的销售部经理被告人朱某提出购买该公司生产氯甲苯、二氯甲苯过程中产生的精馏残液危险废物，被告人朱某向该公司总经理程某请示，程某同意，该公司车间主任被告人吴某明知公司在非法处置危险废物，仍

---

❶ 成都某冷轧薄板有限公司、张某等污染环境罪一审判决书（2018）川0113刑初368号。

负责在车间收集残渣、残液，并安排公司叉车工人转运危险废物。法院认为被告人朱某、吴某以单位名义，为单位利益，实施犯罪，属单位犯罪。❶

（二）经单位实际控制人、主要负责人或者授权的分管负责人决定、同意的

在单位犯罪中，英美刑法所适用的替代责任在于对代理人责任的认定，在适用替代责任时，对委托（代理）的程度有一定的要求，不仅要求存在委托关系，而且要求完全委托他人进行管理，即本人不再参加该项管理，部分委托不能适用替代责任。在著名的凡恩诉扬纳普斯案（Vane v Yiannopoullos）中，首席法官帕克（Park）勋爵认为："必须表明持照人未亲自管理，而是委托某些其他人进行管理。"霍德森（Hodson）勋爵认为：替代责任的"有关原则从未扩展到包括那些持照人并未把全部管理权委托给他人的情况"。而雷德（Reid）勋爵则认为委托关系的存在仅限于持照人离开特许房屋而委托他人照管的情况，即是否属于完全委托应视犯罪当时持照人是否在场而论。❷ 如果持照人在场，则不能视其为持照人全部委托他人管理（或自己并未亲自管理）。而对于持照人是否在场也应根据具体案件予以认定。❸

这种情形的认定在司法实践中较为多见，审理的重点在于对决策人"职权"的认定。比如在叶某污染环境一审刑事判决书中，法院认定叶某在担任江苏省连云港 A 有限公司（以下简称 A 公司）常务副总经理期间，在明知周某 1（已判刑）无危险废物处理资质的情况下，同意并安排仓库管理员茆某将该公司放置于江苏省灌云县中小企业园一仓库内约 56 吨的化工废料交由周某 1 伙同周某 2（已判刑）联系的司机刁某拉走非法处置。法院认定，A 公司伙同他人违反国家规定，非法处置危险废物，严重污染环境，叶某作为公司的直接主管人员，应以污染环境罪追究其刑事责任。❹

---

❶ 朱某等污染环境罪一审刑事判决书（2019）浙 0602 刑初 726 号。

❷ 史密斯，霍根 . 英国刑法 [M]. 李贵方，等，译，北京：法律出版社，2000：199.

❸ 赵秉志 . 英美刑法学 [M]. 北京：中国人民大学出版社，2010：103.

❹ 叶某污染环境一审刑事判决书（2019）皖 1322 刑初 34 号。

法院在认定本案时，对于叶某的职权内容进行了较为全面的分析。从行为动机来看，叶某非法处置约 56 吨危险废物是为公司的利益，而非为其个人利益着想。经查，营业执照、任职文件等书证证明叶某系 A 公司的常务副总经理，除去公司的财务、人事、采购，其余的生产、环保、安全分管工作均由叶某负责。该职权的范围，足以证明叶某为公司授权的分管负责人。本案无论非法处置危险废物是否由公司总经理周某 3 或公司副总经理叶某决定，叶某为了给公司节省十余万元的处置危险废物费用而利用分管环保、生产等职权，同意并安排公司仓管员茆某把危险废物装车外运并进行非法处置的行为都确实存在，根据《2019 年环境犯罪会议纪要》的规定，应当认定叶某的行为系履行 A 公司职务的行为，属于单位犯罪行为，应按照单位犯罪予以惩处。

（三）单位实际控制人、主要负责人或者授权的分管负责人得知单位成员个人实施环境污染犯罪行为，并未加以制止或者及时采取措施，而是予以追认、纵容或者默许的

在《2019 年环境犯罪会议纪要》出台之前，这类情形虽然不属于典型的单位领导或集体决定的情形，单位意志表现为一种消极的管理状态，但司法机关一般也将其认定为单位意志。我们以案例来看，比如在天津 A 粉末冶金有限公司（以下简称 A 公司）、马某污染环境一审刑事判决书中 ❶，A 公司系一家生产汽车零部件的中韩合资企业，该公司在生产过程中会产生废切削液等废物。被告人马某案发期间为 A 公司副总经理，分管公司的人事总务、财务、党务、工会等工作，是该公司主要负责人之一，对 A 公司利用渗坑倾倒废切削液等危险废物的行为不仅知情而且予以默许、纵容；被告人张某作为 A 公司生产部副部长，是该公司授权的分管负责人，将可以向厂区渗坑倾倒废切削液等危险废物的指示传达给加工、研磨等生产部门班组；被告人李某、王某分别作为 A 公司加工班组、研磨班组的负责人，在其上级领导的授意下，不仅向所属班组员工传达向渗坑倾倒废

❶ 天津 A 粉末冶金有限公司、马某污染环境一审刑事判决书（2019）津 0116 刑初 80068 号。

切削液等危险废物的指示，而且直接参与实施向渗坑倾倒废切削液等危险废物。

法院在认定过程中，认为被告单位 A 公司违反国家规定，指使员工通过渗坑等逃避监管的方式倾倒有毒物质，严重污染环境；被告人马某作为该公司副总经理，被告人张某作为该公司生产部副部长，在该公司实施的利用渗坑等逃避监管的方式倾倒有毒物质的行为中起到默许、授意、纵容、指使等作用，均属于直接负责的主管人员；被告人李某、王某作为该公司生产部门班组的负责人，在该公司相关领导授意下不仅进行了上传下达，还具体实施了利用渗坑等逃避监管的方式倾倒有毒物质的行为，所起作用较大，均属于其他直接责任人员，其行为均已构成污染环境罪，均应当依法予以惩处。法院认定公诉机关指控单位罪名成立，且予以支持。

但有些案件出现过分歧认识：B 公司工作人员张某在明知生产产生的沉淀残渣和废液不能随意处置的情况下，将沉淀残渣和废液倒入单位冲洗车间下水道，并用水冲洗下水道附近残留物。单位车间主任章某得知后安排张某继续冲洗残留物。次日，单位股东、负责单位日常生产及管理事务的杨某得知上述情况后，仍指使章某等人继续冲洗残留物，致使残渣和废液通过单位窨井排至河道，严重污染环境。经监测，B 公司相关窨井废水中镍、铬指标分别超过《污水综合排放标准》（GB 8978—1996）相应指标排放限值的 47.1 倍和 83 倍。在审理中，对 B 公司是否构成单位犯罪，形成两种不同的观点：第一种观点认为，B 公司工作人员张某在倾倒沉淀残渣和废液时，未向公司负责人请示，公司高层并不知晓，不构成单位犯罪。第二种观点认为，虽然张某在倾倒沉淀残渣和废液时，不属于单位意志，但是次日负责单位日常生产及管理事务的杨某指挥张某及章某继续冲洗残留物的行为应当认定为单位行为，构成污染环境单位犯罪。❶

第一种观点是按照责任主义的观点，行为与责任同时，在行为人实施排污行为时，单位并不知情，对此，单位的默许不应当对此前行为承担

---

❶ 陈方圆.公司生产负责人纵容随意排污是否构成污染环境单位犯罪［EB/OL］.（2019–06–12）［2020–02–12］. https://www.chinacourt.org/article/detail/2019/06/id/4031521. shtml.

刑事责任。但事实上，单位犯罪大都是在单位负责人的默认或者纵容下产生，对此情况，如果以自然人犯罪处理，单位产生犯罪的土壤仍然存在，自然犯罪仍然产生。因此在《2019年环境犯罪会议纪要》出台之前，该案法官根据最高法院规定："直接负责的主管人员是在单位实施的犯罪中起决定、批准、授意、纵容、指挥等作用的人员，一般是单位的主管负责人。"杨某系B公司负责生产及管理事务的人员，在单位中实际行使管理职权，主管环保方面的工作。其在明知生产中产生的沉淀残渣和废液不能随意处置的情况下，发现工作人员将沉淀残渣和废液倒入冲洗车间下水道后，不仅未及时采取措施防止损失扩大、消除污染，而且指挥、安排人员继续冲洗，企图掩盖隐瞒犯罪行为。这一行为的目的是单位利益，体现的是单位意志，其对章某、张某的污染环境行为的"纵容、指挥"，应当认定为污染环境单位犯罪。法官根据上述思路，以污染环境罪于2018年8月依法判处B公司罚金10万元。

（四）使用单位营业执照、合同书、公章、印鉴等对外开展活动，并调用单位车辆、船舶、生产设备、原辅材料等实施环境污染犯罪行为的

在《2019年环境犯罪会议纪要》出台之前，这类情形在司法实践中一般不被认定为单位意志，这主要是因为在某些管理松散的公司、企业，单位内自然人完全可能私自对外开展活动、调用单位车辆等，这从形式上来看属于典型的个人意志而非单位意志。而《2019年环境犯罪会议纪要》之所以将其认定为单位犯罪的一种情形，主要是为了通过刑法的外部刺激强化"企业内部管理"，加大对企业污染环境犯罪的打击。比如，曹某、黄某污染环境案，被告单位A公司为拓展对危化物处置的业务，增加设备，经营范围变更为再生资源开发利用、再生物资回收、环保化工原料制造、销售（不含危化品）、环保工程设备安装、建材批发（依法须经批准的项目，经相关部门批准后方可开展经营活动），法定代表人兼经理变更为黄某。2015年3月9日被告人黄某与该公司的股东签订《B环保科技有限公司承包经营合同》，被告人黄某承包经营后，安排自己的哥哥负责门卫的夜班工作。在承包经营期间，被告人黄某除了上交固定的承包费

用，再除去公司的正常开支，剩余利润均归被告人黄某个人所有。自 2015 年 3 月起，两家公司委托被告单位 A 公司处置其生产过程中产生的危险废物（HW12、HW49、HW34、HW17、HW22 等）。A 公司在处置其中属于 HW12 类危险废物的油墨渣时，因公司设施处置危废物的实验效果不佳，无法处置，而外运至有资质处置的宜昌市危险废物集中处置中心，处置费用太高，配额太少，被告人黄某在未告知其他股东的情况下，要时任生产部经理的被告人曹某 2 找人处置，截至 2016 年 1 月，被告人黄某、曹某 2 在明知曹某不具备危险废物处置资质的情况下，先后五次将其他公司委托 A 公司处置的危险废物油墨渣（属于 HW12）以及废抹布、手套（属于 HW49）共 11 车约 377 吨直接转交给不具备危险废物处置资质的曹某处置。在被告人黄某的授意下，该 11 车约 377 吨的危险废物油墨渣以及废抹布、手套运出公司时均选择在周末的晚上，且未记录进公司的危废物处置台账中。

该案最终定性为自然人犯罪，对此，原审法院认为，被告人曹某、黄某、曹某 2 为谋取非法利益，违反国家规定，将危险废物 377 吨随意倾倒在村子附近、公路旁、山岭，造成直接经济损失达到 100 万元以上，后果特别严重，其行为均已构成污染环境罪。公诉机关指控被告单位 A 公司犯污染环境罪的证据不足，不能认定被告单位 A 公司有罪。原审法院将涉案主要负责人认定为共同犯罪。二审审理并经本院审判委员会讨论决定，裁定驳回抗诉、上诉，维持原判。

对于此案，检察院以单位犯罪起诉，辩护人以单位内自然人不知情进行无罪辩护，而法院认定为责任人的共同犯罪，分歧较大。从单位犯罪的构成要素中的"为单位谋取非法利益或者违法所得大部分归单位所有"方面看，本案中承包合同等证据证明，原审被告单位 B 环保科技有限公司所获得的利润（承包款）应当是相对可预见的，在此基础之上的其他额外利润则归上诉人黄某所有。从黄某供述的"黄某将危废物交给他人处置只有黄某和曹某 2 知道，且未将私自交给他人处置的危废物记入公司台账，而公司多余的利润归黄某个人所有"也可以得到印证。本案现有证据不能证明黄某等人私自实施将危废物违法处置给个人的犯罪行为，但最终认定为自然人犯罪，在并不了解全部案卷事实的情况下，根据《2019 年环境犯罪会议纪要》第 4 项的规定，基于行为人使用合同、公章的对外活动以及调用车辆等行为，认定 A 公司单位犯罪成立。

这一解释与英美刑法中被视为委托人自己实施行为的原则具有一致性，即将他人的一定行为认定为被告人本人实施的行为。这一原则并没有行为人之间的明确委托，而是基于法律的拟制。英美刑法将这一原则适用于：销售、持有、使用。比如在对销售是否为单位行为的认定中，这一原则最明显地适用于许多基于《商业说明法》《食品和药物法》《肥料和饲料法》等法规所要求的以"出售"作为行为核心特征的案件。

除了"出售"案件外，该原则还适用于"持有"犯罪案件，其原理是一样的，与在法律上认为是雇主"出售"由雇员实际交易的货物一样，在法律上也认为雇主"拥有"雇员实际拥有的货物，所以雇主要对通过雇员而产生的"持有"犯罪承担责任。在一般情况下，这一原则也能适用于"使用"案件，即雇员的使用行为可以归于雇主，如一辆货车的所有人将车辆提供给其农场的管家使用，如果管家在所有人不知情或未授权的情况下使用该车到城外游玩一天，这等于雇主违反《车辆（制造和使用）条例》未经允许违背运输货物目的而"使用"他的货车，尽管实际上只是他的雇员做了这样的使用。❶

（五）补充说明

需要说明的是以上几种情形都是建立在"为了单位利益"的前提下，因此单位是否获利仍然是认定的要素。以单位名义，所得收益不归单位就不被认定为单位犯罪。比如被告单位 B 公司，公司股东有被告人秦某（占 85% 股份）、胡某（占 15% 股份），秦某系公司法定代表人、董事、总经理。2017 年 7 月 13 日，秦某以 B 公司名义与深圳市 A 公司签订《垃圾清运合同》，秦某在合同上签名，未加盖 B 公司公章。秦某与深圳市 A 公司发生垃圾清运业务往来，通过现金交易方式结算，获得的非法收入未进入

---

❶ 史密斯，霍根.英国刑法［M］.李贵方，等，译，北京：法律出版社，2000：201-202.

B公司账户。❶法院认定被告人秦某（原审被告单位深圳市B环境工程有限公司法定代表人）在明知垃圾清运公司没有取得贮存、处置生活垃圾资质的情况下，为获取非法利益，向其提供有毒有害的生活垃圾已构成污染环境罪，并不认定为单位犯罪。

此外，还存在单位利益与个人利益并存的情况。对于行为人在职务行为中受贿而实施的污染环境行为，既包含了个人利益的追求，也存在单位利益的现实，是否可以认定为单位犯罪？司法实践往往将这类行为认定为单位犯罪。比如案例：2010年5月初，娄某将本单位南京某化工有限公司的超标污水交由不具备污水处理资质的徐某进行处理。随后，娄某向担任该公司总经理的林某请示，林某表示同意。徐某随即将其欲私自处理污水谋利事宜告知潘某后，潘某表示同意。2011年5月，杨某在明知徐某、潘某无资质处理污水的情况下，参与违法排放、处置污水。为了在排放、处置污水过程中方便与南京某公司结账，杨某于2011年5月成立了南京某物流公司。2012年4月28日凌晨、5月2日凌晨，徐某、潘某、杨某先后两次将两车超标污水析出污油后，把剩余约22吨超标污水直接排入本区撇洪河，造成水体污染，致使沿岸企业单位13名员工身体不适而入院治疗。2011年4月至12月，徐某、潘某、杨某给予娄某好处费合计现金人民币9.95万元。其中，徐某、潘某参与行贿现金人民币9.95万元，杨某参与行贿现金人民币6.5万元。本案中，从表面看是娄某将超标污水交由徐某等人处置，并收受徐某等人给予的贿赂，看似不符合单位犯罪的定义。但南京某化工有限公司是独资法人，法定代表人是林某，公司的一切事宜由林某负责，该公司只要继续生产就必须处置超标污水，如按规定则需经环保部门批准送有资质的单位进行处理，处理该公司产生的超标污水的市场价格在3 400余元/吨，而本案中非法处理的费用是500元/吨，仅污水处理该公司就少花费400余万元。从这个角度而言，南京某化工有限公司是本案最大受益者。同时，娄某经请示林某后将超标污水交由徐某等人处理，徐某等人为能长期从事该项业务，拖走一车就给娄某1 500元的

---

❶ 谭某、秦某污染环境二审刑事判决书（2019）湘10刑终130号。

好处费，实际是娄某利用职务之便谋取个人利益的行为，应定性为非国家工作人员受贿罪，绝不能以此来否定南京某化工有限公司成立单位犯罪。❶

根据 1999 年最高人民法院《关于审理单位犯罪案件具体应用法律有关问题的解释》（法释〔1999〕14 号）的规定，单位以非法目的成立的，所从事的犯罪行为也不能认定为单位犯罪。上述案例中，南京某物流公司是徐某等人为了非法处置超标污水时方便与南京某有限公司开票结账而设立，该公司设立后的主要业务是从事超标污水的处理。因此，对徐某等人应以自然人犯罪定罪处罚。再如席某某、施某某、刘某某污染环境一案中，被告人席某某、施某某、刘某某三人共同出资，合伙从事对废弃铅蓄电池的收购、拆解、冶炼，制成铅锭予以出售牟利，并于 2017 年 5 月成立淮安某再生资源有限公司继续从事排污行为。2017 年 2 月至 8 月，被告人席某某、施某某、刘某某在未取得危险废物经营许可证的情况下，非法收购废弃的铅蓄电池共计 14 106.355 吨，非法处置收购的废弃的铅蓄电池共计 13 967.655 吨，被查获时未及时处置的废弃的铅蓄电池共计 138.7 吨。三名被告人在上述期间，共计销售成品铅锭 8 983.363 吨，销售金额共计人民币 135 304 808 元。法院认为，被告人席某某、刘某某、施某某违反国家规定，成立公司即为非法排污，处置有毒物质，因此，被告人席某某、刘某某、施某某共同故意犯罪，系共同犯罪。三名被告人为进行违法犯罪活动而设立公司，且在公司设立后仍以实施犯罪为主要活动，不以单位犯罪论处。❷

三、单位刑事责任追究困难的深度挖掘

现代法人既是人的组合，也是资的组合，更确切地说，法人是人和资为了一定目的的组合。法人之所以成为团体人格，必须具有团体的形态和

---

❶ 吴斌，向肖.单位与自然人能否构成污染环境罪共犯 [J].人民检察，2014（5）：39-40.

❷ 席某某、施某某、刘某某污染环境一审判决书污染环境罪一审刑事判决书（2018）苏 0812 刑初 252 号。

特征。任何一个团体必须包含两个要素：人和财产。没有独立财产的团体不具备成立独立权利主体的资格，也就不具备独立承担法律责任的能力。同样，没有成员或法定代表人的团体也不可能具备成为独立权利主体的资格。从这个意义上讲，法人乃是财产和人的有机集合体。法人的本意就是要将法人的人格与其成员的人格相分离，彼此独立。❶ 所以，即使法人成员更换频繁，法人的人格仍然独立存在，也即法人的行为能力和意思能力并不以特定人的存在为前提。而这一点，正是科尔曼法人超越说"法人是一个由职位（而非个人）组成的行动系统"理论的优越性所在，即法人成员是以其在法人组织体中的职务或者职位而成为法人要素，而不是以自己的独立人格作为法人要素的。而且，并非是法人成员的所有意志和行为都可归属于法人本身，只有符合法人意志范围和行为能力范围及组织目标❷的，才是法人的意志和行为。

（一）单位刑事责任的理论选择

关于单位犯罪的刑事责任，世界各国刑法及刑法理论都产生过各种不同的理论。

对于国外法人刑事责任的研究中，德国的海纳博士根据对 18 个国家的比较研究，总结出了法人责任的三种国际模式：一是管理人员的犯罪行为直接被认定为企业本身的犯罪行为；二是企业由于组织缺陷而应当直接对其造成的社会危害负责；三是根据因果原则对企业进行归罪。❸ 如果我们对上述种种法人犯罪刑事责任理论进行比较，也不难发现，在论证法人犯罪刑事责任时主要存在两条思路：一是大陆法系立足存在论，从法人本

---

❶ 江平.法人制度论 [M].北京：中国政法大学出版社，1994：7.

❷ 在组织社会学中，社会组织是指对社会结构具有稳定和持久的影响的正式组织。组织内部的一切活动也是围绕着目标而进行的。社会组织的组织目标按照组织运转过程中的显著程度可区分为显性目标和隐性目标。参见赵秉志.刑法争议问题研究（上）[M].郑州：河南人民出版社，1996：209；黎宏.单位刑事责任论 [M].北京：清华大学出版社，2001：191.

❸ 王世州.德国经济犯罪与经济刑法研究 [M].北京：北京大学出版社，1999：118-120.

身的结构特性出发，论证法人因存在法人行为和法人整体意志，因此具备犯罪能力和承担刑事责任的能力；二是英美法系以价值论的思维模式，出于功利的考虑，论证刑法机能是保护社会，法人犯罪既然对刑法保护的法益造成侵害，就应当承担相应的刑事责任。

虽然主流认为单位犯罪来源于替代责任，但事实上，在法人责任是否完全属于替代责任的问题上，中外刑法学界存在两种不同的主张。一种主张为包含关系说，他们认为法人责任是替代责任的一种。❶另一种主张为交叉关系说，他们认为法人责任包括两部分：一部分属于替代责任，一部分不属于替代责任。英国刑法学家史密斯（Smith）和霍根（Hogan）就持此观点。他们认为法人责任分为替代责任和非替代责任两部分。❷其基本的立场是：将法人职员分为两类，一类是代表法人的指导性心理及意志并控制其行为的董事等高级管理职员，其意思就是法人本身的意思，其行为就是法人本身的行为，这些职员的犯罪行为就是法人自身的犯罪行为，这不是替代责任（对他人的犯罪行为承担责任），而是直接责任；另一类是不能代表法人的心理及意志而只是根据法人机关的指示实施行为的一般雇员，法人对这类雇员在其业务范围内实施的犯罪行为即使没有罪过也应承担刑事责任，这就是一种替代责任。

对于刑事替代责任，现代英国的刑法理论认为，它并不能为法人犯罪提供一个圆满的解释。英美法系刑法理论又产生了同一理论，也称"另一个我"责任理论。该理论是英国学者为了对应法人虚拟论而提出的，"另一个我"论与替代责任理论相比，显然会缩小法人犯罪可能成立的范围。例如，对于公司一般雇员在职权范围内为公司利益实施的犯罪行为，根据"另一个我"理论，由于此类雇员不能代表法人意志，因此不能追究法人的刑事责任。

以上两种理论基于自身的缺陷，后来又发展出针对法人自身特点的法人反应责任论，从法人组织体的规模、目标、议事程序以及预防违法行

---

❶ 童德华 . 刑事代理责任理论介评 [J]. 法学评论，2000（3）：84–88.

❷ 史密斯，霍根 . 英国刑法 [M]. 李贵方，等，译 . 北京：法律出版社，2000：206–210.

为的措施等法人的自身特征方面来考虑法人的固有责任。与之类似的对企业组织体的关注，来自企业组织体责任论，由日本板仓宏教授提出，此学说被日本理论界和司法实务界所推崇，目前已成为日本法人犯罪刑事责任肯定论的有力学说。从整体上来论证法人刑事责任是企业组织体责任论的历史性贡献，在此之前，法人刑事责任论大都没有克服个人责任的理论困惑，就这一点而言，企业组织体责任论具有较高的理论价值。

此外，我国刑法学界关于单位犯罪，曾经引发了一场声势颇为浩大的争论，形成了对单位犯罪肯定说和否定说两种截然对立的观点。对于立法中明确的单位犯罪，在具体认定和处罚上也有许多不同观点。具有代表性的主要有：一体化刑事责任论、连带责任论、人格化社会系统责任论、双层机制论、一个主体论等。以上学说分歧的核心在于一派主张单位犯罪具有两个独立的犯罪主体，即单位和单位的主管人员或直接责任人员；另一派则主张单位的主管人员或直接责任人员不具有独立的人格，单位内部成员的意志和行为都可归属于法人本身，因此单位犯罪只有一个主体即犯罪单位。我们以《2019年环境犯罪会议纪要》的规定来看，单位犯罪的认定吸纳了替代责任和非替代责任的内容。❶ 这也与域外立法有一定的相似性，根据美国《模范刑法典》第2.07条第1项的规定，有下列情形的，可以认定法人构成犯罪：（1）所实施的犯罪是违反秩序行为之罪的，或本法以外的制定法明确规定可以对法人追究刑事责任的犯罪且其行为是由代表法人行为的机关在其职务权限或雇用契约范围内所为的。但规定该罪的法律对其行为应归法人负责的机关的范围以及应归法人负责的状况有特别指定时，依照其规定。（2）法律对法人赋予以积极履行为内容的特殊义务，如不履行该义务其不作为应构成犯罪的。（3）董事会授权、要求、命令、实行或轻率地容忍犯罪的实行或代表法人行为的高级管理职员在其职务权限或雇用契约范围内实施行为时。（4）对于实行严格责任的犯罪，除非有明显相反的规定，视为可以对法人追究刑事责任。❷

❶ 黎宏.论单位犯罪的主观要件[J].法商研究，2001（4）：45-54.
❷ 美国法学会.美国模范刑法典及其评注[M].刘仁文，王祎，王勇，译.北京：法律出版社，2005：34-35.

以上争议的核心在于是否要将"单位"赋予实质的主体而不是拟制主体的认识。笔者认为应当肯定单位区别于自然人的主体地位认识，肯定单位责任的客观化与组织体化。

（二）传统责任追究方式企业责任与个人责任的混同使企业责任未被有效激活

从国际社会对法人犯罪惩罚的实践来看，在刑事责任上多采取"替代责任"，在刑罚措施上多选择"罚金刑"。这两种选择在风险日益集中的法人犯罪治理中日渐凸显不足，单位责任逐步转向企业组织体责任和客观责任。从《2019 年环境犯罪会议纪要》可以看到，我们的司法实践在"单位意志"的认定上，仍然主要坚持以"单位代理人"意志作为"单位意志"的认定理念，但也开始尝试将"单位意志"与"单位代理人意志"区别对待。

长期以来，我们认为之所以追究企业的刑事责任，实现预防犯罪的目的，是在将企业或者法人拟制为自然人，比如对于法人犯罪肯定论的观点，"法人和自然人各自在意思表示形式上，虽然有其不同特点，但任何一个法人，都有自己的决策机关，由法人的决策机关调动、指挥法人的活动，这很类似人的大脑，是法人活动的神经中枢。法人决策机关的命令和要求，是法人活动的方向和形式……法人决策机关的意思表示，就是法人的意思表示"❶，"尽管法人决策机关在决策过程中，自然人起着主导作用，也反映着自然人的思想、道德和法制观念，但是这里的自然人是从属于法人的，与法人构成有机整体，是法人群体意志的体现，并不是自然人单独意志的选择"❷，鉴于法人在意思表达上的客观存在，法人依法成立后，根据不同的职能参与社会生活并深入到社会的各个领域之中，法人参与社会的各种活动就是法人的行为，法人违背法人的宗旨，超越业务范围，实施了违反国家刑事法律的行为，是追究法人刑事责任的客观基础❸。而最终承

---

❶ 陈广君. 论法人犯罪的几个问题 [J]. 中国法学，1986（6）：4.

❷ 崔庆森. 也论法人犯罪 [J]. 法学研究，1990（5）：19.

❸ 陈泽宪：新刑法中单位犯罪的认定与处罚——法人犯罪新论 [M]. 北京：中国检察出版社，1997：17.

担刑事责任的则是法人内部起决定作用或者直接责任人的自然人，因为刑罚对法人自身的教育改造，是通过参与法人意志的自然人的意志的改造来完成的。❶ 而这种刑罚设置也类似于自然人犯罪的设置，对于法人来说，所需要承担的则主要是刑事罚金。

基于这种对单位犯罪认识所形成的惩罚模式是否合理呢？是否可以实现预防犯罪的目的？事实上，我们将单位犯罪拟制为个人犯罪来认识，去肯定其个人意志与自然人意志的相似性，忽视了法人意志毕竟为拟制的意志，因此，不能套用自然人犯罪治理的逻辑。

简单来说，对于企业的惩罚往往要寻找主管人或直接责任人员，这通常被称为"替代责任"，追究企业刑事责任必须确定导致危害结果的具体行为人，而且该人必须是能够代表企业意志的高层职员。由于企业高层通常不在具体业务活动现场，与自然人犯罪相比，其主观认识存在的可能性非常小，因此涉案企业被定罪的可能性也就缩小。事实上，这一问题不单纯在我国存在，自 20 世纪 80 年代后期开始，在英国发生了多起导致重大伤亡的企业事故，如 1987 年克莱汉姆铁路公司列车脱轨事故❷。劳动灾害的严重性逐渐凸显，根据英国安全卫生委员会的统计，自 1983 年开始的 10 年间共有 5 774 人在从事企业劳动的过程中死亡，严罚涉事企业的呼声传遍了英国朝野。而在对企业责任进行追究时，在 1992 年至 2002 年的 10 年间，在英国共有 34 家企业被指控犯有过失致人死亡罪，但最终被定罪的只有 6 家，而且全部都是小型企业。❸

在我国企业犯罪的认定中也存在类似问题。小企业往往机制不健全，单位领导的权限比较集中，常常参与单位的具体业务活动的策划和实施，在其中的自然人造成了危害的场合，由于该危害和单位领导之间的关系比较容易确定，所以，容易被认定为单位犯罪。规模大的企业即便犯罪也不容易被处罚，大型企业可以通过层层分级的制度安排回避相应的责任。这

---

❶ 何秉松. 法人犯罪与刑事责任 [M]. 北京：中国法制出版社，1991：505.

❷ MARTIN J, STOREY T. Unlocking Criminal Law [M]. Hodder Education，2007：191.

❸ 周振杰. 英美国家企业刑事责任论的最新发展——以英国《2007 年企业过失致人死亡罪法》为例 [J]. 河北法学，2010，28（12）：170-175.

样一来，企业的规模便决定了企业是否可能构成单位犯罪。对此，笔者认为，我们完全没有必要回避这一现实，"要解决我们现实生活中所出现的许多不令人满意的问题，主要不是靠聪明的人，而是要借助于良好的制度"❶。正如同黎宏教授指出的，追究单位刑事责任，一方面我们应当考虑单位的意志是通过单位代表或者机关成员所形成的，对于已经发生的、客观上可以归属于单位的某种危害结果，作为单位化身的单位组成人员即单位代表或者机关成员必须具有实施单位犯罪的故意或者过失（传统的单位刑事责任论）；另一方面，我们必须认可在判断单位代表或者机关成员所形成的意志是否就是单位的意志时，除了以单位代表或者机关成员所作出的决定内容为根据，还必须考虑单位的目标、议事程序、监督机制、文化氛围等单位作为组织体所具有的特征（现代的组织体责任论）。为了追究单位的刑事责任，不仅需要单位代表或者机关成员具有实施单位犯罪的故意或者过失，而且需要单位本身在客观上具有引起、刺激或者容允单位成员实施犯罪行为的结构、政策、文化等条件（结合理论）。❷

对于现代社会的企业来说，尤其是大型企业，作为一个独立运作的系统，它有一套由其经营管理者在长期的经营管理过程中所提炼和培养出来的、适合本单位特点的经营管理方式，在这个过程中企业呈现的整体共同认可的价值观念、行为规范及奖惩规则，才是真正被拟制的"人"的人格的具体体现。❸

我国传统意义上认识的单位犯罪，多数是对单位成员自身的违法行为的惩罚，而事实上忽视了单位自身的政策、宗旨所导致的犯罪。我国迄今为止的单位犯罪，往往只考虑到了前一种情况，而对于后一种情况，即单位自身的情况导致单位成员犯罪，在某种意义上讲，才是真正的单位犯罪，却完全没有考虑。因此，即便在某一次单位犯罪中，单位的主管人员或直接责任人员受到了处罚，单位自身可能也被判处了罚金，但是，导致

---

❶ 黎宏 . 单位刑事责任论［M］. 北京：清华大学出版社，2001：340.

❷ 黎宏 . 单位刑事责任论［M］. 北京：清华大学出版社，2001：291.

❸ 黎宏 . 单位刑事责任论［M］. 北京：清华大学出版社，2001：294.

本次单位犯罪的根源——引发其成员犯罪的单位体制却丝毫没有改变，于是，在某个具体的场景之下，同样的剧情会再次上演。❶

因此，人们当然应该致力于创造一种没有人格缺陷的组织体，在对待"企业"的概念时，应当分析公司法和刑法的不同规制目的所引起的概念融合的可能。在企业法领域，公司被称为"企业机制概念"，是被法律、市场和私人行为服务于商业目的设计的机制。企业的主要与最终目的就是追逐利益，企业不可能像自然人一样具有天然的道德意识和社会责任。而在刑法意义上，企业被视为自然人一样要求遵守法律，这在客观上是不现实的，因此，便出现了刑法中的企业人格体在承担刑事罚金时的"协商性赔偿"，使针对企业的罚金不可能像针对个人一样发挥刑罚的正当性。因此，对于企业犯罪的认定来说，除了破坏制度或者钻制度漏洞的人应该受到谴责，那些负有义务建立却不建立没有人格缺陷的组织体的人也应该受到谴责。而对此，目前国外掀起的刑事合规的潮流，正是满足了企业犯罪人格修复的一种需要。

（三）科技性强赋予企业的天然保护

环境问题伴随着科技的发展而来，科技越发达，环境问题越复杂。而且，环境问题的预测与评价也对科技具有高度依赖性。因为很多环境问题的作用机理涉及专业技术，有些环境犯罪需要经过长时间的分析和研究才能厘清从污染到侵害的具体过程和作用机理。此外，环境刑法在立法过程中对于不同行为类型的环境危害评价也受制于科技领域的认知水平，而且在司法过程中的环境危害评估、因果关系的判断也受限于科学上的认知与判断。

许多环境学上的危害行为往往是在经年累月后才被发现，如水土流失、土地沙漠化、生态失衡、环境污染等都要经历一定的潜伏期，即从行为发生到结果的显现要经过很长一段时期，而且危害结果出现后，又往往不会立即消失，危害长期持久地存在。同时，对环境影响的评估与预测、环境质量标准的设定也受制于科技水准及企业的技术能力。在环境侵

---

❶ 黎宏.组织体刑事责任论及其应用 [J].法学研究，2020，42（2）：71-88.

权个案中认定生态环境损害相对困难。有的是因生态系统具有循环性或流动性，污染物在一定环境介质中会迁移、转化或自我净化，从单一环境介质很难判断是否存在需要修复的损害。比如，在著名的"泰州环保联合会与六家公司环境污染责任纠纷案"（以下称"泰州污染案"）中，"环境污染危害结果是否存在"一直是当事人双方争议的主要焦点。排污企业抗辩主张，企业排放的废酸经过长江的自净，如泰运河、古马干河的水质已经与污染前没有差别。既然水质已恢复如初，并没有产生自然环境的损害后果，因此无须再通过人工干预措施进行修复。❶有的是由于生态环境损害是一种风险判断，属于"面向未知"的选择，认定标准和技术方法在一定意义上具有决定性，因此会产生因认定标准和认定技术方法的不同而导致损失大小的不同认知。比如当事人对于污染面积的范围持不同认定标准和方法，必然会产生对海洋环境容量损失和生态服务功能损害的认知争议。❷另外，由于科学认知的局限或者技术标准的欠缺，还可能带来有的情况是否属于生态环境损害的疑问。比如目前业内对地下水水位下降到什么情况构成生态破坏并无统一标准，法院对每个具体案件会进行具体的判断。❸

环境犯罪惩罚的一个现实难题还在于如何认识"法律事实"，也就是污染行为与污染结果的因果关系。虽然"两高"出台的有关污染环境罪的司法解释非常好，回应了现在环境刑事审判过程中的一些基本问题，但是，在实践中，还存在着一些法律适用的理解问题。比如，在梳理环境刑事案件的裁判文书过程中笔者发现，法官对"刑法"第338条规定的污染环境罪是行为犯还是结果犯的理解很不一致，在危害结果的认识上存在一

---

❶ 关于"泰州污染案"，参见最高人民法院（2015）民申字第1366号民事裁定书、江苏省高级人民法院（2014）苏环公民终字第00001号民事判决书。

❷ "利海有限公司与威海市海洋渔业局船舶油污污染损害赔偿纠纷上诉案"，山东省高级人民法院（2014）鲁民四终字第193号民事判决书、青岛海事法院（2012）青海法海事初字第169号民事判决书。

❸ 吕忠梅，窦海阳.修复生态环境责任的实证解析［J］法学研究，2017，39（3）：126–127.

定的模糊，对于这种模糊，如果可以从适度的角度理解，也并不违反罪刑法定的明确性。

为什么提适度模糊？这是由环境法专家提出的，在污染环境犯罪认定中，判断生态损害是否实际存在是必须的，但并不要求对损害进行精确度量，只要达到了定罪量刑的标准即可。刑法在定罪量刑时，需要考虑危害结果，但刑法要考虑的危害结果仅须是符合刑法对犯罪结果的要求，不必那么精确，对于具体的危害，完全可以在公益诉讼中通过论辩明确。具体来说，生态损害的存在是实际的，但在刑法是否构成犯罪、如何处罚的边界上可以不必达到技术上的精确度量。这种观点具有一定的合理性，因为刑法的主要手段仍然是惩罚，在这种情况下对危害社会行为的否定性评价就彰显了报应的正义。

因此，在环境犯罪案件中，虽然技术性如此强，但我们更应当弱化科技证据本身。正如专家提出，在刑事案件中，不应该过度追求科技证据。❶环保价值和司法价值应当有效分离，在追求环境保护目的的时候不要逾越司法限度，坚守司法审判标准。

四、单位污染环境犯罪责任追究的出路

我们先来看污染环境罪中专门针对"单位"入罪的情形，尤其是关于篡改、伪造自动监测数据或者干扰自动监测设施行为的理解与适用。根据《2016 年环境犯罪司法解释》的规定，重点排污单位篡改、伪造自动监测数据或者干扰自动监测设施，排放化学需氧量、氨氮、二氧化硫、氮氧化物等污染物的，应当认定为达到严重污染环境罪的入罪条件。这一规定具有典型的单位责任的具体要求，换句话说这一情形并不适用于自然人。比如 2018 年，浙江省高级人民法院、省人民检察院、省公安厅、省环保厅（现省生态环境厅）召开联席会议的会议纪要就明确：排污单位存在监测

---

❶ 吕忠梅 . 环境资源司法现状的观察与思考 [EB/OL].（2018-06-11）[2020-02-12]. https://mp.weixin.qq.com/s/Jbdbn_ZgS9t0ZXm5HIR13Q ；吕忠梅，张明楷 . 关于环境刑法重大理论与实践命题的对话 [EB/OL].（2018-06-11）[2020-02-12]. https://mp.weixin.qq.com/s/5SZ8BzVkeAD_qdlcoFtUBQ.

数据弄虚作假行为的，环保部门、公安机关依法予以处罚；涉嫌单位犯罪的，移交司法机关依法追究直接负责的主管人员和其他直接责任人员的刑事责任，并对单位判处罚金。对于具体操作人员个人篡改、伪造自动监测数据或者干扰自动监测设施的行为，单位负责的主管人员在合理期限内未发现或发现后未予纠正，且无法作出合理解释，无其他证据证明其确实不知情的，可以认定其应当知道，适用《2016 年环境犯罪司法解释》第 1 条第 7 项。❶

（一）企业组织体责任的独立认识

从我国刑事立法来看，刑法逐步加大对法人犯罪的预防与处罚力度。例如，2011 年的《刑法修正案（八）》和 2013 年的《刑法修正案（九）》，对于贿赂犯罪和恐怖活动犯罪都加大了法人处罚的力度。与此同时，刑法中的双罚制仍然延续着以个人责任为法人刑事责任前提的一贯思维，并没有发生改变。

而相比之下，美国和英国在法人刑事责任上已经开始变化，欧美国家的刑法理念向来重视实践理性。合规计划制度最早起源于美国，美国联邦量刑委员会于 1987 年公布的《美国量刑指南》，并没有包括对犯罪企业的量刑标准，而 4 年后，该委员会对指南进行修改，增加了第八章《组织量刑》的内容，并在该章第 C2.5 条明确规定，在犯罪发生之时，如果企业内部存在有效的适法计划，可以减轻刑事责任。在日本以及欧洲各国，如果特定企业的行为表明其并没有漠视法律，而且制订并积极实施了预防性适法计划，司法机关可以减轻其刑事责任。

从国外的研究成果来看，对于企业合规计划制度在预防犯罪上的研究主要是在刑事责任以及量刑上。在准组织责任与组织责任之下，根据传统

---

❶ 浙江省高级人民法院，浙江省人民检察院，浙江省公安厅，浙江省环保厅（现浙江省生态环境厅）.关于办理环境污染刑事案件若干问题的会议纪要（三）[EB/OL].（2018-03-27）[2020-02-12]. https://webvpn.bit.edu.cn/https/77726476706e6973746865 6265737421e7e056d2373b7d5c7f1fc7af9758/lar/f4a3a8c42084438446ee094aff7fece8bdfb. html?keyword= 关于办理环境污染刑事案件若干问题的会议纪要 %28 三 %29.

刑法理论进行的个人刑事责任判断已经不再必要，而代之以根据法人的组织规则，行为人的犯罪故意与过失等主观要素也不再对法人刑事责任产生实质性影响，法人的守法状况以及内部管理活动等客观要素成为判断法人刑事责任的主要依据。❶

基于对企业组织体责任的认识，法人的意志不再寄托于法人内自然人意志之上，法人可以根据自身的议事程序形成自我决定。从一定程度来说，法人的意志是不受任何自然人意志的干涉和影响的。在现代社会，伴随着人工智能的发展，深度学习可以使机器人形成自我决定，这一决定同样不受制于自然人的程序设计。在这种发展趋势下，脱离于自然人的法人意志显得更为突出，对其责任的肯定也显得尤为重要。

在对法人肯定刑事责任时，就法人而言，"对法人适用刑罚并不违背罪责自负的原则。法人作为一个相对独立的犯罪主体实行了犯罪，它相应地承担刑事责任就是罪责自负。在法人组织内部，法人代表或主管人员掌握法人的最高职权，应当对法人的犯罪负刑事责任；直接责任人员在其职责范围内实施犯罪，也应当负刑事责任；至于法人组织的其他成员也在不同程度上对法人的活动负有一定责任，至少也应当负监督不严的责任，而且他们在不同程度上分沾了不法利益，因此，法人负刑事责任时给他们带来一些不利影响也是合理的"❷。将法人作为犯罪主体追究刑事责任，"足以使每一个参与法人整体意志形成的自然人，甚至全部法人成员，充分认识到法人犯罪是要受刑罚惩罚的，它会给法人带来严重的不利后果，从而使他们今后在参与法人整体意志的形成过程中，进行思考和作出整体判断时，把这种认识作为一个重要因素，对避免法人犯罪起到重要作用。可见，刑罚对法人自身的教育改造，是通过参与法人意志的自然人的意志的改造来完成的"❸。

那么是否可以实现这样的目的呢？在讨论单位犯罪是否应当成立时，

❶ 周振杰.法人犯罪立法的批判性政治解读 [J].法治研究，2013（6）：33-40.

❷ 陈宝树.经济犯罪与防治对策 [M].郑州：河南人民出版社，1992：70.

❸ 何秉松.法人犯罪与刑事责任 [M].北京：中国法制出版社，1991：505.

单位犯罪否定说主张"法人与法人的机关成员只有在法人的权利能力范围内行使民事权利时，才统一在一个民事权利主体之中"，"法人本身不可能具有犯罪的心理态度"，"法人不是有生命的实体，对法人无法通过适用刑罚进行教育改造"，"一旦法人被撤销或者解散，就势必影响国家和集体的正常生产"等。

这些观点在今天看来仍然具有重要意义，我们必须论证对法人的归责适用的是完全不同于对个人的归责的另一种合理的归责原则，那么，处罚法人就不要求法人也像自然人那样具有"犯罪的心理态度"。只要人们可以论证对法人的处罚追求的是完全不同于"通过适用刑罚进行教育改造"的其他目的，那么，即使用"法人不是有生命的实体，对法人无法通过适用刑罚进行教育改造"这种正确的看法也否定不了处罚法人的必要性。

在对企业犯罪认定时，根据我国刑法对单位犯罪的规定，需要单位意志和单位行为。而在单位意志的认定上，由于企业内部管理很容易出现认定困难，规模较大的现代企业通常拥有复杂的政策决定程序，业务责任分散，单位领导往往并不直接干预具体业务，而是授权给各个职能部门，由他们具体操作，因此，即便自然人在单位业务活动过程中造成了危害，也常常会因为该危害和单位领导之间的关系不易确定而难以被作为单位犯罪。相反，在一些中小企业中，单位领导的权限比较集中，常常参与单位的具体业务活动的策划和实施，因此，在其中的自然人造成了危害的场合，由于该危害和单位领导之间的关系比较容易确定，所以容易被认定为单位犯罪。这样一来，规模大的企业即便犯罪也不容易被处罚，而规模小的企业往往容易被罚。单位的规模决定了单位是否罪犯的命运。在我国的现实生活中，被作为单位犯罪处理的往往都是些中小企业的行为，而极少涉及大型企业。

这也从一个角度反映出，由于企业的主要与最终目的是追逐利益，其不可能像自然人一样具有天然的道德意识和社会责任，因而就需要通过外部强化其合规意识。传统意义上我们采取的是刑法的直接惩罚，以此实现威慑和特殊预防，但这种预防具有较强的事后性，为此，英美法系国家率先在"事先预防"上进行了企业义务的探索，比如英国为了规避企业主观方面认定的困难，出台了《2007年企业过失致人死亡罪法》(*Corporate Manslaughter and Corporate Homicide Act 2007*)。其第1条规定，如果某一企业的业务活动的组织、管理方式存在重大缺陷，而且严重违反了该企业对被害人所应承担的相关义务，进而导致被害人死亡，则可以追究该企业过失致人死亡罪的刑事责任，以"相关义务"将犯罪构成实质化。❶再比如，1995年的《澳大利亚联邦刑法典》就企业犯罪的构成要件规定，在出现法律所禁止的行为或者结果之际，可以根据如下两种事实判断企业主观方面是否存在授权或允许特定犯罪行为的犯意：（1）企业内部存在着引导、鼓励、容忍或者导致不遵守法律规定的企业文化；（2）企业未能建立并保持要求遵守法律的企业文化。❷这些均是通过"企业义务"的设定拟制企业意志以实现预防企业犯罪的目的。这一模式具有一定的合理性，对于企业犯罪来说，原因往往多种多样，因此预防企业犯罪，也需要立足于多个层面。从刑法基本理论来看，目前针对企业犯罪的惩罚，多是基于国家强权的单向惩罚，未强调企业的自主性影响。事实上，对于企业犯罪来说，最近端的发现与预防主体都是企业自身，合规计划强调从自主规制和共同规制出发，加强内因的控制，避免单纯外力干预的粗暴性。

对于企业犯罪的预防，不能单纯采用"惩罚"—"威慑"—"预防"的模式，因为企业天然缺乏自然人的"道德性"，可以考虑结合企业"谋利"的特征，从"奖励"的角度预防犯罪。事实上，传统的打击并没有解决激励企业自身进行犯罪预防的问题。而且在某些案件中，虽然具体行为违背甚至损害了企业利益，但是因为行为人是利用企业的管理漏洞，或者滥用自己手中的职权实施犯罪，企业仍然要被刑事处罚。

正是因为传统刑法在企业犯罪治理实践中的诸多缺陷，所以自20世纪90年代以来，越来越多的西方国家开始接受合规计划的引入，根据独

---

❶ 周振杰.英美国家企业刑事责任论的最新发展——以英国《2007年企业过失致人死亡罪法》为例 [J].河北法学，2010，28（12）：172.

❷ 周振杰.企业刑事责任二元模式研究 [J].环球法律评论，2015（6）：151.

立的标准与基础认定个人刑事责任与企业刑事责任。

（二）刑事合规的引入

虽然刑事合规起源于美国，但德国学者首先从理论上提出了"刑事合规"。目前，德国关于合规与刑法的探讨大多涉及价值转变、风险刑法、刑法的区域化以及刑法帝国主义的全球化。这一研究背景与我国当前环境犯罪面临的背景具有相似性，也因应了刑事治理的需要。

刑事合规着眼于企业犯罪的治理需求，肯定企业自治的法律后果，建立企业与刑法合作预防犯罪的模式。❶ 传统刑罚观点认为，对犯罪的控制主要依赖于国家刑事手段，但伴随科学技术的发展，犯罪的专业化也在进一步加剧，单纯从国家外部干预，难以及时发现并控制犯罪。国家制定的法律规范有时并不符合企业的具体情况，与一般行政法或刑法相比，企业自身设立的规定常常能够更好地适应现代经济社会在技术上和经济上的众多特殊性质。从控制犯罪的角度来说，企业自治可能是一个有效得多的方法，通过企业自治换取量刑奖励激发企业及时发现、预防犯罪。在一个"被法律规制的自治"框架内，企业犯罪治理的效率可能会额外提高。

虽然大部分国家在论及刑事合规的立法和司法时，将"合规计划"作为企业犯罪的一般治理理念适用于一切企业，但从其具体实践来看，刑事合规在适用领域上较为集中存在于贿赂犯罪、洗钱犯罪、金融犯罪、环境犯罪和食品安全类犯罪。在笔者看来，对于刑事合规的适用领域应当持保守态度。刑事合规客观上是对犯罪的一种妥协，这集中体现在量刑减轻的政策上，通过减轻量刑换取对犯罪的预防，似乎削弱了国家控制力，有违刑法的公法性质以及严厉性。但对于关涉"公益"的犯罪类型，引入"合规计划"是有必要的。对于公害犯罪，我们已经无法回避传统刑法的单向制裁在发现犯罪、认定犯罪上的低效率，且以罚金为主的惩罚方式给企业带来严重的负社会效益影响。这也绝非刑法治理公众所期望看到的局面。对此，笔者认为以刑事合规的理念治理公害犯罪具有现实意义，其优势就

❶ 李本灿.企业犯罪预防中国家规制向国家与企业共治转型之提倡 [J].政治与法律，2016（2）：51-65.

在于解决了举证困难以及对企业的惩罚不再是一次性惩罚，充分考虑了刑罚对企业行为的"再改造"以及企业发展的客观需要。正如"中兴事件"所达成的"刑事合规"，在认罪协议之后，企业大量合规义务的设置不同于单纯的罚金，而企业在内部机制的投入上增加合规官的配置、企业内部员工的合规培训等着眼于预防犯罪而不是出于单纯打击犯罪的需要。

美国工业化时期也曾有过非常严重的污染事故，以及非常惨痛的环境风险管理教训。在宾夕法尼亚多诺拉空气污染事件等多个严重污染事故的不断推动下，自20世纪60年代，美国吸取教训制定了大量应对环境污染的法律。其中，除了《清洁空气法》《清洁水法》外，在1980年还制定了《综合环境反应、赔偿与责任法》亦称《超级基金法》。美国以前是粗放型的发展模式，在经历了一系列的环境污染事件后，建立了完备的环境事故治理体系、有害废物反应机制、环境损害责任体制等，并且成为环境污染民事诉讼的有力武器。

随着人们对环境污染的关注度越来越高，1970年12月2日，美国成立了国家环境保护局（U.S. Environmental Protection Agency），成立该机构的主要目的是加强各联邦对环境保护工作的研究、污染行为的监测、环保标准的制定以及开展相应的执法活动，从而提高环境保护工作效果。美国国家环境保护局自成立以来，一直致力于为美国人民创造一个更清洁、更健康的环境。美国国家环境保护局作为独立机构以《环境保护法》为依据主要对环境管理进行事前控制。美国除了传统的司法执法途径外，国会还为美国国家环境保护局提供了各种行政手段，以确保企业与个人遵守《环境保护法》。合规计划是美国国家环境保护局的执法工具，要求被监管企业在规定的截止日期前改正违法行为，遵守特定的法律法规或监管要求。违反合规计划可能会受到民事或刑事制裁。合规计划的目的是"提供快速、反应灵敏、灵活的执法工具，特别适合纠正不太重要的违规行为"。根据美国国家环境保护局温室气体报告计划的要求，每年大约有10 000个实体必须报告其温室气体排放量。❶ 美国国家环境保护局正是通过合规的

---

❶ 董文福，刘泓汐，王秀琴，等.美国温室气体强制报告制度综述［J］.中国环境监测，2011（2）：19.

量刑奖励，激励企业自愿发现、自我披露与纠正有关违法问题，达到对环境犯罪的有效治理。

我国曾有一起非常著名的环境信息披露案件。2010 年 7 月 4 日，上市公司某矿业拥有的铜矿湿法厂发生铜酸水渗漏事故，造成部分汀江水域严重污染。该公司没有选择第一时间作出信息披露而是直至 7 月 12 日才发布公告，瞒报事故长达 9 天。中国证监会在后来的行政处罚决定书中认为该矿业的相关行为不仅污染了自然环境，而且污染了上市公司信息披露的市场环境，是一种错上加错的行为，其不仅应受到司法机关和有关政府部门的处罚，而且应承担《证券法》规定的未在第一时间披露信息的法律责任。❶ 虽然该公司违反了《证券法》中第一时间披露信息的法律规定，但是从另一个角度来看，环境资源是全体人民的，不论是当地老百姓，还是其他公民都有对该信息的知情权。曾有人大代表在全国人民代表大会中提议建立央企和上市企业的环境合规体系。笔者认为，该合规体系的建立不仅应该从现有的机构改革开始，更应该从环境保护的立法层面建立一个体系化的环境合规机制。

第二节　单位污染环境犯罪内部责任认定

我国《刑法》第 31 条规定：单位犯罪的，对单位判处罚金，并对其直接负责的主管人员和其他直接责任人员判处刑罚。环境犯罪中单位犯罪的惩罚也同样如此，本节将重点围绕对单位内责任人的认定展开。

一、双罚制规定中"责任人"的规范解读

在单位犯罪中，必须弄清责任主体的范围。根据《2016 年环境犯罪

---

❶ 中国证监会.证监会查处紫金矿业信息披露违法违规案［EB/OL］.（2012-05-23）［2019-08-12］. http://www.csrc.gov.cn/pub/newsite/jcj/aqfb/201205/t20120523_210523. html.

司法解释》以及《2019 年环境犯罪会议纪要》的规定，在对单位犯罪进行认定时，单位犯罪中的"直接负责的主管人员"一般是指对单位犯罪起决定、批准、组织、策划、指挥、授意、纵容等作用的主管人员，包括单位实际控制人、主要负责人或者授权的分管负责人、高级管理人员等；"其他直接责任人员"一般是指在直接负责的主管人员的指挥、授意下积极参与实施单位犯罪或者对具体实施单位犯罪起较大作用的人员。

此外，目前我国对于污染环境罪单位犯罪其他直接责任人的认定并无法律可循。可以参照其他犯罪关于其他直接责任人员的规定。根据时间顺序如下。

（1）《2001 年金融犯罪会议纪要》（法〔2001〕8 号）包括三个层次的问题：第一，概括的认识。直接负责的主管人员，是在单位实施的犯罪中起决定、批准、授意、纵容、指挥等作用的人员，一般是单位的主管负责人，包括法定代表人。其他直接责任人员，是在单位犯罪中具体实施犯罪并起较大作用的人员，既可以是单位的经营管理人员，也可以是单位的职工，包括聘任、雇用的人员。第二，主体责任人实质认定。在单位犯罪中，对于受单位领导指派或奉命而参与实施了一定犯罪行为的人员，一般不宜作为直接责任人员追究刑事责任。第三，对于主、从犯的认定确立了一定的标准。对单位犯罪中的直接负责的主管人员和其他直接责任人员，应根据其在单位犯罪中的地位、作用和犯罪情节，分别处以相应的刑罚。主管人员与直接责任人员，在个案中，不是当然的主、从犯关系。有的案件，主管人员与直接责任人员在实施犯罪行为的主从关系不明显的，可不分主、从犯。但具体案件可以分清主、从犯，且不分清主、从犯，在同一法定刑档次、幅度内量刑无法做到罪刑相适应的，应当分清主、从犯，依法处罚。第四，对于单位与自然人处罚关系进行了明确。单位金融犯罪中直接负责的主管人员和其他直接责任人员，是否适用罚金刑，应当根据刑法的具体规定。刑法分则条文规定有罚金刑，并规定对单位犯罪中直接负责的主管人员和其他直接责任人员依照自然人犯罪条款处罚的，应当判处罚金刑，但是对直接负责的主管人员和其他直接责任人员判处罚金的数额，应当低于对单位判处罚金的数额；刑法分则条文明确规定对单位犯罪中直接负责的主管人员和其他直接责任人员只判处自由刑的，不能附加判处罚金刑。

（2）2013 年最高人民法院、最高人民检察院、公安部《关于办理组织领导传销活动刑事案件适用法律若干问题的意见》以下简称《2013 年传销案件意见》第 2 条规定：以单位名义实施组织、领导传销活动犯罪的，对于受单位指派，仅从事劳务性工作的人员，一般不予追究刑事责任。这一规定进一步强化了一般人员对犯罪没有促进尤其是决定、推动作用的不认定为犯罪。

（3）2015 年最高人民法院、最高人民检察院《关于办理危害生产安全刑事案件适用法律若干问题的解释》（法释〔2015〕22 号）第 3 条规定：刑法第 135 条规定的"直接负责的主管人员和其他直接责任人员"，是指对安全生产设施或者安全生产条件不符合国家规定负有直接责任的生产经营单位负责人、管理人员、实际控制人、投资人以及其他对安全生产设施或者安全生产条件负有管理、维护职责的人员。这一规定对于"责任人"的范畴以列举的方式进一步明确。

（4）2016 年《关于办理非法采矿、破坏性采矿刑事案件适用法律若干问题的解释》（法释〔2016〕25 号）第 11 条规定：对受雇佣为非法采矿、破坏性采矿犯罪提供劳务的人员，除参与利润分成或者领取高额固定工资的以外，一般不以犯罪论处，但曾因非法采矿、破坏性采矿受过处罚的除外。对于行为人受雇佣犯罪的，一般认为其没有犯罪目的，所从事的行为虽然具有客观危害，但行为人主观上并没有犯罪的意图。

在金融犯罪中，其他直接责任人员要求具体实施犯罪并起较大作用，"对于受单位领导指派或奉命而参与实施了一定犯罪行为的人员，一般不宜作为直接责任人员追究刑事责任"这一规定相当宽泛，相当于排除了所有人员，对此，危害生产安全刑事案件、非法采矿刑事案件的司法解释却并非是全部排除：危害生产安全刑事案件中具有管理维护职责的员工可以认定为其他直接责任人员；而对于受雇用人员的态度，也从金融犯罪规范中的"可以认定"到非法采矿犯罪中的"有无利润分成、是否纯粹劳务"的具体评价。在非法采矿刑事案件中，根据刑法谦抑性和宽严相济刑事政策的要求，对提供具体劳务的一般参与者应区别对待：对于参与利润分成或者领取高额固定工资的，可以共同犯罪论处；对于受雇用领取正常劳务报酬且无其他恶劣情节的，一般不以犯罪论处。同时，应将单位中的出资者、组织者、经营者、管理者，即具体犯罪活动的执行者作为打击重点。❶

二、域外的立法规定

在承认法人犯罪的国家，也同样存在如何追究责任人的问题。美国的刑法同样采取双罚制度。如《模范刑法典》第 2.07 条第 6 项规定，在构成法人犯罪的情况下：（1）无论何人，对于以法人名义所实施或为了法人或引起法人所实施的行为，要负与以自己名义或为了自己而实施的行为相同的责任。（2）法律对法人赋予作为义务时，如果对履行其义务负首要责任的法人的机关因轻率而怠于履行其作为义务的，需负与该法律直接赋予其履行义务时相同的法律责任。（3）基于法人行为的法律责任而被认定有罪的人，以自然人对于同等级之罪被认定有罪时能科处的刑罚处之。❷ 在英国刑法中，在可能由法人实施的犯罪的当代立法中，一般都包括以下条款："当一个由法人实施之罪行最终被证明是在法人的任何董事、经理、秘书或其他类似的官员，或者任何具有这样能力之人的同意、默许下实施的，或者是由于这些人的任何疏忽而发生时，那么，这些人将与法人一样犯有相同的罪行，应该据此接受同样的指控与承担同样的处罚。"❸ 但是，一个董事或其他官员是否承担这样的责任只能根据每个案件的具体事实进行判断，即应具体地判断是否存在"同意""默许"或者"疏忽"，控方有义务证明有关人员这种犯罪心理的存在。

我们可以看到在责任人的追究上，多数追究的是"领导"责任，并不处罚基层人员。这一理论基础在于地位不够高的人的行为并不能代表

---

❶ 缐杰，吴峤滨 . 最高人民法院、最高人民检察院《关于办理非法采矿、破坏性采矿刑事案件适用法律若干问题的解释》理解与适用 [J]. 人民检察，2017（4）：53-57.

❷ 美国法学会 . 美国模范刑法典及其评注 [M]. 刘仁文，王祎，王勇，译 . 北京：法律出版社，2005：35-36

❸ 史密斯，霍根 . 英国刑法 [M]. 李贵方，等，译 . 北京：法律出版社，2000：212.

公司，那么法人犯罪自然也不能成立，也不必为法人承担刑事责任。比如"同一视"原则中，卡尔德孔特子爵认为："只有公司的官员已经采取行动、说话或者思考，否则公司不能采取行动、说话或者思考。"在一起案件中，一家超级市场店员因为没有听从经理的指示，而违反了《1968年商业说明法》，法院因此认定公司构成犯罪。对此，上议法院撤销了公司的有罪判决，其认为，作为地区经理在公司的地位并不足够高，不能够代表公司的意志。对于大型全国性或者跨国性公司来说，起诉要求高级别管理人员的罪责明知。这一原则的出现，是为了避免在对公司责任人追责时，将一般职员的行为认定为公司意志，因此，只是将高级董事和经理的意志视为公司意志，倘若将每个雇员的意志归咎于一个不应该被谴责的公司，将使法律蒙羞。❶公司内的个人原则上不应当承担个人责任，而公司的高级管理人员是因为其对公司的控制而可能承担起此特别义务，也因此应当归责。环境危险的制造者实际上就是环境危险行为的决策者，在环境犯罪中，单位的意志往往是决策者的意志，追究决策者的责任在于决策者拥有权力，对规避危险具有不可推卸的责任，其必须对自己的行为和选择负责。

鉴于环境问题的复杂情况，真正应该承担刑事责任的是环境危险的制造者，因为"欲使责任有效，责任还必须是个人的责任。在一个自由的社会中，不存在任何由一个群体的成员共同承担的集体责任……如果因创建共同的事业而课多人以责任，同时却不要求他们承担采取一项共同同意的行动的义务。那么通常就会产生这样的结果，即任何人都不会真正承担这项责任"❷。也就是说，责任只有明确到个人才会真正得到落实，否则就会导致共同的不负责任。

因此，承担责任的主体范围不能也不应泛化，因为"责任主体越多，每个责任主体承担的责任就越小，而且容易造成相互拉扯，责任模糊，无

---

❶ 侯德．阿什沃斯刑法原理［M］．8版．时延安，史蔚，译．北京：中国法制出版社，2019：187-188.

❷ 哈耶克．自由秩序原理［M］．邓正来，译．北京：生活·读书·新知三联书店，1997：99.

人真正负责的怪现象，导致真正的责任主体缺位和虚位"❶。

三、实务判决中责任人的定罪量刑问题聚焦

在司法实践中，按照法律规定判决中都呈现了主管人员与其他直接责任人的区分，那么这种区分的依据在哪里？是否具有量刑的影响？尤其是对于主管人员，抛开实际控制人、投资人、高级管理人员的身份，我们从判决中如何认识实质的界定边界？比如大量的公司企业内部都设置专门的"环保"负责人，这些环保负责人是否就一定承担责任，或者是否承担主管责任呢？下面我们通过判决来进行说明。

某矿业集团水污染案是中国环境保护历史上为数不多的重大案件之一，牵涉到诸多法律问题，经立案调查、检察院公诉、法院一审二审，历经数月才得以终结。2010 年 7 月 3 日 15 时 50 分，福建省某矿业集团有限公司的某金铜矿所属铜矿湿法厂污水池水位异常下降，池内酸性含铜污水出现渗漏，外渗污水量约 9 100 立方米，部分进入汀江，导致汀江部分河段水质受到严重污染，并造成大量鱼类死亡。2010 年 12 月 22 日，福建省龙岩市新罗区人民检察院就该矿业集团股份有限公司金铜矿的重大环境污染事故向新罗区人民法院提起公诉。该法院于 2010 年 12 月 28 日受理此案后依法组成合议庭，并开庭对此案进行了公开审理。新罗区人民检察院在起诉书中指控：被告单位该金铜矿于 2008 年 3 月在未进行调研认证的情况下，违反规定擅自将 6 号观测井与排洪涵洞打通；在 2009 年 9 月福建省环境保护厅对该金铜矿进行环境保护突击检查，明确指出"集水井所在的排洪洞与日常雨水排入汀江的排洪洞连通，在暴雨季节若抽水来不及，将出现渗出液连同雨水一并排入汀江"的问题并要求彻底整改后，仍然没有引起该单位足够的重视，整改措施不到位、不彻底，仅在排洪涵洞内砌了一堵 2.5 米高的挡水墙，未做完全封堵，隐患仍然存在。2010 年 6 月中下旬，上杭县降水量达 349.7 毫米。2010 年 7 月 3 日，被告单位某金铜矿所属铜矿湿法厂污水池防渗膜破裂造成含铜酸性废水渗漏并流入 6 号

---

❶ 薛晓源，周战超.全球化与社会风险 [M].北京：社会科学文献出版社，2005：77.

观测井,再经 6 号观测井通过人为擅自打通的与排洪涵洞相通的通道进入排洪涵洞并溢出涵洞内挡水墙后流入汀江,泄漏含铜酸性废水 9 176 立方米,造成汀江该金铜矿铜矿湿法厂下游水体污染和下游养殖鱼类大量死亡的重大环境污染事故。对于检察院所指出的事故原因在于环保整改不到位,新罗区人民法院在对这起重大环境污染事故案下达的判决书中指出:被告单位某矿业集团股份有限公司某金铜矿违反国家规定,在生产过程中对企业存在的环境保护安全问题重视不足,没有从根本上采取有效措施解决存在的环境保护隐患,继而发生了危险废物泄漏至汀江,致使汀江水域水质受到污染,造成渔业养殖户养殖的鱼类死亡,损失巨大,后果特别严重。新罗区人民法院对涉案 5 名被告人下达了一审判决。该院以重大环境污染事故罪判处该矿业集团原副总裁陈某有期徒刑 3 年,并处罚金 20 万元;该集团旗下金铜矿环境保护安全处原处长黄某有期徒刑 3 年6 个月,并处罚金 20 万元;该集团旗下金铜矿铜矿湿法厂原厂长林某有期徒刑 4 年,并处罚金 30 万元;该集团旗下金铜矿铜矿湿法厂原副厂长王某有期徒刑 4 年,并处罚金 30 万元;该集团旗下金铜矿铜矿湿法厂环境保护车间原主任刘某有期徒刑 4 年 6 个月,并处罚金 30 万元。❶龙岩市中级人民法院二审裁定认为,被告人陈某由于 2006 年 9 月至于 2009 年12 月担任该金铜矿矿长,为主管人员,黄某是金铜矿环保安全处处长,为事故直接负责的主管人员,而被告人林某为铜矿湿法厂厂长,王某为湿法厂分管环保的副厂长,刘某为湿法厂环保车间主任,为事故直接责任人员。

在这一案件中,有两个问题值得我们关注。第一,在量刑中,主管人员的责任轻于直接责任人员。我们可以看到,对直接责任人员的量刑均在 4 年以上,而主管人员的量刑在 3 年以上。第二,在对直接责任人的认定中,将直接负责的主管人员与其他直接责任人进行了区分。

---

❶ 朱达俊.中国重大环境案例回顾:紫金矿业水污染案 [J].环境保护与循环经济,2013(2):28-31.

我们再来看常州东南 A 化工有限公司、羌某污染环境罪。❶ 被告单位 A 公司违反国家规定，非法处置危险废物，严重污染环境，其中，被告人羌某案发时作为 A 公司法定代表人，系直接负责的主管人员；被告人苏某作为公司副总经理，分管环保工作，系直接责任人员。在认定责任时，其中一位证人描述：公司法人和实际控制人羌某，负责全面工作。羌某 2 是副总及现任法人，公司的财务收入和支出及业务销售都由羌某签字负责，公司若有危险废物处理必须经过羌某同意，他人无权处理。苏某负责安全生产、环保和产品质量等工作的实际操作，然后向羌某汇报。通俗地讲，不管是公司的产品进出库，还是生产、废物的处理，苏某都不能私自做决定，都必须将处理方案汇报给羌某，由羌某决定。

据此，二审法院认为，上诉人羌某系 A 公司原法定代表人和实际控制人，对单位犯罪起决定作用，属于直接负责的主管人员；上诉人苏某接受羌某的安排，直接实施单位犯罪，属于直接责任人员，故应当以污染环境罪追究二人的刑事责任；被告人羌某犯污染环境罪，判处有期徒刑 1 年零 10 个月，并处罚金人民币 5 万元；被告人苏某犯污染环境罪，判处有期徒刑 2 年零 2 个月，并处罚金人民币 5 万元。

从该案件中，我们可以看到：其一，分管环保的公司副总经理作为高级管理人员，被认定为直接责任人员，而不是主管人员；其二，法定代表人作为主管人员亦被追责，但责任轻于直接责任人员。

而在孙某、张某、A 再生物资有限公司等污染环境案件中❷，法院认为被告人孙某、张某身为 A 公司内直接负责的主管人员，对公司的生产、经营管理均有决策权，张某在 A 公司占股 10%，并且自 2016 年 8 月起正式担任 A 公司副总经理，全面负责公司的销售、生产、财务等事务。被告人孙某犯污染环境罪，判处有期徒刑 3 年 6 个月，并处罚金 6 万元。被告人张某犯污染环境罪，判处有期徒刑 3 年 3 个月，并处罚金 4 万元。而对于

❶ 常州东南 A 化工有限公司、羌某污染环境二审刑事裁定书（2019）皖 07 刑终 109 号。

❷ 孙某、张某、A 再生物资有限公司等污染环境罪二审刑事裁定书（2019）浙 04 刑终 295 号。

其他被告人马某1、马某2、崔某系在主管人员的授意、指挥下积极参与实施单位犯罪的一般工作人员，属于其他直接责任人员。被告人马某1犯污染环境罪，判处有期徒刑2年，缓刑2年，并处罚金1.2万元。被告人马某2犯污染环境罪，判处有期徒刑1年6个月，缓刑1年6个月，并处罚金1万元。被告人崔某犯污染环境罪，判处有期徒刑1年6个月，缓刑1年6个月。

在这一案件中，对作为直接负责的主管人员与其他直接责任人的认定，又出现了与上文所述羌某污染环境案不同的裁判认识，即作为公司副总经理的张某没有被认定为主管人员，且这一案件与前面两个判决不同：对主管人员的处罚力度均高于其他直接责任人。

从大量的判决我们可以看到，对于污染环境单位犯罪直接负责的主管人员的认定，无论是刑法学界还是司法实践，实际认识均有所不同，对于污染环境单位犯罪中直接负责的主管人员的范围，目前流行的观点主要有法定代表人说、决策作用说、领导人参与说和领导责任说。有的认为主管人员包括法定代表人、单位的主要负责人、单位的一般负责人、单位的部门负责人；有的认为主管人员是单位犯罪的决策者；有的认为主要指董事长、厂长、经理等。

以上观点提供了"身份"判断的指引，但即便对于这一身份也要实质把握，要从是否具有公司管理控制的客观事实，比如王某某污染环境案中，被不起诉人王某某虽系李某甲所挂靠的天津A公司法定代表人，但王某某实际上未参与该施工和管理，李某甲事前也未告知王某某如何处置施工中产生的危险废物，李某甲随意处置危险废物的行为系李某甲的个人行为，且已经超出王某某的授权范围，王某某在本案中没有犯罪事实。依照《中华人民共和国刑事诉讼法》第173条第1款的规定，决定对王某某不起诉。❶

如果仅仅将责任人限定为有决策权的领导，对直接负责的主管人员限定范围太狭窄，不利于打击单位犯罪，所以单位犯罪中直接负责的主管人员包括法定代表人、单位的主要负责人、单位的一般负责人、单位的部门

---

❶ 琼检二分公诉刑不诉〔2018〕14号。

负责人。对于法定代表人以外的身份，我们需要分析职务和责任是否具有正相关的影响。从实践中看，职务级别可以分为：董事长、总经理、主管环保副总经理、环保负责人、环保工作人员。一般来说，职务级别越高，责任越大，但从判决梳理中却发现有的判决级别越高，责任越小。原因在于我国在责任人认定时，还是根据主管人员与直接责任人的犯罪作用来评价责任。比如在有指示、教唆的情况下，主管人员责任较重。而在大量主管人员所谓"不知情"的情况下，则是考虑了主管人员离结果发生较远，因此责任较轻。

四、主管人员责任的认定逻辑

主管人员往往并非是最终直接引起危害后果的责任人。在监督过失的场合，由于存在监督者对被监督者的监督关系，因此要求监督者应当能够预见到被监督者可能实施过失行为，才能追究监督者的过失责任。基于这一原则，在具体案件处理过程中，如果一线职工实施的过失行为不在普通业务活动的正常范围之内，完全超出管理人员的预见能力，就不宜追究管理人员的刑事责任。对此，可以参考我国安全生产领域的司法解释，在认定责任人时，2015年最高人民法院、最高人民检察院发布的《关于办理危害生产安全刑事案件适用法律若干问题的解释》考虑到现阶段安全生产工作的严峻形势和严惩生产安全责任事故犯罪的总体原则需要，对此类犯罪的入罪条件未做调整，仍以事故造成的伤亡人数和直接经济损失数额为标准，但对于判处第二档法定刑的标准，采取了"事故后果＋责任大小"的规定方式。也就是说，只有在生产安全责任事故造成的危害后果达到一定程度，同时行为人对事故承担主要责任时，才可以判处第二档法定刑；对于事故中仅承担次要责任的被告人，即使事故后果达到一定严重程度，原则上也不应升格判处第二档法定刑。

根据刑法责任主义的要求，在认定责任人时仍然坚守"因果关系"。目前判决的认定基本符合我国的情况。行为人的身份只能是我们判断原因力大小的一个因素，对法律规定的单位犯罪中直接负责的主管人员不能做机械的、片面的理解，不能将直接负责简单地理解为决策、决定和策划，而根据单位犯罪的特殊性，既考虑行为人身份上的管理、指挥可能，也考虑客观行为的策划、决定、批准、授意、组织、指挥。不能简单以身份认定是否为主管人员，身份与责任大小之间也并无必然联系。例如，对于投资人，不能认为投资人当然属于主管人员或者直接责任人员。事实上，我国相关司法解释也强调只有实际负有组织、指挥、经营管理职责的投资人才属于事故犯罪的责任主体。例如，被告人田某某与韦某某等人共同投资创立公司，田某某担任公司法定代表人、副总经理，韦某某担任公司总经理。被告人张某某先后担任公司的采购部部长并曾兼任生产部部长，被告人殷某某继张某某之后担任生产部部长。经被告人田某某和韦某某同意，由被告人张某某、殷某某实施，将公司生产过程中产生的废水未经处理直接排入厂房外的下水道中。法院将被告人田某某和韦某某作为公司的主管人员，被告人张某某和殷某某作为直接责任人员，追究其污染环境罪的刑事责任。❶ 之所以追究田某某和韦某某两个投资人的刑事责任，不仅是因为其属于投资人，更是因为二人分别属于被告单位的法定代表人和总经理。所以，即便属于投资人，也应根据其在单位中的实际职责及在犯罪中所发挥实际的作用，判断是否属于主管人员和其他直接责任人员。没有参与单位经营管理的单纯的投资人不能被看作直接负责的主管人员，在内部机制复杂的单位里，负责人或法人机关一般只就全局性重大事项进行统筹策划，并不参与具体的业务活动。在这一体制下企业机关或负责人几乎不会主动控制某一具体犯罪行为的决策与实施，与单位犯罪之间没有直接的因果关系，因此也不能划入直接负责的主管人员的范围内。需要注意的是，不能因为企业中高层负责人或法人机关没有对具体犯罪进行统筹决定，就直接否认单位犯罪的认定，否则会使大型企业难以追责。

五、其他责任人的认定

在单位犯罪其他直接责任人员的认定上，不同的罪名认定标准并不一致。为何不同罪名的单位犯罪，其他直接责任人员认定标准却不同，在立

---

❶ 陈洪兵.环境犯罪主体处罚范围的厘定——以中立帮助行为理论为视角 [J]. 湖南大学学报（社会科学版），2017，31（6）：146–154.

法者并没有给出明确指引的情况下，我们希望通过法理以及司法判决的解读给出建议。

（一）其他责任人的理论解读

在学理上，针对单位犯罪其他直接责任人员的认定，有行为参与说、重要作用说、兼采重要作用行为参与说，主流观点为兼采重要作用行为参与说。兼采重要作用行为参与说认为，其他直接责任人员是指除单位直接负责的主管人员以外积极实施单位犯罪并起重大作用的单位成员，且具有四个特征：（1）大多数是单位内部职能部门的具体工作成员，一般不是单位的领导；（2）在单位机关人员的领导或支持下，具体从事某项活动；（3）具有明知的故意，即明知自己的行为是违法的或犯罪的；（4）在单位犯罪中起重要作用。❶而根据司法解释的规定，其他责任人的认定在于在单位犯罪成立中发挥着"较大作用"，《2001年金融犯罪会议纪要》和2002年最高人民法院、最高人民检察院、海关总署《关于办理走私刑事案件适用法律若干问题的意见》（以下简称《走私案件意见》）第18条都要求其他直接责任人员为在单位犯罪中具体实施犯罪并起较大作用。单位犯罪直接责任人员和其他参加者的共同点是都参加了单位犯罪行为，主观上都具备明知的故意，其主要区别在于对单位犯罪所起作用不同，然而对于何谓较大作用或者重要作用，理解不同则是司法裁判不一致的重要原因。比如一些罪名几乎全部排除了普通员工。一些罪名并未全部排除，但对处罚普通员工有具体的要求，这造成了污染环境罪单位犯罪其他直接责任人员在司法实践中存在同案不同判现象。❷相同情节下部分基层员工被认定为其他直接责任人，部分未被认定为其他直接责任人。例如，相似案例的操作工都系单位从事劳务工作的基层员工，主观上都具备明知的故意，即应当知道排放废水属于违法行为，客观上都将生产过程中产生的废水排入外界，情节几乎完全一致，在单位犯罪中发挥的作用相当，但是前

---

❶ 黎宏.论单位犯罪中"直接负责的主管人员和其他直接责任人员"[J].法学评论，2000（4）：63-69.

❷ 郦筱迪，晋海.认定基层工作人员成为污染环境罪其他直接责任人员的法学探讨[J].四川环境，2019，38（2）：143-148.

一案件被认定为其他直接责任人，而后一案件却未被认定为其他直接责任人。

对于如何认定其他直接责任人，司法解释明确了"作用"的理解，对于如何认识作用，重要作用说认为，单位犯罪直接责任人员只限于为了实现单位犯罪意图积极参与实施单位犯罪的单位内部一般工作人员，重要作用是指单位犯罪的骨干分子和积极分子对单位犯罪的实行和完成起了突出的作用。对于虽然参与实施单位犯罪的实行，但没有起重要作用的自然人，不宜认定为单位犯罪的其他直接责任人员。这里就明确了"重要作用"在于在犯罪参与的过程中，其他直接责任人员是在直接负责的主管人员的授意、指挥、组织下，积极参与和实施单位犯罪的单位内部工作人员。

（二）其他责任人的实务解读

在对"其他责任人"的认定中，法院认定为单位犯污染环境罪其他直接责任人员的判决文书，大多数并没有明确说明理由，便直接认定为其他责任人。少量的案件说明为何判决认定为其他直接责任人员，大都提到了被告人直接实施了单位犯罪行为。对于非法排放、倾倒污染物案件中基层员工追责的比率高达学者所研究的其他直接责任人员的全部案件数的70.11%，而在部分追责理由中，法院追责时考虑行为人的主观方面较多，法院的理由是直接实施违法行为或授意下直接实施了违法行为，或者被告人具有明知的故意，或者被告人具有明知却仍然放任的故意，部分判决书提到了被告人具有职责要求，甚少有判决文书提到其他直接责任人员起到了较大作用。

可见，对于其他直接责任人员认定，法院似乎都在回避说理。即使对此进行说理，也并不完整。大多数法官在认定其他直接责任人员时是从客观上考虑，仅要求直接实施违法行为。极少数法官从作用角度考虑。如果不考虑作用只要直接实施了违法行为，就被认定为其他直接责任人，这无疑扩大了其他直接责任人的范围。法官几乎不从作用的角度认定其他直接责任人，这从另一个侧面反映出目前"重要作用"这一判断标准的内涵不明确，导致对其他责任人员的认定中不乏大量的司法认识不统一的现象，尤其是关于基层工作人员。比如有学者对江浙沪截至 2018 年 6 月污染环境罪案件进行调研，发现基层员工被认定为污染环境罪其他直接责任人员共 87 件，占比 35.95%，未被认定为污染环境罪其他直接责任人员共 155 件，占比 64.05%。以下三种情形存在明显的同案不同判现象：（1）基层员工被雇用从事生产、加工工作，由于单位无环保处理设施，在生产、加工过程中产生的废水未经处理直接排放、倾倒，共有 11 件案件未被认定为其他直接责任人，33 件案件被认定为其他直接责任人；（2）基层员工受指使私设暗管排放、倾倒废水，3 件案件被认定为其他直接责任人，1 件案件未被认定为其他直接责任人员；（3）基层员工受指使直接排放、倾倒污染物，13 件案件被认定为其他直接责任人员，3 件案件未被认定为其他直接责任人。可见，在司法实践中法官缺乏统一的裁判尺度，在相同情节下部分基层员工被认定为其他直接责任人，部分未被认定为其他直接责任人。❶

　　"重要作用"仍然是需要考虑的重要因素，判断"重要作用"需要深入了解案件情节，从司法实践中归纳总结并分析，"重要作用"需考量的因素至少应包括：（1）是否具有特殊职责；（2）是否为单位犯罪提供智力支持。实务判决中大量"环保"职责员工被追责占多数，具有特殊职责员工在单位犯罪中应当被认定为其他直接责任人。我国危害生产安全刑事案件司法解释对于其他直接责任人员规定为对安全生产设施或者安全生产条件负有管理、维护职责的人员，《关于办理危害生产安全刑事案件适用法律若干问题的解释》第 3 条规定，其他直接责任人的认定标准要求具有特殊职责，对安全生产设施或者安全生产条件负有管理、维护职责的人员。这一规定背后的内涵即是职务或业务上要求履行的义务。此外，即使没有职责，为单位犯罪出谋划策的员工，虽然他没有管理、决策权，但是积极地参与了单位犯罪意志的形成，并在一定程度上影响了单位犯罪意志的形成。可以认为此类员工一旦为犯罪出谋划策，便丧失了免于处罚的理由。

---

❶ 郦筱迪，晋海 . 认定基层工作人员成为污染环境罪其他直接责任人员的法学探讨 [J]. 四川环境，2019，38（2）：143-148.

《关于办理非法采矿、破坏性采矿刑事案件适用法律若干问题的解释》第11条规定，其他直接责任人的认定标准为参与利润分成或者领取高额固定工资，是对于"智力支持"的一种作用反证。

（三）"其他责任人"的限制理解

无论是在学界还是在立法上，限制其他直接责任人员的范围已成为共识。这也符合我国宽严相济的刑事政策。在污染环境罪单位犯罪中，对单位和直接负责主管人员从严惩罚，同时限制其他直接责任人员的范围，既能有力地打击和遏制住环境犯罪愈演愈烈的趋势，又能减少社会对抗，避免影响社会生产，有利于社会的和谐稳定。《2019年环境犯罪会议纪要》规定对于一般情况下受指使实施的员工不被认定为其他直接责任人，《2013年传销案件意见》中也有相似的规定。事实上，几乎所有参与实施单位犯罪的人员都是基于单位指派、受单位指使，这一规定是否意味着所有受指派的参与实施犯罪的人员都可免于追究刑事责任？显然不是。对于规定中认为在一般情况下不宜作为其他直接责任人的人员在什么情况下可以作为其他直接责任人，《2019年环境犯罪会议纪要》和《2013年传销案件意见》并未进行进一步明确的规定。我国部分罪名的司法解释虽明确规定了认定为其他直接责任人员的情形，但认定情形并不一致。而对其他直接责任人除外情形的模糊规定致使其他参加者与其他直接责任人的界限不明确，从而难以明确地区分其他参加者与其他直接责任人。对此，我们可以从以下几个方面考虑。

1. 上级命令的抗辩

上级命令一般是行为人从守法的不可能性角度提出的抗辩。在英美法系各国和地区的刑法中，对于上级命令能否成为一种辩护理由存在两种不同的主张：否定论者认为上级命令不能视为一种辩护理由。

企业或者行政机构中的隶属关系，相比较于军事领域来说，明显没有这种紧张的关系，上级命令不应当单独成为出罪的事由。但也应当考虑到，企业内部也存在"权力"的行使，对于基层员工而言，虽然基层员工均具备明知的直接故意，即知道实施的行为违法仍然实施，但基层员工实施污染环境的行为大多受到领导指使。此类基层员工虽然具备直接的故意，但无疑其自由意志受到了一定的限制，可谴责性应当予以减轻。

普通职工基层人员虽是污染环境行为的实施者，但他们处于生产环节的末端，其单纯的排放、倾倒行为具有职务上的中立性。例如，电镀工人在电镀工作完成后会直接将清洗设备、物品的废水直接排放出去，造成了环境污染。这也意味着，作为有毒有害物质之直接排放者、倾倒者、处置者的普通基层职工，直接导致了污染环境结果的发生。但多数基层职工只是奉命办事，他们的排污行为是否构成犯罪在很大程度上取决于经营者是否申请了排污方面的许可证以及环保设备是否完备，他们并没有检查企业排污许可证是否合格以及环保设备是否完善的义务，也没有现实的能力。

2."特殊岗位"的考虑

对于其他直接责任人的认定，要考虑与其本身的岗位也有相关性，对于单位中具有特殊职责的人员比如"环保"专员，本身就被赋予了法律义务，如果没有履行相应的义务应当被认定为构成不作为犯罪。根据机能二元说，刑法的保证义务的根据在于保护特定法益的功能（保护义务）与监控危险来源的功能（监控义务），从而将保证人分为两大类：一类是行为人对特定法益有保护其不受侵害的义务，称为保护义务；另一类是行为人对特定危险来源有监督控制的义务，使该危险源不害及任何人。❶与消防员有救火的义务，值班医生有救治病人的义务等相同，污染环境罪单位犯罪中的具有特殊职责要求的员工，应当认为具有保护环境法益不受侵害的义务，这是其职务赋予的。

对此义务的理解不能过于宏观，应当按照国家法律规定来判断，可以适当扩大到行业标准，必要时可参考公认的惯例和生产经营单位制定的安全生产规章制度、操作规程等来确定。例如，对环保设备具有管理、维护职责的员工有义务使环保设备符合规定运行、生产，处理污染的技术责任

---

❶ 李海东.刑法原理入门（犯罪论基础）[M].北京：法律出版社，1998：164.

人员有义务使污染物达到国家规定的标准。在污染环境单位犯罪中，具有特殊职责的员工直接实施了与其职责要求相悖的违法行为，应当被认定为其他直接责任人员。

3. 业务中立性

业务中立性主要是针对基层员工的行为而言的。一般来说，只要经营者履行了法定的义务、遵守了相关的法律规范，普通基层职工人员所实施的单纯的排放、倾倒、处置行为就不会造成严重污染环境的结果发生。以非法排污的污染环境罪来说，造成环境污染结果的原因包括污水处理的技术与设施、排污许可的获得、污水排放的工作要求、污水排放的行为等。其中，位于末端的污水排放行为只是条件意义上的事实原因，排污之前的许可、排污之后的治理才与污染环境的结果存在法律上的因果关系。

我们来看一则案例：被告单位的实际负责人杨某甲与没有处理危险废物资质的杨某乙拟定"固硫剂废水运输"的合同后，由被告单位负责办公室工作的郭某打印并盖章。之后，杨某乙伙同孙某某运输倾倒从被告单位运出的废水。一审法院认为，被告人杨某甲作为公司的直接负责的主管人员，被告人郭某作为其他直接责任人员，其行为构成污染环境罪。郭某以其不应作为其他直接责任人员为由提出上诉。二审法院认为，有证据证明郭某系公司职工，且系相关部门负责人，应属其他责任人员，且上诉人郭某在明知所倾倒废物地点并未获环保部门批准仍与杨某甲、杨某乙合议签订名为固硫剂运输实为废液运输合同，主观上对于废液排放持放任态度，造成危险废物随意排放，严重污染环境，故其上诉理由不成立。从案情描述看，郭某虽系单位办公室负责人，但杨某甲与杨某乙之间的合同是由双方事先协商一致签订的，被告人郭某作为公司办公室负责人，只是提供了合同的打印盖章服务，对于合同的签订并未发挥实质性作用。而打印盖章工作，属于公司职员的正常业务活动，不应被评价为犯罪行为，故将郭某认定为直接责任人员不够妥当。❶

---

❶ 陈洪兵. 环境犯罪主体处罚范围的厘定——以中立帮助行为理论为视角 [J]. 湖南大学学报（社会科学版），2017，31（6）：146-154.

4. 基层员工的政策考虑

据统计，在污染环境罪的司法实践中，仍有近五分之一的判例，追究了受雇从事生产、加工、排污的电镀工人等类似于董事、经理的"干活之双手"❶ 的普通劳动者的刑事责任。❷ 在污染环境罪的判决中，大多数基层排污实施人员文化程度较低，认知能力较差，只是普通打工者，大多是为了基本的生活而处于被"挑选"的劳动者，不能对他们有过高的行为辨认和控制上的要求。否则将会引起社会对环境犯罪打击激烈的对抗情绪。

因此，对于基层人员责任的认定，要置于"企业犯罪"治理的背景下。我国的企业环境管理一方面要求企业加强自身的守法意识，主动守法，培训出专门的污染物处理操作人员，建设污染物处理的设施设备，建立污染物处理制度；另一方面也需要环境行政部门加强服务意识，引导企业如何守法，要求对企业提出具体的管理要求。我国目前实行的"一证式"许可证管理制度，即是这一要求的具体体现。污染物尤其是危险废物的处理重在企业建立合法合规的管理制度，重在企业领导者的决策与指挥管理。如果普通员工在知晓规章制度，并经培训上岗后，仍违法操作、非法倾倒、排放危险废物，应当承担相应责任；但如果企业没有相应制度，没有对职工进行岗前培训，并指使职工任意倾倒，应由企业单独承担责任。很多基层员工工作的单位本身并不具备环保审批手续或建立环保设施。由于基层员工自身文化水平的限制，法律很难期待他们选择那些符合环保资质的企业工作以及拒绝领导的安排。因此，在司法实践中在领导授意下实施排放、倾倒行为的普通员工在一般情况下不应被认定为其他直接责任人员。

---

❶ 徐岱，郭磊. 单位犯罪刑事责任实现的困境及出路 [J]. 社会科学战线，2010（11）：147–152.

❷ 石珍. 污染环境罪的微观透视：以 296 例裁判文书为分析对象 [J]. 人民司法，2015（9）：15–18.

第六章　污染环境犯罪的共同犯罪认定

在《刑法修正案（八）》出台后，对污染环境犯罪的规制伴随 2013 年和 2016 年两个司法解释的发布，呈现更加积极严厉的打击态度。然而污染环境罪从结果犯到危险犯的预防提前以及司法解释 18 种入罪情形的明确，也带来了对该罪罪过以及犯罪形态的更大争议。而这一争议却并没有影响到污染环境罪共同犯罪的认定。因为从逻辑上来说，污染环境罪只有在"罪过"为故意的情况下，才有可能成立共犯。但在学界为该罪究竟是故意还是过失争论不休时，司法实践在共犯认定中却好似没有犹豫。❶ 在目前严厉打击环境犯罪的高压刑事政策下，司法机关在污染环境罪的惩治中担当重要角色，对于在实践中多发的共同污染行为，多以"共同犯罪"定罪处罚，呈现过度强调污染环境罪共犯的处罚必要性，而缺乏对污染环境罪共犯处罚正当性的重视。

笔者从中国裁判文书网收集了大量污染环境罪共同犯罪的案例，既有作为自然人共同犯罪的认定，也有单位之间成立的共同犯罪的认定。既存在单位犯罪将内部责任人认定为自然人共犯的情况，也存在单位之间单纯因业务关联被认定为共犯。而且对于污染环境罪共同犯罪的裁判规则也出现了对相似案情不同处理的认识。从司法实践的认定现状来看，当下解决共犯认定的基本逻辑显得十分重要，否则司法中裁判思路的各说各话，必然影响法律的权威，影响最终对污染环境罪的惩治。

---

❶ 目前我国污染环境罪中存在着大量共同犯罪的认定，而且从污染环境的客观情况来看，多数污染行为都是涉及多人，共同犯罪的认定也应当是主流。

第一节　污染环境罪共同犯罪认定的实践问题

从笔者收集的污染环境罪共同犯罪案例来看，共同犯罪的认定类型较为集中，集中呈现在电镀厂、印刷厂等污染行业经营者以及经营者作为雇主与业务员、驾驶员等的共同排污行为，多数为自然人共犯，但也存在单位共犯的情况，涉及单位为犯罪主体时，共犯的认定较为复杂，所以我们将其类型化分析如下。

一、共同犯罪的类型分析

（一）单位内部成员共犯问题

污染环境多数表现为企业行为，如果企业为非法成立，那么根据单位犯罪的司法解释，不能认定为单位犯罪，应当按照自然人共犯处理。但如果为合法企业体现企业意志的污染行为，应当认定为单位犯罪，此时作为双罚制在对"主管人员和直接责任人关系"是否作为共犯处理的关系上，由于司法解释的不一致，司法实践也存在不同的认识。一种观点依据最高人民法院 2000 年《关于审理单位犯罪案件对其直接负责的主管人员和其他直接责任人员是否区分主犯、从犯问题的批复》认为，内部自然人之间是同一单位，相互联系，不存在共同犯罪。"在审理单位故意犯罪案件时，对其直接负责的主管人员和其他直接责任人员，可不区分主犯、从犯，按照其在单位犯罪中所起的作用判处刑罚。"而另一种观点依据《2001 年金融犯罪会议纪要》的通知，"对单位犯罪中的直接负责的主管人员和其他直接责任人员，应根据其在单位犯罪中的地位、作用和犯罪情节，分别处以相应的刑罚，主管人员与直接责任人员，在个案中，不是当然的主、从犯关系，有的案件，主管人员与直接责任人员在实施犯罪行为的主从关系不明显的，可不分主、从犯。但具体案件可以分清主、从犯，且不分清主、从犯，在同一法定刑档次、幅度内量刑无法做到罪刑相适应的，应当分清主、从犯，依法处罚"。

从以上司法解释来看，虽然在作用是否区分的认识上不一致，但都未明确共同犯罪的观点，尽管单位犯罪并不等同于共同犯罪，但单位内部的责任人员之间实质上呈现一种共同行为的关系。有学者主张按照共同犯罪处理原则划定单位犯罪中直接负责的主管人员和其他直接责任人员的处罚。❶ 在污染环境罪中，涉及单位内成员处罚，有的认为单位内部成员可以成立共犯，有的认为单位内部成员不成立共犯。比如，在 A 公司等污染环境案件中，被告人李某作为直接负责的主管人员，被告人何某、张某、轩某作为直接责任人员，均应按污染环境罪追究其刑事责任。十堰市张湾区人民检察院指控的罪名成立。被告人何某、张某、轩某虽系被告单位 A 公司污染环境行为的直接责任人，但其主要按照单位的决策实施具体犯罪活动，在犯罪中的作用、地位与作为主要负责人的被告人李某有明显差别，该三被告人均系从犯，依法应当对其从轻处罚。该案件区分了主犯与从犯，而大多数案件中并未区分主、从犯，我们从大量的判决中看到上诉理由：不分责任大小在主刑适用上一律采取无差别处理，显失公正。而二审法院则大都认为，行为人被追究刑事责任是因为分别系单位犯罪直接负责的主管人员和其他直接责任人员，属于单位犯罪，可不予区分。❷

（二）单位内部责任人与单位共同犯罪

根据中国裁判文书网 2018 年和 2019 年数据统计，污染环境罪中单位犯罪的共同犯罪共计 46 件，有三种典型表现：第一种，单位和单位内部构成共同犯罪，共 19 件；第二种，把单位成员作为单位的组成，不单独认定共同犯罪，共 13 件；第三种，虽然认定为单位犯罪，但在认定共同犯罪时，无视单位，实则把单位成员看作主体，共 14 件。

其中第三种情况仍然涉及的是单位犯罪的认定，在单位犯罪一章已经有所论述。我们重点分析前两种情况，对于单位犯罪的处罚，我国采取的

---

❶ 董玉庭.论单位实施非单位犯罪问题［J］.环球法律评论，2006（6）：698-705.

❷ 李某、何某污染环境案（2018）鄂 0303 刑初 139 号。

是双罚制，而对于两者的关系，先看一下司法实践的做法。持第一种观点的判例比如（2018）新 2922 刑初 7 号法院认定：被告人王某 1 作为被告单位阿克苏某化工有限公司的主要负责人，被告人高某、被告人王某 2 作为被告单位阿克苏某化工有限公司直接负责的主管人员，其行为均已构成污染环境罪，应依法追究被告单位及三名被告人的刑事责任。被告单位阿克苏某化工有限公司与被告人王某 1、高某、王某 2 系共同犯罪。公诉机关指控被告单位阿克苏某化工有限公司、被告人王某 1、高某、王某 2 犯污染环境罪，事实清楚，证据确实、充分，指控的罪名成立，法院依法予以支持。在各自的共同犯罪中，被告单位阿克苏某化工有限公司、被告人王某 1 起主要作用，系主犯；被告人高某、王某 2 共同犯罪中受他人指使，起辅助作用，系从犯，依法对其从轻处罚。❶ 持第二种观点的判例比如（2017）苏 1291 刑初 280 号法院认定：被告单位新安公司及其直接负责的主管人员被告人许某某以及其他直接责任人员被告人陈某某、刘某某、唐某、张某违反国家规定，私设暗管排放有毒物质，严重污染环境，其行为均已构成污染环境罪，且系共同犯罪，依法均应予惩处。被告人许某某、陈某某、刘某某、唐某在共同犯罪中起主要作用，系主犯，依法按照其所参与的或者组织、指挥的全部犯罪处罚；被告人张某在共同犯罪中起次要作用，系从犯，依法予以从轻处罚。

这两个案件不仅认定了共同犯罪，还对其主、从犯关系进行了区分，与上文的单位内部责任人不区分主从关系似乎矛盾较大。对于单位和单位内的个人能否成立共犯？持否定论的学者认为，单位内的成员是单位的意志，单位成员对单位具有依附性。持肯定论的学者认为，这两个是独立的主体。《2002 年走私案件意见》规定，单位和个人（不包括单位直接负责的主管人员和其他直接责任人员）共同走私的，单位和个人均应对共同走私所偷逃应缴税额负责。2015 年《中华全国律师协会律师办理商业秘密法律业务操作指引》规定，"单位与自然人（不包括单位直接负责的主管人员和其他直接负责人员）共同犯罪的，单位和自然人均应对损失总额

---

❶ 阿克苏某化工有限公司、王某 1 等污染环境罪一审刑事判决书（2018）新 2922 刑初 7 号。

负责"。

(三)业务共犯

业务共犯指共同犯罪行为人之间彼此存在业务联系,在共同犯罪故意上并不明显。《2016 年环境犯罪司法解释》明确规定了非法处置危险废物的共同犯罪的认定:"行为人明知他人无经营许可证或者超出经营许可范围,向其提供或者委托其收集、贮存、利用、处置危险废物,严重污染环境的,以污染环境罪的共同犯罪论处。"在实践中,许多产生危险废物的企业为降低危险废物处置费用,在明知他人未取得经营许可证或者超出经营许可范围的情况下,向他人提供或者委托他人收集、贮存、利用、处置危险废物的现象十分普遍。

除此之外,还存在其他污染环境行为的共犯,对此,司法解释没有作出规定,但行为人之间客观存在业务关系,这时"共同排污"的犯意并不明显,是否可以认定为共犯?在实践中大量案件当事人便提出了"业务行为"的抗辩,对此我们具体来看(2019)皖 17 刑终 15 号案情:A 公司法定代表人刘某与郑某约定由郑某处理 A 公司生产所产生的尾矿,郑某先后以池州鑫隆矿产品贸易有限公司、池州优源矿产品贸易公司的名义与 D 水泥股份有限公司(以下简称 D 公司)签订买卖合同,将 A 公司的部分尾矿与其他公司的尾矿掺合后销售至 D 公司。因 A 公司的尾矿未达到 D 公司进场物料中铁含量标准,D 公司拒收该厂尾矿,致使 A 公司的尾矿无法处理,大量堆积在公司场地,影响该公司正常生产。为了公司能够正常生产,刘某、郑某于 2016 年下半年商定,由郑某安排 B 运输公司将部分尾矿由 A 公司厂区送至 C 物流园露天场地堆放,所运送尾矿均由陈某通知发货。截至 2017 年 8 月,B 运输公司陆续运输了 20 000 吨尾矿至 C 物流园露天场地堆放。上述 20 000 吨尾矿在 C 物流园场地上堆放至案发,堆放期间未采取地面硬化、防扬尘、防渗漏等防护措施。2018 年 3 月,C 物流园堆置物污染环境事件案发。一审法院认为:被告单位 A 公司、被告单位 C 物流园、被告单位 B 运输公司违反国家规定。倾倒其他有害物质,严重污染环境,造成公私财产损失 100 万元以上,后果特别严重,应当以污染环境罪追究三被告单位的刑事责任,被告单位 A 公司、被告单位 C 物流园、

被告单位 B 运输公司系单位共同犯罪，不予区分主、从犯，按照各自在单位犯罪中所起的作用分别量刑。❶

在这一案件中，上诉人 A 公司提出与郑某之间是买卖合同关系，销售给郑某的尾矿往哪儿存放与上诉人无关；上诉人 B 运输公司仅提供运输服务，无权决定尾矿堆放至何处。这两家公司分别属于销售公司和运输公司。而所运输物质并不属于"危险废物"，自然不能直接适用司法解释的规定。对此，二审法院认为：上诉人 A 公司、C 物流园和原审被告单位 B 运输公司违反国家规定，非法倾倒其他有害物质的行为相互结合，严重污染环境，造成公私财产损失 100 万元以上，后果特别严重，应当以污染环境罪追究三被告单位的刑事责任。

二、污染环境罪共同犯罪认定的实践问题梳理

笔者在裁判文书网对北京、天津、河北的污染环境罪共同犯罪案例进行了选取，并按照类型进行了筛选，发现污染环境罪共同犯罪的类型较为集中，集中呈现在污染行业的雇主与业务员、驾驶员等的共同排污行为以及司法解释对"危险废物"的共犯认定上，而涉及犯罪的"入罪情形"也多集中于"危险废物超过 3 吨""重金属超标"这类情形。结合具体案例，笔者根据污染环境罪共犯认定的两条思路展开。

首先，从传统共犯认定思路出发，污染环境罪成立共同犯罪，必须符合我国刑法共同犯罪的规定，那么对污染环境罪共同犯罪问题的研究便呈现为：共同罪过与共同行为的认定。而此时污染环境罪是故意还是过失的罪过形态便成为认定的关键。

其次，作为司法解释对"危险废物"共犯的特别规定，污染环境罪中单位之间存在业务行为，是否适合以共犯打击？根据《2016 年环境犯罪司法解释》第 7 条规定，明知他人无危险废物经营许可证，向其提供或者委托其收集、贮存、利用、处置危险废物，严重污染环境的，以共同犯罪论处。那么对收买、运输等行为，是否可以认定为共同犯罪？司法解释的内

---

❶ 池州市 A 精细矿业科技有限公司、安徽 C 物流园有限公司、B 运输有限公司等污染环境罪二审刑事裁定书（2019）皖 17 刑终 15 号。

在共犯认定根据在哪里？

经过以上简单的分析，我们发现污染环境罪共同犯罪的认定存在以下问题。

第一，污染环境罪共同犯罪认定的理论基础是什么？

第二，污染环境罪共犯的认定范围是什么？如何划定共犯？

（一）污染环境罪共同犯罪认定中与共犯罪过故意认识的冲突——对于过失罪过的事实认同

根据我国刑法理论，共同犯罪的罪过基础只能是故意，那么对于在实践中的共同犯罪我们自然只能倒推其为"故意犯罪"。而且根据司法解释对污染环境罪共同犯罪的规定，明确"明知而提供的情况"。也客观证明了污染环境罪的共同犯罪罪过基础只能是故意。

除了直接故意的行为认识，还包括间接故意的认识。在一些企业中，对于环境保护相关规定的明显漠视或者不积极确认的放任，也是共同故意犯罪。例如：A 化工厂生产产生的危险废物草甘膦母液因得不到及时处理而胀库，杜某、宋某经蒲某默许，委托不具备危险废物处置资质的联环公司等非法外运处置草甘膦母液。李某明知草甘膦母液应委托有处理资质的企业处置，仍负责联系宋某通知 B 公司等单位非法拉运草甘膦母液，并通过黄某等将草甘膦母液从 A 化工厂运至衢州，倾倒在小溪、沙滩、林地等处。法院判决 B 公司、黄某等人构成污染环境罪。❶ 这一案件便是通过默认的形式对污染环境行为予以放任。而在有些案中，关于"默许""放任"更多的是推定，从一定程度上在"应知"上更类似于过失的认识程度。再如：被告人齐某作为山东 A 化工有限公司的法定代表人，在 A 公司与 B 石油产品有限公司合股经营后，委派蒋某作为山东 A 方的代表参与 B 公司的经营和管理。该公司主要以煤焦油为原料提炼柴油，在生产过程中会产生大量污水，该污水为危险废物，但 B 公司并未按国家相关规定对污水进行处理。被告人齐某作为山东 A 化工有限公司的法人，在其公司与 B 石油

❶ 袁逢曼，赵雷.生态环境共同犯罪类型化研究 [J].中国环境管理干部学院学报，2019，29（3）：41-44.

产品有限公司合股经营后，被告人齐某对蒋某等人非法排放危险废物，造成环境污染的行为应是知情的，但齐某未予阻止，放任危害结果发生，其行为被认定构成污染环境罪。❶

在间接故意的共犯认定中，我们发现司法实践似乎已经超出了"间接故意"的认识。在上述案件中，法院认定被告人作为领导虽然不存在客观的行为共同实施，但因对污水处理问题不闻不问，在经营过程中没做安排，显然有悖生产经营常规。由此推断其对于污水处理费用低于合理水平，可以证明齐某应当知道存在非法排污情况。根据传统刑法理论，在间接故意和过于自信的过失区别中，我们往往以行为人"应知"的程度予以区分，一般认为间接故意的认识可能更高，而本案以"生产常规"来推断应知，并非根据法律规定进行强行否定评价推断，行为人在行为违法性的认识上是受到意识认知的限制的，很难认定行为人已经达到具有较高程度"应知"的要求。在这一案件中，法院认定被告人作为领导虽然不存在客观的行为共同实施，但对污水处理问题不闻不问，在经营过程中没做安排，显然有悖生产经营常规，由此推断齐某应当知道存在非法排污情况。判决在"应当知道"的可能性上以"生产常规"来推断，赋予的更像是一种应知义务，而不是对于行为人客观认识可能的判断。在意志判断上，判决以"不闻不问"认为行为人存在放任，对于这种"不负责任"的行为恰恰是"过失"的重要内容，比如职务犯罪中大量的玩忽职守案件便表现在"不闻不问"。由此来看，污染环境罪的间接故意的认定，似乎在套用"过失"的认定逻辑，其根本原因在于，大量的环境保护注意义务和法规的存在，行为人被赋予一种"注意义务"。❷而这种注意义务被法院用来倒推出行为人的故意，事实上"注意义务"正是"过失"认定的核心。

（二）对意思联络内容的模糊与程度要求的降低

意思联络是共同犯罪认定的一个重要因素，这是因为，只有意思联络才能使两人以上的行为起到相互促进的作用。但是从实践的应用来看，意

---

❶ 河北省沧州市中级人民法院刑事判决书（2019）冀 09 刑终 641 号。

❷ 笔者认为这里赋予的仅仅是注意义务，而不是作为义务，并非不作为犯罪。

思联络并不限定为犯罪故意的联络，只要就共同实施构成要件的行为具有一般意义的意思联络即可。

从意思联络的形式来看，包括了明示和默示的形式。明示的意思联络是通过语言、文字等明确方式进行翻译沟通。默示主要在于运用身体语言，比如眼神、手势等，这些形式具有一定的证明难度。认定意思联络需要遵循主客观相一致的原则以及兼顾统一性和差异性原则。意思联络通过明示、暗示、默示等方式表现出来。在污染环境罪共同犯罪中关于意思联络存在两种情形：一种是明确的联络，表现为指使、授意等。另一种是不明确的间接授意。在司法实践中，污染环境行为一般涉及雇员、雇主、单位负责人等多人，在不认定单位犯罪的情况下，就涉及共同犯罪。在明知雇员无法按照国家规定处理污染物的情况下，雇主仍然要求处理，属于对污染环境行为的间接授意。例如，被告人屈某雇用驾驶员彭某从事废水运输工作。2015年8月2日，彭某在屈某安排下驾驶装运废水的车辆前往污水处理厂，在行驶过程中水温过高车辆出现故障，屈某指示彭某将车开到修理厂修车并多次要求屈某想办法处理。同年8月6日屈某以次日需车为由，再次打电话催促彭某处理。次日，彭某将车开到通远桥并将废水倾倒桥下，导致下方河流出现1公里污染带，造成城区饮用水严重污染。屈某在得知后，没有反对也没有任何补救。法院在审理中认为，被告人屈某虽然没有明确指示驾驶员彭某非法倾倒污水，但其作为彭某的雇主明知道这段时间不可能有正规处理方式，却再三催促彭某处理废水，依据事后没有补救认定二人间接形成主观的意思联络，构成污染环境罪的共同犯罪。❶

在实践中雇主往往为了躲避法律责任，并不直接明确指使雇员或者劳动者违反国家相关规定，只是催促或者概括要求雇员或者劳动者尽快处理、低成本处理污染物。在这种情况下，如何认定雇主责任？事实上双方已经形成了默示或者暗合的间接的意思联络。这就涉及意思联络的程度。明确的意思联络是指共犯对共同犯意有较清楚、详细的认识，包括对共同实施犯罪的行为性质、行为方式、对象、危害结果等全面的认识；不确定

---

❶ 国家法官学院案例开发研究中心．中国法院2017年度案例：刑法总则案例［M］．北京：中国法制出版社，2017：85-88.

的意思联络是指共犯对共同犯罪意思认识的模糊性，包括对构成要件事实中行为性质、行为方式、对象、危害结果等方面的认识不确定，甚至双方之间并无沟通。在王某1污染案件中，❶由被告人王某1投资，被告人王某2参与共同经营一个无名电镀厂。法院认定"经查，被告人王某2曾因经营镀锌厂排放有毒物质，严重污染环境被判处刑罚。其明知该电镀厂无营业执照、无任何环保设备，却仍积极参与该企业的筹建、日常经营、管理，并造成了严重污染环境的后果，故其行为构成污染环境罪，与被告人王某1属共同犯罪"。认定共犯的根据在于明知而参与企业管理，除了共同管理，共同出资也作为共犯。再如郭某、齐某1、齐某2污染环境案，❷非法的电镀厂由三人共同投资设立，共同经营，业务行为就被认定为意思联络。

那么在污染环境罪中为何意思联络可以变为极度模糊的"可能"呢？被告人叶某1在未办理任何相关手续的情况下，承租被告人汤某的山场作为冶炼点，并雇用工人，将收购的废电路板等原材料进行焚烧加工，提取金属锭，共处置原材料200余吨。被告人查某在冶炼点建设期间，帮忙寻找场地和购买建设场地原材料。被告人汤某提供场地并帮助从事前期土地平整、修路、照看场地等工作，在后期生产过程中协助运输原材料等。冶炼点建好后，被告人叶某2负责冶炼点的后勤管理及联系车辆等工作。❸以上叶某1、叶某2、汤某、查某构成共同犯罪，在犯罪意思联络中，法院并没有明确意思联络的沟通过程，而是客观表述汤某、查某、叶某2从事的都是对叶某1经营行为的辅助，基于叶某1无环保手续的经营行为，对经营行为的辅助成为共同污染行为的证明。在这种情况下，行为人之间不仅对构成要件事实中行为性质、行为方式、对象、危害结果等方面的认识不确定，而且双方之间并无沟通也不需要沟通。

基于环境保护义务整体性风险分配的需要，污染环境罪中的"业务行

---

❶ 天津市津南区人民法院刑事判决书（2017）津0112刑初667号。

❷ 郭某、齐某1、齐某2污染环境一审刑事判决书（2014）武刑初字第494号。

❸ 叶君林、叶海涛、汤永健等污染环境罪二审刑事裁定书；安徽省黄山市中级人民法院刑事附带民事裁定书（2019）皖10刑终111号。

为"变得不再单纯。《2016 年环境犯罪司法解释》明确规定了非法处置危险废物的共同犯罪的认定，除此之外，还存在非危险废物"业务行为"污染环境行为的共犯，对此，司法解释没有作出规定，但行为人之间客观存在业务关系也被认定为共同犯罪。"共同排污"的犯意并不明显，也被认定为共犯。虽然在实践中类似案件的辩护意见大都提出了"业务行为"的抗辩，但法院一般根据违反国家规定，认定违规行为相互结合，严重污染环境。我们看到法院认定的核心在于"行为"的结合。

污染环境罪行为人的意思联络可能因"业务行为"而不需要客观的"污染沟通"。对于这种极度模糊的意思联络如何理解？是否行为人对他人的污染行为只要具有一定的业务辅助行为就一定构成犯罪？

（三）共犯人认定范围的任意性

中国裁判文书网显示，自 2013 年 6 月至 2016 年 10 月，229 件环境污染共同犯罪案件中，判处单位犯罪的有 28 例，涉及犯罪人员 547 人，犯罪主体身份类型是单位负责人的最多，有 272 人，其次是单位员工 89 人，司机 52 人，上下游企业的关联方 16 人，其他人员 117 人。[1]从这一数据可以看到，单位负责人为追责的主要类型，单位内部员工作为共犯追责位列其次。比如，超标排放有毒有害污染物三倍以上以及偷排有毒有害物质的共同犯罪问题，通过浏览判决书可知，基本上是企业负责人、生产负责人以及具体操作排放行为的员工构成共同犯罪。对于一般员工来说，尤其是实施具体排污行为的基层人员，经上层领导的指示或者模棱两可的指示，做出犯罪行为，并在行为完成后汇报，那么上级的默示或者纵容被认定为共同犯罪。

对于单位内部员工的共犯，有两类追责分歧较大。第一，投资人。投资人作为出资方，通常不直接参与实际管理。对于投资人是否应当作为共犯认定，部分判决显示投资人不追责，而部分判决对于投资人实质的管理认可，进行了追责。第二，基层生产、排污人员。从企业生产的角度看，

---

❶ 罗有顺，梁基栋，张琳.污染环境犯罪案件中的共同犯罪问题研究 [J].法制与社会，2017（23）：72-74.

污染物的最终产生会经过很多道生产流程，由于生产环节较多，企业的员工也会有不同的岗位和职责。有判决显示员工只要实施的行为属于业务行为，那么就不适宜对基层员工追责。对于基层的被雇用人的责任，司法实践往往有不同认识，下面根据企业是否具有合法证照分别分析。

第一种情况，如果企业没有合法证照的，那么在被否定成立"单位犯罪"的情况下，作为自然人共犯，则链条上的所有参与者都可能构成犯罪。一种观点是追究基层被雇用人责任，如：被告人邓某某租赁天津市北辰区小淀镇 205 国道南侧一处厂房非法开办电镀厂，并指使工人被告人李某某、刘某某将在电镀过程中产生的废水未经处理，通过暗管排放至工厂南侧无防渗措施明沟内，造成环境污染。在这起案件中，法院也是认定了雇主与雇员成立共犯，雇主的责任从量刑上重于被雇用人。❶

而另一些案件中的司法观点略有不同，其并没有追究被雇用人的责任，如在前述王某 1 的污染环境案件中，租赁者、介绍人、被雇用人以及司机都没有被定罪，且都是以证人身份出现，只有经营者被追究了责任。再如，2012 年 7 月至 2016 年 9 月，被告人蔡某在天津市东丽区金桥工业园经营某自行车有限公司，在未配置污水处理设备的情况下，明知自行车零部件酸洗磷化加工会污染环境，仍雇用他人将水泵抽取的生产废水直接排入厂内下水道，流入厂外市政下水管网。公诉机关也并没有对被雇用人提起诉讼。❷

第二种情况，合法设立的工厂，在没有污水处理设备等情况下，追究的一般是单位责任。大多案件仅追究了单位主管人员责任，而并没有追究直接责任人员责任。但也有追究基层被雇用人责任的案件。而在有些案件中，基层员工只是为运输污染物车辆开门、关门也被认定为共同犯罪行为。

被雇用人即使被追责，一般也是作为从犯。比如：天津市滨海新区人民法院刑事判决书（2017）津 0116 刑初 40140 号 ❸：被告人毕某为牟利，在未取得相关证照的情况下，在天津市滨海新区寨上街洒金坨村路北废弃养猪场内非法开办一家电镀作坊，雇用被告人祝某、许某等人进行锈铁镀

---

❶ 天津市北辰区人民法院刑事判决书（2013）辰刑初字第 522 号。

❷ 天津市东丽区人民法院刑事判决书（2017）津 0110 刑初 243 号。

❸ 天津市滨海新区人民法院刑事判决书（2017）津 0116 刑初 40140 号。

锌作业。其间，被告人将电镀产生的有毒物质通过暗管排放至渗坑。法院在判决中认定被雇用人也为共同犯罪，并区分了主、从犯，被雇用人为从犯，雇主为主犯。

第二节 污染环境罪共同犯罪的归责路径

对于污染环境罪共同犯罪的认定，不能遵循严格的共同犯罪"故意"的罪过要求，结合"违规"的规范违反的共同，对污染环境罪的共同犯罪在类型上应当适当扩大，但在共犯人的确定上要有一定的限制，尤其纯粹基于业务关系产生的"违规"的共同犯罪。

一、共同过失犯罪的实践认同

否定共同过失犯罪的观点认为："在因不谨慎引起的犯罪中，不可能有共同犯罪的问题，因为，法律要求共同犯罪中的共犯应当具有实行违法行为的故意。"❶ 但是他们同时认为共同过失犯罪现象在现实中是存在的，"共同过失犯是客观存在的一种犯罪形态，是不可否认的，也是不容回避的"❷，不否认共同过失犯罪现象的存在，而是主张对共同过失分别认定、分别处罚才能不违背刑罚的个人责任的原理。例如，大冢仁教授就认为，对这种现象即所谓的相时犯的情形，应当依照同时犯之例处断。❸

虽然对于共同过失犯罪主流是否定的态度，但是"二战"后出现了由包容到认可的趋势，国外的立法例如《意大利刑法典》第 113 条明确规定："在过失犯罪中，当危害结果是由数人的合作造成时，对每人均处以该犯罪规定的刑罚。"这里笔者看到认定共同犯罪在于解决"部分行为全部责任"的问题，那么对于过失犯罪是否必然不存在部分行为需要全部责任才

---

❶ 斯特法尼，等.法国刑法总论精义 [M].罗结珍，译.北京：中国政法大学出版社，1998：315.

❷ 姜伟.犯罪形态通论 [M].北京：法律出版社，1994：220-221.

❸ 福田平，大冢仁.刑法总论 [M].李乔，译.沈阳：辽宁人民出版社，1986：382.

能解释的问题？在此，我们首先需要明确作为犯罪的现象与立法的规范评价的关系。作为犯罪现象，从重大责任事故罪到污染环境罪，罪过从故意到过失，立法的规范评价发生了变化，但是犯罪现象并没有发生变化。

污染环境犯罪现象中共同犯罪行为是一种自然存在的现象，无论立法肯定或者否定，共同过失犯是客观存在的，我们都无法回避。❶根据我国《刑法》第 25 条规定，共同过失犯罪不以共同犯罪论处。那么对于共同过失犯罪现象，如何处理其与立法的关系？肯定论者的看法倾向于认为，基于刑法的规定来否定过失共同犯罪现象是不恰当的。社会现象并不是以法律是否规定而决定其存在与否。❷否认过失的共同犯罪，一方面会导致一些应当作犯罪处理的行为不能当作犯罪处理；另一方面也会导致法官在没有认定为过失的共同正犯的情况下，悄悄地适用"部分实行全部责任"的原则。❸

从刑法理论的发展来说，对于共同过失犯罪也出现了从完全的否定到肯定的趋势。有观点以强调共同过失与过失竞合区分切入，认为共同过失犯罪强调行为人之间存在一定的共同提醒和注意义务，行为人之间存在相互提醒和相互协助的义务，他们之间存在一个注意义务共同体，这个共同体是决定他们构成共同犯罪的一个重要的主观因素。与此相对，有观点认为在过失竞合情况下各个行为人的行为在主观上没有联络或提醒，在客观上没有形成一个行为整体，各个行为人仅仅是在实施自己的过失行为，危害结果之所以会发生可以说是几个过失行为"偶然巧合"地造成的。这些行为均可以独立构成犯罪，他们是单独犯罪形态之一，在定罪上根据行为人的身份、地位以及基于此所实施的行为性质的不同而确定为不同的罪名，在量刑上按照分别处罚的原则进行刑事责任的分配，各个行为人只对自己的行为所造成的危害结果分别承担刑事责任。❹在过失竞合的情况下，各个行为人在主观上没有共同的注意义务，这就决定了他们所实施的并不

---

❶ 姜伟.犯罪形态通论 [M].北京：法律出版社，1994：221.

❷ 林亚刚.犯罪过失研究 [M].武汉：武汉大学出版社，2000：262.

❸ 张明楷.共同过失与共同犯罪 [J].吉林大学社会科学学报，2003（2）：39-46.

❹ 袁登明，吴情树.论竞合过失与共同过失 [J].云南大学学报（法学版），2003（2）：87-92.

是同一个实行行为，行为人之间的行为看似不具有整体性，大多有时间上行为的先后性，这种情形往往是处于危险链条的危险分配。客观来看，对于过失竞合，各个行为人由于所处的地位不同，承担的职责不同，承担的注意义务内容并不相同，每个行为人的注意义务具有相对的独立性，每个人只是对流水线上自己承担的工序阶段承担注意义务，但这里的注意义务的独立只是相对于某一具体时间点而言，这并不妨碍从整个事态的发展中，为防止危害结果而对他人的行为承担提醒和协助的义务。从这个角度而言，过失竞合的情况并不影响形成一个较为稳定的注意义务共同体。行为人之间的行为看似不具有整体性，但这种过失之间若是存在"监督"可客观拟制需要，数个监督过失行为之间组成"行为整体"的特征，完全可以认定为共同犯罪。

这正是我们解释污染环境罪共同犯罪认定的关键，对于何谓"共同的注意义务"，在污染环境罪中，各个行为人各自的注意义务能否包含于整体的"环境保护"义务之下？当行为人存在模糊的环境违规的共同意思联络是否可以成立共犯的注意义务？如果予以肯定，那么自然可以肯定共同过失仍然成立共同犯罪，如果予以否定，那么便只能对过失共同犯罪中具体的共同注意义务的违反成立共同犯罪。

污染环境罪作为法定犯，行为人对于违规的认识往往是共同的，在有些情况下甚至是明确的"明知故犯"，但这些注意义务的违反并不代表"污染环境"或者对可能造成的环境污染事故的故意。具体来说，污染环境罪共同犯罪有两种典型类型：第一种，行为人多人属于共同一方，比如共同投资者、雇主与被雇用的驾驶者、共同排污行为人，这种情况属于多人具有共同的注意义务的情况；第二种，行为人之间彼此各自有独立的行为评价体系。比如在危险废物处置中，生产者出售污染性的废物，而出售人将废物随意丢弃造成污染，在这种情况下，从实然的分析来看，生产者未必与出售人具有共同的排污故意，但从整体的环境保护需要来说，各个环保单位的注意义务因其所从事具体领域不同而有所不同，但对于整体的环保义务却是有共同的认识的，存在模糊共同环保义务的竞合。

需要申明的是，笔者并不是为了将污染环境罪共同犯罪入罪而刻意对共同犯罪进行解释，共同犯罪的成立是为了避免同时犯认定对犯罪的放纵，在污染环境罪中客观存在共犯处罚的必要，而且这种认定并不违反共同犯罪归责的逻辑。比如对于危险废物共同犯罪的司法解释，在不同业务之间出现的共犯中，遵循的就是共同犯罪逻辑。

二、共同犯罪归责的基础——规范违反的共同

我国传统的共同犯罪理论站在犯罪共同说的立场上，认为共同的犯罪故意才能起到将各行为人的行为连接为一个有机整体的作用，共同实行的意思强化了各共犯之间的心理联系，加大了结果发生的可能性。[1]

而对于上文所谈到的过失共同犯罪，我们应当换个角度来看我国的刑法规定。比如有学者认为，共同过失犯罪学理以及实务将共同过失犯罪按照过失单独犯的同时犯处理[2]，将刑法第 25 条推出其极限之外，未必准确地理解了立法的可能内涵。不能否认共同过失犯罪人之间的共犯关系，第 25 条第 2 款既未肯定也未否定过失共同犯罪。[3] 也有学者认为，第 25 条在界定共同犯罪的范围时，仅在于为了适用共同犯罪的原理区分主犯、从犯以及胁从犯。这也是为何在第 2 款中否定了共同过失犯罪后，紧接着说"应当负刑事责任的，按照他们所犯的罪分别处罚"。如果完整地理解第 25 条，立法者想表达的意思应该是在对共同过失犯罪的行为人采取共同结果归属的前提下，再实行分别处罚的原则。如果不能将结果归属于行为人，就不能按照所犯的罪处罚。[4] 也就是说对于共同过失犯罪仍然可以适用共同的结果归属。

伴随风险社会的到来，过失犯罪的法定犯基于风险分配出现得越来越多，而同时，社会分工越来越细化，这种互相分工、协作、依赖的工作方式衍生出一种共同注意义务，社会主体间承担共同注意义务的情形和社会

❶ 何庆仁.共同犯罪的立法极限——以我国刑法中的共同过失犯罪为中心 [J].法学，2018（8）：79-92.

❷ 陈珊珊.过失共同正犯理论之质疑——兼及交通肇事罪的相关规定 [J].法学评论，2013，31（2）：28-34.

❸ 刘明祥.区分制理论解释共同过失犯罪之弊端及应然选择 [J].中国法学，2017（3）：202-225.

❹ 张明楷.刑法学 [M].5 版.北京：法律出版社，2016：393-394.

风险都大大增加，那么未履行这种共同注意义务而过失导致某种严重危害社会的结果的各行为人的处罚，如果依单个过失分别处罚是不恰当的。有学者研究日本"二战"前后的有关判例后，也印证了这种结论。在"二战"前日本大审院时代没有承认共同过失犯罪的判例，但"二战"后也即日本经济高速发展时期，日本法院逐渐出现了承认过失共犯的判例，而且多发生在交通、公共安全、机械工业操作等领域。❶

我国环境犯罪中以共同过失犯罪形态表现的情况越来越多。现代社会风险分配而来的共同过失，已经不是毫无联系的过失的共同，而是更多地表现为两个以上过失行为人通过意思联络，心理上相互支持、坚定了个人的犯意；客观上多个过失行为相互结合，共同导致了危害结果的发生。如果不承认共同过失犯罪从属于共同犯罪范畴，则只能以单独过失犯罪定罪，即对共同过失行为分别进行定罪量刑，那么很多具有相当程度社会危害性的行为，比如对过失犯罪的教唆、帮助行为，将不能被认定为犯罪行为。

从过失犯罪对注意义务的"规范"扩张可以看出，在法定犯领域，共同过失犯罪的本质在于在规范上延展了行为人的归责范围。从规范违反的角度来说，共同犯罪与单独犯罪的差异不在于人数的多寡，也不在于是故意还是过失，而在于规范视野下是共同归责还是单独归责。这是现代社会风险控制的客观需要，现代社会是匿名社会，交往者没有必要去考虑其他交往者的主观心理，只需要根据规范的客观指引与他人发生往来即可。如果其他人违反了规范的要求，致使交往者的规范性期待落空，为了维持规范的效力，必须将落空的不利后果归责给违反规范者。❷ 从纯粹的客观规范的违反来说，我们不需要去考虑行为人的故意或者过失，而只需要考虑行为人是否违反了自己应当遵守的规范。判断共同归责与否的标准是客观的，即是否共同违反了社会规范的期待（制造和实现了法所不允许的风

---

❶ 李希慧，廖梅. 共同过失犯罪若干问题研究 [J]. 浙江社会科学，2002（5）：76-82.

❷ 雅科布斯. 规范·人格体·社会 [M]. 冯军，译. 北京：法律出版社，2001：72.

险），而不是因为判断对象是客观的，即是否共同实施了客观行为。❶ 既不能以共同的犯罪故意或意思联络等主观要素决定共同归责，也不能以共同犯罪行为和因果关系就决定共同归责。❷

在归责的问题上，对于法定犯，无论是共同行为说还是共同故意说，都无法回应法定犯规制的"目的"需求，法定犯的规制是为了补充行政违法制裁的不足，是为了实现对行政规范效力的补充确认，塑造规范的普遍认同价值。因此，我们需要以"制裁目的"所追求的"规范认同"建构污染环境罪共同犯罪成立的基础。从法理上来说，污染环境罪从严格的结果犯修正为司法解释明确"入罪条件"的行为犯，在惩罚立场上实现了从"法益侵害"到"规范违反"的转向，那么在共同犯罪的认定上，我们是否也应当实现这样一种转向？笔者认同当前我国立法仍然肯定法益侵害的立场，但从整个环境保护的司法实践需求来看，更加倾向于刑法规范塑造的价值。也就是说在此基础上，应当肯定过失共犯的成立，各共同犯罪人必须通过自己的行为表达规范的意义，仅仅在单独犯罪中贯彻归责理论是不够的，归责的规范性要求必须同样地贯彻至共同犯罪。当然，对于共同犯罪的归责并不是单纯的违反义务即构成犯罪，从传统共同犯罪的归责来看，对"因果关系"的认定仍然是对行为人归责的核心因素，但"因果关系"的客观性使其判断可能超越"规范违反"的归责需要，因此，不能以"因果关系"的判断替代"规范违反"的判断。

对污染环境罪共同犯罪惩罚的意义，在于调动社会整体共同遵守环境保护规范，实现对环境保护的规范体系的遵守。共犯现象是一种超越了个人的特殊社会心理活动。共同犯罪的成立不是为了打击构成共同意思主体内部的某个个人的行为，而是为了打击作为整体的共同意思主体的活动。❸ 按照其首创者的说法，二人以上的异心别体的个人，以实现一定的犯罪为共同目的而一体化时，就结成了同心一体的共同意思主体，其中一

---

❶ 何庆仁. 特别认知者的刑法归责 [J]. 中外法学，2015，27（4）：1029-1051.

❷ 克劳斯·罗克辛，王世洲. 德国犯罪原理的发展与现代趋势 [J]. 法学家，2007（1）：151-160.

❸ 草野豹一郎. 刑法改正上の重要問題 [M]. 东京：严松堂，1950：315.

人实施的行为，就要作为共同意思主体的活动，由全体人员承担责任。如果认为数人的意志控制之身体动作的联合，必须经由一个"人"的构造才能够发生，就会认为共同塑造的是一个共同行为人。如果认为数个作用于外部世界的举止即可结合为一个整体，则是规制共同行为人的整体行为。❶ 而污染环境罪共同犯罪所塑造的正是"共同行为"结合共同意思主体说，这里的意思并不要求故意，而是为了实现规范共同认识的整体评价。

在共同犯罪中，评价的重心在于规范地判断任一参与者在共同塑造中的重要程度。兰珀（Lampe）曾经在社会系统的视野下指出："整体犯罪事件置身于一种系统性的关联中，各种原因和答责纠缠在一起，形成一个'网络'。具体行为贡献的社会性分量以及由此而生的个体的答责，只能在与犯罪参加者有关的'网络'中被确定。"❷ 自然犯和法定犯在共同犯罪的成立上，守法义务的自然"法"感情不同，由于每个共同犯罪所处的"情景预防"需要是不同的，因此是否需要对"共同"行为归责必须在具体的情境下灵活地予以考虑。

三、被突破的意思联络的规范违反的共同意思

笔者认为，即便突破共同犯罪罪过上故意的限定，也不能认为共同犯罪不考虑主观因素的共同沟通。只有意思的联络才能使二人以上的行为起到相互促进的作用。但是，笔者认为，意思的联络不应当限定为犯罪故意的联络，只要共同实施构成要件的行为具有一般意义的意思联络即可。在共同过失犯罪中，无论是共同过失还是过失竞合，意思联络大多是在对行为人规范的分配中客观被拟制了。比如医生和护士的共同过失犯罪，即是各自注意义务的拟制结合。换句话说，他们的职务客观上赋予了意思联络的可能，同样在污染环境罪中，无论是提供者，还是处理者，客观上有审核和遵守规范的义务，这就是共犯的意思联络。在环境污染案件的意思联络问题上，意思联络仍是共同犯罪成立的必要条件。不

---

❶ 何庆仁. 共同犯罪归责基础的规范理解 [J]. 中外法学，2020，32（2）：446.

❷ 何庆仁. 共同犯罪归责基础的规范理解 [J]. 中外法学，2020，32（2）：468.

同行为人行为之间的促进作用来自意思的联络，不履行注意义务可以通过一般意义上的意思联络来促进，使一方的行为与其他行为人的行为结果具有因果关系，因此，只要是可预见的损害结果，就必须承担相应的刑事责任。

一般意义的意思联络（如前述约定射击比赛致人死亡的案例）也完全能够起到相互促进、强化对方不履行注意义务的作用，从而使任何一方的行为与他方行为造成的结果具有因果性，因而任何一方对他方造成的事实、结果，只要具有预见可能性，就必须承担刑事责任。间接的预见并不要求预见到一切细节。❶

对于这种模糊的意思沟通，即行为人对他人行为的"模糊认识"，不要求行为人之间存在彼此沟通。在共同污染环境案中，意思联络在民事领域首先实现了突破。在德国司法实践中，数人虽没有意思联络，但在共同发生损害无法确定的情况下，各行为人负担共同侵权的连带责任。比如《德国水利法》第22条第1款规定：向水体投放或导入物质，或者变更水体原来的物理、化学或生物性质，致损害他人者，就其所生损害负赔偿责任。如果多人使水域产生影响，那他们作为整体负责人而承担责任。❷

在数人行为造成的环境污染案件中，只有各行为主体在地理位置和行为时间具有相对统一和集中的情况下才可能构成环境污染共同侵权。否则，即便各行为人都实施了排污行为，但却缺乏时间、空间以及损害结果的关联性，则各行为人的行为也只是构成单独侵权，而不成立共同侵权。

那么刑法如何认识"行为关联"？刑法的目的与民法的责任补偿不同，不能以单纯的行为关联认定共同犯罪。即便是行为共同说，也有学者指出20人过失射击致1人死亡，让本来没有击中被害人的人，因他人的行为连带负刑事责任，这无疑是不适当地扩大了刑事责任的范围，也是违反个人

❶ 赵秉志.英美刑法学[M].北京：中国人民大学出版社，2010：70–71.
❷ 巴尔.欧洲比较侵权行为法：下卷[M].焦美华，译.北京：法律出版社，2001：510.

责任原则的。❶笔者认为，刑法必须认识规范违反的共同，也就是行为人不是偶然 20 人出现在同一地方练习，是彼此知道的。也就是必须考虑意思联络的可能。对于弱关联的过失犯罪，应当不构成犯罪。在一起环境犯罪案中，法院认定被告单位 A、B 公司明知他人无危险废物经营许可证，仍然委托处置危险废物，构成污染环境罪的共犯。在具体的审理中，公诉机关指控两家单位在共同犯罪中，未尽到依法审查的义务，属于放任危害后果的发生，构成间接故意犯罪。

这起案件在一审之后，两被告单位提出了上诉，认为一审法院以"未履行依法审查义务"为由，认定上诉人构成单位犯罪，不符合上述"单位犯罪"的法定构成要件且没有事实依据。二审法院认定，证实了二上诉人的公司负责人参与确定供酸、运出废酸、对公司结账的事实，故二上诉人主张无权干涉经营的理由与事实不符。二原审被告单位作为有资质的相关企业，明知处置废酸必须具备相应资质和正规手续，但承包给被告人徐某后，未履行依法审查义务，放任危害后果的发生，具备间接犯罪的故意构成共犯，符合单位犯罪的构成要件，最终维持原判决。❷

对于本案的判决，根据法院所指出的二公司负责人参与运输行为，认定共同排污，并无不妥。但起诉书和一审、二审多次提出的"未履行审查义务"进而构成放任，却值得思考。公司未履行审查义务与明知对方无处置危险废物资质是两种不同类型的判断，如果存在明知对方无资质而提供自然属于司法解释拟制共犯的情况，但如果单纯以"未履行"审查义务是否可以认定明知？似乎有所牵强。法院的二审判决指出被告单位是"明知处置废酸必须具备相应资质且具有正规手续的公司"，表明明知对方应当有资质而未予以审查，但仍然无法回避无法肯定非法排污行为的意思联络。

例如，以快播的传播淫秽物品案来说，行为人传播淫秽物品，而快播作为平台没有履行审查义务被认定成立共犯，但在《刑法修正案（八）》

---

❶ 刘明祥. 区分制理论解释共同过失犯罪之弊端及应然选择 [J]. 中国法学，2017（3）：202–225.

❷ （2019）冀 0706 刑初 7 号一审判决；二审裁定（2019）冀 07 刑终 183 号。

出台之后，"拒不履行网络安全保障义务罪"便成为独立罪名，这里网站的安全审查义务经过法律明确予以规定。那么在上述案件中，对于危险废物提供、运输是否法律明确规定了企业的"资质审查义务"？

根据 2013 年修订的《危险废物经营许可证管理办法》第 15 条规定，禁止将危险废物提供或者委托给无经营许可证的单位从事收集、贮存、处置经营活动。笔者认为这里的禁止规范可以推导出"经营许可证"的审查义务，但并不能推导出不履行义务即为"直接故意"或者"间接故意"。如果将此义务的履行与否推定为行为人的间接故意，无疑是在对单位赋予刑法层面的"审查义务"，但刑法并未将此义务如同拒不履行网络安全保障义务罪独立入罪。那么是否可以认定其为不纯正不作为犯罪的共犯？我们仍以快播案为例，虽然快播平台最终被认定为共犯，但在整个审理过程中围绕"技术中立""技术无罪"以及"业务行为"中立性展开的激烈辩论，的确给司法裁判带来了压力。比如有观点指出，如果平台的犯罪行为不是传播淫秽物品，而是进行恐怖分子的招募或者杀人方法的传播，那么是否也构成故意杀人等犯罪呢？虽然此后刑法的修订增加了拒不履行网络安全保障义务罪，并将此类行为明确规定为新的不作为犯罪类型，终结了相关争议，但并不能由此得出具有"审查义务"就构成不纯正不作为犯罪，或相关人被认定为该项罪名的共犯。同样，在前述 A、B 公司污染环境案中，如果单纯根据单位未履行"资质审查义务"即认定其构成污染环境罪的共犯，明显是不妥当的。

因此，对于污染环境罪中共同犯罪的认定，只要"意思的联络"能够起到相互促进、强化对方不履行注意义务的作用，从而使任何一方的行为与他方行为造成的结果具有因果性，就必须承担刑事责任。

在英美刑法中，明确对于从犯的罪过，要求并不那么严格，但共犯意思联络中，需要进一步分析知道的内容所达到的程度才能决定是否成立从犯。❶ 而对于这种程度只需要"了解可能即可"。对于这种模糊的意思沟通，即行为人对他人行为的"模糊认识"，不要求行为人之间存在彼此沟通。

---

❶ 赵秉志 . 英美刑法学 [M]. 北京：中国人民大学出版社，2010：70–71.

第三节 污染环境犯罪共犯处罚的 "规范义务" 性限制

对共同犯罪人是否仅仅为自己所实施的那部分行为答责，取决于共同犯罪人在多大的范围内具有规范上的共同性。而对于共犯的惩罚，在于惩罚共犯共同认知的规范违反意思，至于共同性的具体范围，是由社会交往的意义来确定的，需要在社会交往中具体认定，不可能精确化。可以确定的是，总是存在着具体社会交往的标准意义，据此人们可以相信，正犯不只是从共犯那里得到了自然意义上的能量，而是得到了一种表达了犯罪意义的能量，共犯的答责范围因此就延伸至同样承载了共犯的犯罪意义的正犯行为之中。❶

在多人的环境污染犯罪现象中，有些行为人作为工厂的员工甚至只是单纯开门、关门行为也被认定为共同犯罪。对此，笔者认为需要从行为人的 "规范义务" 角度判断是否足以成立共犯。这就在于 "规范" 上中立的行为如何评价。比如原料供应商明知对方的行为是污染环境的行为，但仍向其提供原料，能认定供应商为共犯吗？本书认为应视具体情况而定。

一、供应行为的共犯认定

行为人明知对方企业是重污染企业仍向其供应原材料，在促进对方企业生产的同时，客观上也加剧了环境污染，这能否作为污染环境罪的共犯予以处罚应视具体情况而定。

当正常的生产行为与犯罪行为相互交织时，业务中立并非是绝对的。如果犯罪单位并不是为实施某种犯罪而设立的组织，而是为合法经营而设立的组织，那么就有必要肯定其 "合法化"。此外，即使参与行为有侵害法律利益的危险，如果危险性仍然很小，不能增加危险，也不能归责于参

---

❶ 何庆仁.共同犯罪归责基础的规范理解 [J].中外法学，2020，32（2）：464.

与人。帮助行为的危险性必须达到刑法规定的水平。在刑法中，一切与犯罪结果有因果关系的行为都要受到处罚，这几乎是不可能的。刑法只能处罚值得以帮助犯的身份惩罚的行为。

德国有学者指出，对于明知工厂在加工制造产品的过程中所排放的大量污水严重污染环境，且有可能违反打击环境犯罪的规定，仍向该工厂供应加工制造产品所需原材料的情况，由于原材料供应是为了实现合法制造行为（制造产品），工厂通常不可能为污染环境而专门购进原材料。这样，即使供应原材料的行为客观上使他人的环境犯罪得以实施，也不能认为供应原材料的行为本身具有犯罪意义关联性，故应由工厂经营者独自承担刑事责任。❶ 不过，德国也有学者提出质疑：在向工厂主供应原材料的案例中，固然用提供的原材料制造产品、满足人民群众生活需要是合法行为，但满足这种合法目的却以污染环境为代价，不能因保护合法制造行为而忽视对行为中污染环境违法部分的评价。❷

供应原材料的行为在客观上促进了另一方的环境污染犯罪，但只要国家法律不禁止销售此类原材料，则此类原材料的使用应属于自我管理方面，且原材料的供应商不应与犯罪的结果相关联。否则，为环境污染企业提供水、电的水电公司也应被视为共犯，因为水、电供应也是实现犯罪目的的条件，在客观上促进了犯罪，但这一结论显然是不可接受的。因此即使供应原材料的行为在客观上促进了对方企业的环境犯罪，但只要这种原材料的销售并不为国家法律所禁止，如何使用这种原材料应属于正犯自我答责的领域，不应将犯罪结果溯及于原料供应方。❸

二、出售行为的共犯认定

在司法实践中，还出现了大量企业为节省成本将危险废物出售他人

---

❶ ROXIN CLAUS . Strafrecht algemeiner teil Band Ⅱ [M]. München : Verlag C.H. Beck, 2003 : S. 208.

❷ NIEDERMAIER HARALD, Straflose Beihilfe durch neutrale Handlungen? [J]. Zeitschrift f ü rganzheitliches Strafrecht, 1995（107）：S.530.

❸ 陈洪兵 . 环境犯罪主体处罚范围的厘定——以中立帮助行为理论为视角 [J]. 湖南大学学报（社会科学版），2017，31（6）：149.

的情况，那么这是否与他人形成了共同犯罪呢？我国刑法中不乏这种拟制共犯的规定，比如走私犯罪中事前约定的帮助处置赃物等。但根据《2016年环境犯罪司法解释》，行为人明知他人无经营许可证或者超出经营许可范围，向其提供或者委托其收集、贮存、利用、处置危险废物，严重污染环境的，以污染环境罪的共同犯罪论处。那么出售是否可以解读为"提供"？

我们以具体案例来进行说明。2012 年夏季，省、市环保部门到冀某药业集团公司进行检查时，明确告知其生产活动中产生的废活性炭吸附脱色剂被认定为危险废物，应当为其设置专门的贮存场所，之后将该企业转入具有危险固体废物处置资质的企业。随后，副总经理马某、安全环保部部长刘某向总经理李某汇报了这一具体情况。公司的全面工作由李某负责，其了解公司生产的废活性炭属于危险废物，为了节约费用、增加利润，决定除少量废活性炭按规定处理用于应付检查外，其他绝大部分仍按检查前的处理方式售出。作为分管生产和环保工作的责任人，马某明知李某的决定是违法的，但未提出异议或制止，仍按照其安排建危险废物库房用于存放部分废活性炭，其余大部分继续出售。冀某药业集团公司自 2013 年 6月 19 日至 2014 年 1 月 2 日共向杜某出售废活性炭 840 吨，非法获利 37.72万元。杜某无处置危险废物的相关资质，在政府、环保局禁止其生产的情况下，分别从冀某药业集团公司和山东某制药公司购买废活性炭并非法加工和出售 8 吨成品，获利近两万元。杜某无相关资质，非法加工出售废活性炭，构成污染环境罪。冀某药业集团公司明知杜某无处置危险废物资质却将危险废物提供给杜某处置，河北省衡水市冀州市人民法院判定冀某药业集团公司与杜某构成污染环境罪共同犯罪。山东某制药公司在山东省某市人民法院同样被判以污染环境罪共同犯罪，被追究了刑事责任。❶

这个案件认定为共犯，笔者认为存在以下问题。

第一，共犯是被拟制的。这个案件如果变形：出售了之后，又经过加工，再次交给有许可证企业处置。是否构成犯罪？所以还要看最终是否"污染环境"。

---

❶ 徐静柳. 污染环境罪共同犯罪问题研究［D］. 北京：中国矿业大学，2019：17.

但对于司法解释明确给出的"三吨"如何理解？法院认为，杜某未取得危险废物处置资格，非法处置三吨以上危险废物，构成环境污染罪。冀某药业集团公司知道杜某没有危险废物处置资质，仍然向他提供危险废物。法律均明确"向无危险废物经营资质者提供危险废物构成污染环境罪共同犯罪"，因而冀某药业集团公司以共同犯罪被判处污染环境罪，李某、马某作为直接责任人员和主管人员被定罪判刑。笔者认为买卖这种行为不宜按照共犯处理，在毒品犯罪中，都是将其分开规定。

第二，何谓处置？如果冀某药业集团公司提供废活性炭给杜某，杜某尚未加工废活性炭，也就意味着杜某尚未构成污染环境罪，那么冀某药业集团公司是否无罪呢？

从行为本身的危险性来看，冀某药业为牟利而违反国家法律规定，将危险废物交予无处置资格的人来处理对其处理结果采取放任态度，其行为社会危害性较大，从保护生态学人类中心法益的角度分析，冀某药业集团公司也应构成犯罪。但这一行为是构成共犯还是作为独立的犯罪？

笔者认为冀某药业集团公司将活性炭出售给没有危险废物经营资质的杜某，并不符合我国《固体废物环境污染防治法》中非法倾倒、排放、处置固体废物的情形。我国《固体废物环境污染防治法》将"处置"做了一个限制性解释，其主要是指焚烧、填埋、加工等事实上的处置。不能将《民法典》中的"处分"等同于刑法中的"处置"。比如在曹某污染环境案件中，被告人实施买卖包含医疗废物的物品行为，并未被等同于刑法规定的"非法处置行为"。被告人即使具有非法收集、出卖固体废物的行为，但与非法处置行为具有本质区别，处置废物的行为是指以焚烧、填埋或者其他改变危险废物物理化学属性的方法处理危险废物，或者将其置于特定场所、设施并不再取回的行为。被告人的行为没有改变医疗废物的物理和化学属性，没有进行加工处理，收购后分拣、转卖行为，不是非法处置行为。❶ 而在有些案件中，法院即便没有认定构成犯罪，也认为应当区别处理。比如孙某污染案件中，孙某等接到化工废料后，在存放过程中，由于

---

❶ 曹某某、张某某污染环境一审刑事判决书（2016）冀 0607 刑初 181 号。

其意志以外的原因尚未非法倾倒、处置即被查获，系犯罪未遂。法院认为，对未遂犯可以比照既遂犯从轻或减轻处罚。❶

三、出租行为的共犯认定

出租行为在一般情况下也属于正常的市场行为，但明知他人无污水处理设备，仍将厂房及设备出租给他人使用，他人在使用过程中违法排放废物而严重污染环境的，是否构成共同犯罪？司法实践认识也并不相同。一种观点认为，明知他人无处理废物的资质，仍出租场地给他人使用，假如他人在使用该场地时产生或处置大量废物，严重污染环境，出租场地者应以共犯论处。这种观点认为场地出租，出租人应了解场地用途，对污染源有监督义务，如果对已知危险源缺乏控制或者阻止污染环境的行为，造成环境污染客观后果的，应当以共犯论罪处罚。比如孙某污染环境案件，其在明知无污水处理设备、排放生产污水会污染环境的情况下，将天津某涂装有限公司整体租赁给雷某、王某（均已判刑）从事电动自行车车架磷化、喷涂作业。这里"公司整体租赁"，被认定为构成共犯。❷另一种观点认为这种情况只能将严重污染环境的结果归属于他人，而不能归属于出租厂房及设备者。这也是在实践中绝大多数案件的观点，并未追究出租场地和设备者的共犯责任。应该说，由于难以认为所出租的场地、设备本身就是危险源，出租者既不负有法益保护义务，也不负有危险源监督义务，而完全属于租赁场地、设备而排污者自我答责的领域，不应追究出租者的刑事责任。

在司法实践中，对于出租行为认定构成共同犯罪的根据，一种观点认为，认定根据在于"监管义务"。比如李某污染环境案件，被告人李某在 2015 年 3 月 25 日承租被告人杨某位于天津市静海区沿庄镇小河村的厂房，雇用被告人董某等人开始进行电镀生产。杨某安排李某对厂房进行管理。被告人李某、董某违反国家规定非法排放含有重金属的污染物质，严重污染环境，其行为均构成污染环境罪。被告人杨某将不具有排污能力的

---

❶ 孙某污染环境案件（2016）冀 1127 刑初 231 号。

❷ 孙某污染环境一审刑事判决书，（2017）津 0110 刑初 458 号。

厂房出租给李某等人经营电镀加工，在李某等人自行修建排污槽后又未尽监管义务，造成环境污染，其行为亦构成污染环境罪。在共同犯罪中，被告人李某、杨某均起主要作用，应认定为主犯。❶另一种观点认为，认定根据在于"实质的帮助"。比如在田某污染环境案中，田某未取得危险废物经营许可证，未采取任何污染防治措施，租赁厉某的炼铅厂，并且厉某为田某经营提供帮助。法院判决田某和厉某构成污染环境罪的共同犯罪。厉某将炼铅厂租赁给田某，并为田某经营提供帮助，法院之所以将此案认定为污染环境罪的共同犯罪，其处罚的本意并不在于厉某将炼铅厂租赁给田某，而是在于厉某为田某利用火法冶金工艺进行废旧铅酸蓄电池还原铅生产严重污染环境的非法经营行为提供了帮助，其出租行为本身并无任何社会危害性，不应将其认定为污染环境罪的共同犯罪。❷笔者同意后一种观点。

四、运输行为的共犯认定

受雇用运输倾倒是否构成共同犯罪？上文在单位犯罪一章重点分析了单位内部受雇用基层人员，这里我们重点分析外部被雇用人员，这里的外部雇用人员并非本单位职工。比如在马某等人污染环境罪一案中，何某经郭某、赵某介绍和联系为马某非法处理废盐酸，何某雇用并指使被告人郝某、曹某等人，分别驾驶其所有的两辆套牌改装大货车，多次到马某经营的公司将马某回收并存放于上述地点的废酸 3 000 余吨拉走并非法倾倒。在这一案件中，七人构成共同犯罪，何某和马某构成主犯，郭某、赵某以及司机三人均被认定为从犯。❸

此外，对于危险废物的共犯认定，司法解释并未对运输危险废物的行为作出规定。我们此处以运输危险废物共犯的认定分析，给出一般污染物运输行为是否认定共犯的启示。如果行为人仅收取费用运输危险物质，其

---

❶ 天津市静海区人民法院刑事判决书（2017）津 0118 刑初 379 号。

❷ 袁逢曼，赵雷. 生态环境共同犯罪类型化研究 [J]. 中国环境管理干部学院学报，2019，29（3）：41-44.

❸ 郝某、曹某污染环境一审刑事判决书.（2017）津 0114 刑初 92 号。

行为并没有触犯该解释的禁止性规定，但可能触犯刑法第 125 条关于"非法制造、买卖、运输、储存危险物质罪"的规定，公安机关应当依照刑法的规定及最高人民法院、最高人民检察院《关于办理非法制造、买卖、运输、储存毒鼠强等禁用剧毒化学品刑事案件具体应用法律若干问题的解释》进行处理。

在杜某某、李某某、包某甲污染环境罪一案中，2014 年 9 月，被告人包某甲在未取得危险废物转移联单的情况下，雇用李某某，由李某某组织人员使用"神狐"牌油罐车两次从张家口市下花园区将废旧机油两车（约40 吨）运输至天津市蓟县出售给杜某某。被告人杜某某在不具备危险废物处置资质的情况下，将废旧机油加工成基础油并出售。法院认为，被告人杜某某违反国家规定，非法处置危险废物 40 吨，严重污染环境，其行为构成污染环境罪。被告人李某某、包某甲明知杜某某不具备处置危险废物资质，为其提供危险废物 40 吨的行为构成污染环境罪的共同犯罪。包某甲拥有危险废物经营许可证，但对于危险物质经营方式仅为收集、贮存。❶法院认定李某某构成共同犯罪，但对于李某某组织的具体的司机并没有明确具体追究共犯责任。

综上所述，在法理学中，判断责任人和共犯的有限处罚范围的依据是业务中立性。供应原材料的行为客观上促进了另一方的环境污染犯罪，但只要国家法律不禁止销售此类原材料，则此类原材料的使用应属于自我管理方面，且原材料的供应商不应与犯罪的结果相关联。否则，为环境污染企业提供水、电的水电公司也应被视为共犯，因为水、电供应也是实现犯罪目的的条件，客观上促进了犯罪，但这一结论显然是不可接受的。刑法不可能处罚所有与犯罪结果之间存在因果关系的行为，日常生活行为等中性行为并不一概构成正犯的帮助犯，应综合判断其对正犯结果的发生是否有实质性的影响等才能得出妥当的结论，这在本质上不只是自然因果律的判断问题，而是同时涉及规范评价问题。❷那么，即使明确承认了中性行

---

❶（2015）下刑初字第 26 号杜某某、李某某、包某甲污染环境一审刑事判决书。

❷ 林钰雄. 帮助行为的因果关系及中性帮助行为 [M]// 林维. 共犯论研究. 北京：北京大学出版社，2014：437.

为虽然对正犯行为有促进和帮助，存在传统上的共犯因果性，但按照规范评价和实质判断的立场，从行为对法益侵害的危险性角度来看，该行为没有制造法所禁止的风险，并未达到值得作为共犯处罚的危险性，从而也就不得不否定其共同归责。❶

此外，受雇负责运输、倾倒污染物的司机、押运员，直接支配了犯罪进程，而且行为本身仅服务于犯罪，应评价为犯罪。为污染企业运输提供生产、加工所需原材料的行为以及为污染企业安装调试设备，讲授生产、制造工艺，由于行为具有促进生产的一面，因而属于正当业务行为，不应评价为犯罪。将场地、设备出租给污染企业使用的，由于不负有法益保护义务和危险源监督义务，而完全属于污染企业自我答责的领域，不应承担共犯的责任。只有实际控制、管理公司、企业的投资者，才值得科处刑罚。

❶ 周光权.刑法总论［M］.3 版.北京：中国人民大学出版社，2016：353.

第七章 污染环境犯罪刑罚理念的转变与合规治理

第一节 传统刑罚理念的局限与反思

刑法作为民生保障的最后屏障，如何运用好刑罚这一手段不应单纯从增加刑罚成本角度来考量，更需要在更新理念上下功夫。下文基于"刑罚"的有效性展开对环境犯罪治理的讨论。

一、传统刑罚理念在环境治理中的困境

传统刑法对于不法行为的反应模式为刑罚及保安处分。刑罚是依罪责原则，对过去的犯罪行为据其情节的轻重不同，强制赋予责任义务，而保安处分则是对不法行为依其人身危险性科处处分，是为了保全将来法律秩序之安全，目的在于剔除行为人之社会危险性。目前，无论是对刑罚和保安处分采取一元论还是二元论，在刑罚的目的上大都采取了并合论的观点，以相对报应刑论为内容，认为刑罚正当化的根据一方面是为了满足恶有恶报、善有善报的正义要求，另一方面是为了防止犯罪而采取必需且有效的措施。"因为有犯罪并为了没有犯罪而科处刑罚"成为并合主义的经典表述。

并合主义有效地协调了刑罚积极主义与刑罚消极主义的观点，既可以使刑罚免除受到报应的牵制，又可以使刑罚的适用受到预防目的的制约。报应刑主张刑罚的程度应当与犯罪本身的程度即犯罪行为的客观危害结果相适应，而目的刑论者立足于犯罪原因的多元化和犯罪的特性，主张刑罚

应当与犯罪人的危险性相适应，采取并合主义，可以使报应主义和预防论相互牵制，使刑罚整体上既不会过于严厉，也不会过于轻缓。一方面可以防止片面惩罚的做法，另一方面也可以防止教育万能的现象，使刑罚程度整体适当。❶ 我国 1997 年刑法体现的就是这种并合主义的精神，《刑法》第 5 条规定："刑罚的轻重，应当与犯罪分子所犯罪行和承担的刑事责任相适应。"

但随着社会的发展，人们发现，用并合主义武装起来的刑法在应对恐怖主义犯罪、环境犯罪上的高犯罪率、再犯率上无能为力，同时司法机关面对人满为患的监狱现状也显得治理无门，于是人们开始反思并合主义惩罚理念存在的问题。诚然，并合主义吸纳了报应刑和目的刑的合理性成分，但同时也兼具了二者难以克服的理念上的弊端。

并合主义主张刑罚的启动仍然在于报应，没有现实的危害行为仍然不能启动刑罚，这在一定程度上合理化了报复的情感，但其是事后的惩罚，而惩罚在本质上使人处于孤立的一方，从一定程度上加剧了受害人和加害人以及其他利害社会人的独立情绪，加剧了双方地位的不平等。在这样的情绪下，加害方的情绪更加抗拒，更加难以再建立平等的社会关系。此外，事后的惩罚，客观上也使加害者实际逃避了部分责任，加害人在受到惩罚后，只是加害人与冰冷的国家机器所赋予的义务的完成，而行为人真正要面对的社会和受害者并不能从心理上去接受加害人，以严酷的惩罚去平复受害者以及社会所遭受的创伤似是一种自欺欺人。实际上，加害人在受到惩罚后可能长期处于监禁状态，与受害人处于长期的紧张冲突中，这种没有交流的平复只能加剧矛盾，加害人以对国家的义务替代了对受害人的愧疚，冲突双方的真正关系在某种程度上被"和谐"了。❷ 带有报应成分的惩罚理念往往使刑事司法体系逃避改革进步，因为作为一种事后的惩罚，司法者只要谴责、惩罚加害者即可，而不必去考虑影响犯罪的因素。

二、恢复正义理念的确立

在环境犯罪中，犯罪的科技性程度高、危害后果的隐蔽性强，单纯的

---

❶ 张明楷.刑法的基本立场［M］.北京：中国法制出版社，2002：349–356.
❷ 笔者在此处并不是主张受害人和加害人应进行私力冲突解决，而只是在解决机制上提出现有机制存在的缺陷以及提出进行相关的弥补。

惩罚并不是最适当的。"严重污染行为"的入罪化，从立法层面已经拔高了对行为人的要求，这时候必须考虑环境犯罪的特殊性，选择合适的处罚措施，尤其是在刑罚运用基础上采取其他非刑罚措施或多样化措施作为辅助手段，避免对行为人过重的苛责，以达到更好地保护环境利益的目的。

犯罪人的法律责任，不应该仅仅是被动地接受刑罚的处罚，而应是主动面对被害人及其家属，了解自己的行为给他们所造成的后果，在个人、家人和社会的通力合作下，争取通过补偿、道歉等修复性行为使业已受损的社会关系尽可能得到修复。当以恢复性正义取代报应正义时，犯罪分子承担的责任不再以报应为尺度，而以修复关系之所需，由此，责任承担形式不只是刑罚惩罚一种，还包括道歉、赔偿、社区服务等。❶ 从犯罪人的角度来看，在恢复正义的理念下，犯罪所引起的良心谴责，使其内心痛苦，他们会求良心安宁而宁愿坦白真相并承担责任。如果说报应性司法是建立在犯罪人是理性行为人的假设基础之上的，那么，恢复性司法则是建立在侵害人仍然是有品德能改善的人的假设基础之上的。❷ 从遭受犯罪侵害的一方当事人来看，犯罪引起了他们包括报复、补偿、信息获悉、个人情绪表达等一系列新的需求，为此，刑法理论必须予以关注，通过创新刑罚处置措施，缓解被害人与加害人的冲突，比如美国在环境执法中的"补偿环境项目制度"，这也是美国所特有的环境执法措施。作为和解协议的一部分，违法者可能会自愿地同意开展一些与他们的违法行为有关的、对环境有益的项目，以换取 EPA 对其进行从轻处罚，此类项目被称为补偿环境项目（Supplemental Environmental Projects，SEP）。一般而言，补偿环境项目是指被告没有法定义务进行，但在和解针对其的执法行为时同意进行的环境收益项目。补偿环境项目主要包括公众健康项目、污染预防项目、

---

❶ 许春金.从修复式正义观点探讨缓起诉受处分人修复性影响因素之研究 [J].犯罪与刑事司法研究，2006（7）：7–14.

❷ 狄小华.多元恢复性刑事解纷机制研究 [J].刑事法评论，2014（27）：514.我们以往对法律往往强调其强制面，而忽视了许多规则的存在目的在于准许，而非防止。因此，除了运行限制性规则外，我们还需要引入相应的促进性规则，协助人们实现自己的"善良动机"与目标，给社会的发展注入强心剂，使法律规则的功能运行更具有建设性。

污染减少项目、环境恢复和保护项目、评估和审计项目、促进环境守法项目、紧急情况规划和准备项目以及其他类项目等八个类别。目前从我国的司法实践来看，随着一些检察机关对恢复性司法理念的逐渐接受，这种新型的刑事程序逐步扩展到未成年人犯罪案件、过失犯罪案件以及在校大学生涉嫌犯罪的案件之中，所涉及的刑事案件类型也从最初的轻伤害案件扩展为交通肇事、盗窃、抢劫、重伤等案件。但是恢复性司法并不适用于所有的刑事纠纷，需要根据案件的具体类型进行分析。

第二节　环境合规治理的"二元"司法理念

一、威慑与遵约的二元司法理念建立

刑法的威慑在于促使潜在违法者形成守法的意识。对于环境犯罪来说，面对司法实践打击的无力，我们更需要从威慑和遵约的协调中实现预防犯罪的目的。

（一）司法威慑的强化

刑罚的威慑功能历来受到人们的重视，以费尔巴哈的心理强制说为基础，虽然不能过分夸大这种心理威慑的力量，但也不能否认威慑的客观存在。刑罚的威慑功能有个别威慑与一般威慑之分。个别威慑是指刑罚对犯罪分子产生的威吓慑止作用。一般威慑是指刑罚对潜在犯罪人产生的威吓慑止作用。在环境犯罪治理中，笔者认为，重点应当放在"个别威慑"上，虽然我们都渴望"杀鸡儆猴"的效果，但往往"猴"没吓到，"鸡"也没被吓到，所以重心仍然在于"个别威慑"。脱离个别威慑，过分强调一般威慑，甚至为追求一般威慑的效果不惜加重对犯罪人的刑罚，是不公正的。

而如何实现这种威慑力，重心在于司法的威慑，没有司法威慑，立法威慑就不可能产生应有的效果，这也是为什么环境犯罪治理在立法的不断修正后仍然处于疲软状态的原因。比如菲兰吉利主张司法（行刑）威慑，否认立法威慑，认为立法威慑只是追求刑罚纸上谈兵式的威慑作用。

具体来说，一方面应强化罚金效力。在美国立法者看来，"罚款在环境执法中起着重要作用，能够威慑违法者，确保受管制者受到公平、一致对待，而不会使违法者因违法行为取得竞争上的优势"❶，经济处罚能够直接影响企业的经济利益，是创造公平竞争环境的重要手段。因此科学计算经济处罚成为有效的执法措施，而按日计算罚款是科学计算经济处罚的典范。

这与我国在环保违法行为罚款和罚金计算过程中采用最高限额的计算方法不同，我国的违法罚款和罚金计算方式直接导致的后果就是中国环境处罚的力度偏低，环境违法行为所能带来的经济利益与该违法行为所造成的损失和损害之间往往差距悬殊。

另一方面，应增加非刑罚手段的运用。在环境刑法的立法上，还有些国家规定了刑罚的特别执行措施——恢复和改善生态环境。1997 年生效的《俄罗斯联邦刑法典》在第 26 章关于环境犯罪刑事处罚的规定中，不仅规定了剥夺自由的刑罚手段，还规定了不剥夺自由的劳动改造刑罚手段，第260 条还规定了"强制性工作"的刑罚措施，客观体现了由犯罪人自己劳动弥补损害的内容。在环境犯罪的司法适用中，一些国家已尝试过重建被损害的环境的刑事措施，如美国诉卡迪尼尔案中，被告同意接受 1 年有条件的缓刑，在缓刑期间，负责把由于该公司倾倒 4.5 万加仑（1 美制加仑≈3.79 升）磷酸而被毁坏的沼池恢复原状，对雇员进行环境法知识培训。❷我国现行立法中也有一些条款与恢复性司法理念契合，如我国《刑法》第37 条关于非刑罚处罚措施的规定。虽然，我国《刑法》总则以一个专门的条文做了规定，但由于其适用范围仅限于犯罪情节轻微不需要判处刑罚的情形，适用种类仅限于训诫、责令具结悔过、赔礼道歉、赔偿损失、行政处罚和行政处分，因而在司法实践中我国对环境犯罪的处罚很少配合适用

❶ General Accounting Office. Environmental Enforcement: penalties may not recover economics benefits gained by violators［EB/OL］.（1994-06-19）［2020-01-21］.https://www.gao.gov/assets/t-rced-91-69.pdf.

❷ 付立忠．环境刑法学［M］.北京：中国方正出版社，2001：250.

相关的非刑罚措施。

对此，我们需要系统地给非刑罚措施的激活创造条件。首先，在刑事责任的认定方面，应借鉴国外立法中对"调解"的尊重，在减轻刑事责任的事由中，"经过调解机关调解并求得被害人谅解的"可以作为从轻、减轻或免除处罚的情节予以考虑。在非刑罚性处理方法中，对于犯罪情节较重，事后采取补救措施，积极赔偿被害人损失，经过调解机关调解并取得被害人谅解的，可以免予刑事处罚或判处缓刑。

我国刑法及刑事诉讼法没有对非刑罚处罚方法中的"赔偿损失"与刑事附带民事诉讼中的"赔偿经济损失"进行明确区分。由于刑事附带民事诉讼赔偿范围严格限定在由被告人的犯罪行为造成的直接物质损失，精神损害不属于附带民事赔偿的范畴，故司法实践坚持将非刑罚处罚的赔偿损失范围限定在直接物质损失，精神损害不属于赔偿范围。

但是，非刑罚处罚中的赔偿损失范围应当包括因犯罪行为造成的精神损害赔偿。这种方法不仅充分考量犯罪人的社会发展与情感因素，更重视对被害人进行全面有效的补偿，这种方法还可以省去日后民事诉讼的负累，在赔偿物质损失的基础上进一步对精神损害给予赔偿，更容易得到被害人的谅解，被犯罪行为伤害的社会关系更容易得到全面的修复。❶

其次，应明确规定：对于环境犯罪这类公害犯罪必须配合非刑罚措施，同时设置相应的资格刑。在国外，类似于责令恢复原状、限期治理等非刑罚措施都是作为刑罚的必要替代或补充措施，目前我国在环境犯罪的刑罚设定上有自由刑和资格刑，自由刑虽然具有惩罚和改造罪犯以及对社会的一般防卫功能，但是无法阻止和减轻犯罪行为对环境造成的持续侵害。罚金刑虽然对经济性犯罪而言是罚当其罪，并且被认为是惩罚犯罪法人的最佳手段，但环境犯罪恰恰多为在经营活动中发生的逐利性犯罪，而且多数表现为法人犯罪。由于我国罚金刑重罚不重教，再加上我国罚金刑没有规定确定的数额，在司法实践中判处的罚金数额又偏低，因而罚金刑对于经济承受能力强的犯罪人或单位就难以实现预期的预防和惩治效应。

---

❶ 石柏非，陈卫国，闫艳.非刑罚处罚刑事适用的优化路径［J］.政治与法律，2010（4）：102–108.

其实，在我国的司法实践中，已经有过在环境犯罪的刑事制裁体系中配合适用非刑罚措施的判例。2002 年 12 月初，湖南省临武县法院对滥伐林木的犯罪人王某某判处有期徒刑 3 年、缓刑 4 年，并且在缓刑期内要求其植树 3 024 株，成活率要达到 95% 以上。❶ 这种做法既可以达到刑法预防和惩治犯罪的目的，又可以最大限度地保护环境资源。

因此，笔者建议对环境犯罪的治理重视非刑罚措施的配合，针对环境犯罪的独特性，设置责令补救、限期治理等非刑罚处置措施，以弥补已有的刑罚方法在遏制环境犯罪后果持续危害方面的不足，收到标本兼治之效。同时在环境犯罪的法定刑种类上充实资格刑的内容，这样既可以省去动用刑事诉讼程序后的行政处罚程序，降低国家处罚违法犯罪的成本，对被处罚人而言，又可以免去双重处罚程序所带来的精力和时间消耗。

（二）强化行刑衔接的"遵约"司法

我国的污染环境犯罪具有典型的"行政违反性"，而大量行政法规的存在，对无论是司法者、执法者还是守法者都是极为困难的。学界对环境刑法行政从属性的特性持有不同的看法，有学者认为："赋予环境犯罪行政从属性，将追究环境犯罪视为依附于环境行政执法和行政管理活动的观点极易在实践中助长行政权、排斥司法权的风气，容易造成环境行政执法和行政管理的强势地位，使环境刑事手段存在被架空的巨大危险。"❷ 也有学者认为："不能将实践中存在的行政干预司法的状况夸大，更不能将问题归责于行政从属性，环境犯罪行政从属性的存在有其理论根据与实践基础。"❸ 环境刑法的行政从属性是一个客观存在的法律现象。环境刑法的行政从属性有助于节约环境犯罪治理成本。环境行政法的特性可以增强刑法在环境领域的调控能力，使其调控能力能够适应社会发展的需要。行政法具有具体性、灵活性、应急性等特点，比如美国在立法体例上更加重视附属刑法的作用，强化行政权的刑法保障，重视行政法规的前置。相应地，在环境犯罪的立法中也更加重视行政法规的预防性。比如针对大气污染排

---

❶ 郭建安，张桂荣. 环境犯罪与环境刑法 [M].北京：群众出版社，2006：454.

❷ 赵星. 环境犯罪的行政从属性之批判 [J].法学评论，2012，30（5）：129-133.

❸ 张苏. 环境刑法行政从属性的理论根据 [J]. 新疆社会科学，2014（1）：97.

放和防治，1970 年美国经过国会修订了《清洁空气法》，成立了美国国家环境保护局，对环境控制采取了严格的新方法，转变了联邦政府在空气污染防控事务中的角色，政府的执法权限也得到实质性的扩张。❶《清洁空气法》第 7407 条对空气质量控制区域规定了必须达到和维持国家一级和二级环境空气质量标准，各州长需要提交达标、未达标和不可分类的区域清单。在考虑工业发展与污染的进一步控制中，全国符合环境空气质量标准的各个区域，都被划分为三类，大型国家公园和荒野地带为第一类区域，其他地区为第二类区域。第一类区域不允许空气质量的任何恶化，在这些区域设立任何带有污染的工程项目，必须事先经过批准，申请人还必须同意使用"最佳可得控制技术"控制污染物排放；而第二类区域大气污染物允许有少量的增高，但不能超过国家大气环境质量标准，这一区域被重新划分为第一类区域或第三类区域，在第三类区域为了工业发展允许大气污染物浓度有较大幅度增高。❷ 由此可以看出，美国在环境污染的控制上采取的是以预防为主导的严格的行政标准。这也反映在刑事案件的调查中，美国国家环境保护局在 1994 年颁布了刑事案件自由裁量权行使的指导意见，明确了刑事案件认定的参考标准：重大环境损害和应受惩罚的行为。其中"重大环境损害"不仅包括了现实实际的损害，也包括了重大损害的危险，更扩充到了污染物排放不报告、被管理者的普遍不服从。❸ 而"污染物排放不报告"和"被管理者的普遍不服从"均属于将行政法上的预防措施的违反拟制为刑法上的"危害"，实现了由刑法对行政法的规定予以最终保障。

在美国，针对企业违法行为采取的处罚措施并不以处罚或者威慑为目的，而是以环境效益和处罚效果最大化为目标。❹ 谈判和协商被广泛用于

---

❶ 张建宇，严厚福，秦虎 . 美国环境执法案例精编 [M]. 北京：中国环境出版社，2013：3.

❷ 丹尼尔·A. 法伯，罗杰·W. 芬德利 . 环境法精要 [M]. 8 版 . 田其云，黄彪，译 . 天津：南开大学出版社，2016：85.

❸ 丹尼尔·A. 法伯，罗杰·W. 芬德利 . 环境法精要 [M]. 8 版 . 田其云，黄彪，译 . 天津：南开大学出版社，2016：211.

❹ 张建宇，严厚福，秦虎 . 美国环境执法案例精编 [M]. 北京：中国环境出版社，2013：44.

正式和非正式执法阶段，既表达执法者执法的强烈愿望，也传达帮助违法者解决违法问题的诚意。执法者发现企业违法后，通常会发出警告信、守法命令或违法通知，对企业的违法行为提出警示、责令改正并指出可能的处罚。企业则会与执法者就哪些行为是违法行为以及如何改正进行协商。因此，虽然美国的环境法律中规定了高额的违法罚款，但是在实践中，美国国家环境保护局和州环境保护局很少完全按照规定进行罚款，而是通过其具有的裁量权灵活采取多种执法方式❶，以促进环境治理和企业守法。

因此，笔者推崇的"威慑"与"遵约"二元处理事实上是将环境犯罪行为的评价在司法中再次给予区别对待，我们需要考虑企业的守法逻辑与自然人的不同。企业守法并非出于对违法惩罚的恐惧，而是出自企业控制自身环境行为的能力。在很多情况下，企业违法并不是有意为之，而是信息不足或守法能力不够所致。对那些有守法能力但是故意违法的企业应当采用威慑型惩罚，而对于那些有守法意愿但能力不足的企业，应侧重对其进行守法指导和守法援助，而非威慑式处罚。

（三）以遵约为基础的"合规"威慑转向

我国传统的以管制为主导的环境政策"过分依赖于管制手段和方法及其工具理性，这往往不可避免地导致行政过程对环境执法终极价值理性的忽视，甚至可能造成行政管制目的与行政管制手段之间的扭曲和异化"❷。环境执法和司法的目的被"工具理性"取代，企业环境守法行为的提升以及环境质量的改善并没有成为环境司法追求的目标。这种认识难免导致司法者对"手段"给予更高的期待，反而不利于促进企业守法水平的提高。

对"威慑力"的发挥，需要"遵约"的引导，现阶段纯粹威慑型惩罚严重背离了企业守法这一基本目标，其在对执法对象的认识上具有严重的简单化、固定化倾向，对企业单一的、僵化的认识和定位无法与现阶段纷繁多样的犯罪对象以及错综复杂的社会关系相契合，导致处罚手段与守法

❶ CLIFFORD RECHTSCHAFFEN. Deterrence vs. cooperation and the evolving theory of environmental enforcement[J]. South California law review, 1998：1181.

❷ 柯坚. 我国《环境保护法》修订的法治时空观 [J]. 华东政法大学学报，2014（3）：17-28.

机制严重错位。笔者希望通过对"威慑"理念的分解突破长久以来在环境司法事件中形成的固有观念和路径依赖，对威慑的内在逻辑进行规范性和实践性反思，将考察的视角由外转向内，将导向从以司法为主转向以"犯罪主体"为主，调动违法者的积极性。一个以企业守法为本位的执法和守法机制既有助于弥补威慑型执法流程中的预设缺位和逻辑裂缝，也将从根本上改变我国环境犯罪治理自上而下单打独斗的功利主义和"实用主义"思路，通过威慑与激励并存的新型司法合作模式达成环境公益与企业私益的平衡。

这就要求刑法保持其严厉性，且只针对最为严厉的犯罪。2000 年 4 月 11 日，美国国家环境保护局发布了修订后的《自我管理激励：发现、披露、纠正和违规预防》，该政策体现了美国环境保护体系开始从外源型向自发型转变。其中，重要的激励政策如：（1）减轻处罚即鼓励受管理的实体在实际经营中运用环境审计方案。对于符合该政策条件的实体，可用的激励措施包括放弃或减少基于重度的民事处罚，拒绝建议对自我监管的受监管实体提起刑事诉讼，并避免例行审计请求。（2）根据美国国家环境保护局 1994 年 1 月 12 日的调查性裁量备忘录，美国国家环境保护局一般不会将其刑事执法资源集中在自愿发现、及时披露和迅速纠正违法行为的实体上，除非调查对象有可能成为刑事调查的罪魁祸首。对于符合《自我管理激励：发现、披露、纠正和违规预防》政策中有关条款和条件的公司等实体，如果因披露违法行为遭到刑事调查，美国国家环境保护局通常不会建议对该披露实体提起刑事诉讼。❶（3）减少 75% 的重度惩罚，美国国家环境保护局希望以此鼓励实体积极自愿披露违法行为，制订有效的审计计划或合规管理系统。环境审计机制的建立为美国环境合规体系的构建打下了良好的基础，与此同时，环境审计系统的建立为受管实体真正地做到自我环境合规打下了坚实的基础。❷

美国国家环境保护局的刑事执法计划是通过有针对性地调查个人和公

---

❶ Environmental Protection Agency. The exercise of investigative discretion [EB/OL].（1994–01–12）[2020–03–21]. https://www.epa.gov/sites/default/files/documents/exercise.pdf

❷ 游春晖，张龙平．美国环境审计制度变迁及其启示 [J]．财会月刊，2014（16）：91–94.

司被告的威胁到公共卫生和环境的犯罪行为来执行国家的环境法律。根据美国国家环境保护局 2018—2022 年的工作计划 ❶，在接下来的几年里，美国国家环境保护局将与美国司法部、州政府和地方执法部门进行合作和协调，以确保其能够尽快有效地应对违法行为。美国国家环境保护局将通过有针对性地调查个人和公司被告的犯罪行为来执行国家的环境法，这些行为威胁到人类健康和环境。该机构将把资源集中在最恶劣的环境案例上（即那些对人类健康和环境有重大影响的案例）。虽然合规不是一种辩护，但美国国家环境保护局和司法部对受监管实体的自愿合规努力表示赞赏。1996 年 1 月，美国国家环境保护局根据自我审计实施了减免政策，该政策包含在客观自我审计过程中发现的违规行为。美国国家环境保护局于 2000 年 4 月对该政策进行了修订，以澄清其语言，扩大其可用性，并使其规定符合实际的国家环境保护局惯例。然而，政策的基本结构和条款基本保持不变。组织必须披露在 21 天内发现的任何违规行为，才有资格获得减刑。美国国家环境保护局将彻底消除对自愿识别、披露和纠正违规行为的公司或公共机构的从重（或惩罚性）处罚，并且对于满足大多数条件的人，将消除其多达 75% 的从重处罚。

二、环境刑事合规的实践探索

以"遵约"为基础的威慑，正是"刑事合规"的价值所在，刑法与合规是指"传统的国家所认可的刑事司法的任务在企业领域的扩张"，即企业受到国家一定的规制，但国家也要尊重企业自身发展的需求。刑事合规希望通过刑罚来强化更加严格的规范遵守行为。

近年来随着环保意识的逐渐增强，围绕完善环境信用评价制度体系，我国已经形成了完备的环境信息披露制度。其相关规定有《环境保护法》《环境信息公开办法》《上市公司环境信息披露指南（征求意见稿）》《国家重点监控企业自行检测及信息公开办法（试行）》《企业事业单位环境信息

---

❶ FY 2018—2022 U.S. EPA Strategic Plan[EB/OL].（2018-02-15）[2020-03-21]. https://www.epa.gov/sites/production/files/2018-08/documents/fy-2018-2022-epa-strategic-plan-print. pdf.

公开办法》《公开发行证券的公司信息披露内容与格式准则 1 号——招股说明书》《上海证券交易所上市公司环境信息披露指引》等法律法规。许多国家的商业团体或者协会通过创设环境信息披露机制来鼓励公司进行主动地披露，而且这种做法是一种常见的有效措施。比如，1991 年英国特许公认会计师公会（Association of Charted Certified Accountants，ACCA）开始在英国设立可持续报告奖（Sustainability Reporting Award），对那些在环境信息披露方面表现出色的公司给予表彰和宣传，目的就是鼓励企业进行内部的自我控制。目前该做法已经扩至欧洲、北美洲、大洋洲以及亚洲等大多数发达经济体。❶ 这种鼓励机制配合英国完整的环境执法体系虽然可能会提高企业的环境合规成本，但当企业因为环境违法被起诉时，企业可能会因为有完善的环境合规体系以及全面的环境信息披露制度而获得减缓刑或不被起诉，这对一家企业来讲是一种重要的司法保障。

环境犯罪治理是一项系统工程，它表现为治理主体、治理方式和治理手段的多元化和体系化，"合规"有利于协调各种治理手段，实现治理效果的统一。为建立合规激励机制，2014 年 3 月 1 日，由环境保护部（现生态环境部）会同国家发改委、人民银行、银监会（现中国银行保险监督管理委员会）于 2013 年 12 月 18 日联合发布的《企业环境信用评价办法（试行）》生效。该办法中的亮点就是对环保诚信企业、良好企业、警示企业、不良企业规定了有针对性的环境管理措施；对环保诚信企业明确了 10 条奖励性措施；对环保警示企业明确了 9 条约束性措施；对环保不良企业明确了 10 条惩戒性措施。而这些惩戒措施不仅会对企业信用、形象造成影响，更会对企业的生产经营造成影响。比如从严审查其危险废物经营许可证、可用作原料的固体废物进口许可证以及其他行政许可申请事项；加大执法监察频次；从严审批各类环保专项资金补助申请；环保部门在组织有关评优评奖活动中，暂停授予其有关荣誉称号；建议银行业金融机构严

---

❶ 黄韬，乐清月 . 我国上市公司环境信息披露规则研究——企业社会责任法律化的视角 [J]. 法律科学（西北政法大学学报），2017，35（2）：120-132.

格贷款条件；建议保险机构适度提高环境污染责任保险费率等。❶

类似的可以考虑在环境犯罪的司法解释中对单位犯罪增加一项依据其环境审计等级、环境影响评价等级和日常被环境监测执法机构处罚情况等综合情况给企业设置一定的激励机制，规定综合情况良好的企业可以获得适当刑罚的减轻。这就会从企业自身内部帮助企业积极建立一套完整的自测监管体系。环境犯罪取证难、隐蔽性大、科技性强、政府执法成本越来越高的发展趋势需要发动企业的自测自查。而有效的激励机制能让企业做到有效的自测自查。

此外，针对刑事司法的不均衡，我国应建立针对环境犯罪统一的量刑标准。企业依据规模的大小，承担相应的社会责任。规模大的企业应当承担的社会责任就多一些，规模小的企业应当承担的责任可以相应减少。在作为环境治理先驱的英国，虽然在最严重的环境犯罪案件中，个人仍有可能被判处监禁和以社区为基础的刑罚，但大多数环境犯罪都是通过经济处罚来处理的。英国法院根据《2003 年刑事司法法案》要求罚款必须反映犯罪的严重性，并要求法院考虑犯罪者的财务状况。英国根据 2006 年的《公司法》，将企业依据营业额划分为大型、中型、小型和微型，并对其罚金的多少进行衡量。❷ 我国也可以尝试这种模式，从而更好地做到各地法院的量刑统一。

环境刑法和环境行政法是环境犯罪治理体系中的重要环节。如果环境刑法与环境行政法之间相互协调，就能达到共同保护环境法益的目的，实现预期的治理效果；如果环境刑法与环境行政法不和谐甚至有冲突，就可能造成法律规制体系的混乱，影响治理的效果。客观上，刑法需要保持一定程度的稳定性，且稳定性是刑法应当具备的特性，而环境治理因其技术性和复杂性需要法律更为灵活，这时就需要通过"合规"对企业的鼓励效果来实现行为人对法律规范的遵从。

---

❶ 环境保护部（现生态环境部），国家发改委，人民银行，银监会（现中国银行保险监督管理委员会）.国家环境保护部关于印发《企业环境信用评价办法（试行）》的通知［EB/OL］.（2018—02—02）［2020—02—12］. http://www.lncredit.gov.cn/page/zcfg/gjzc/2018/05/127130.shtml.

❷ PINK G, WHITE R. Environmental crime and collaborative state intervention［M］. Palgrave Macmillan UK, 2015：148.